博雅

21世纪教师教育系列教材

物理教育系列

中学物理教学法

Physics Teaching Methodology in Middle School

邢红军 著

北京大学出版社
PEKING UNIVERSITY PRESS

图书在版编目(CIP)数据

中学物理教学法/邢红军著. —北京：北京大学出版社，2020.10

21 世纪教师教育系列教材·物理教育系列

ISBN 978-7-301-31628-3

Ⅰ.①中… Ⅱ.①邢… Ⅲ.①中学物理课-教学法-师范大学-教材 Ⅳ.①G633.72

中国版本图书馆 CIP 数据核字（2020）第 177876 号

书　　名	中学物理教学法 ZHONGXUE WULI JIAOXUEFA
著作责任者	邢红军　著
责任编辑	陈　静
标准书号	ISBN 978-7-301-31628-3
出版发行	北京大学出版社
地　　址	北京市海淀区成府路 205 号　100871
网　　址	http://www.pup.cn　　新浪微博:@北京大学出版社
微信公众号	通识书苑（微信号：sartspku）　科学元典（微信号：kexueyuandian）
电子邮箱	编辑部 jyzx@pup.cn　　总编室 zpup@pup.cn
电　　话	邮购部 010-62752015　发行部 010-62750672　编辑部 010-62707542
印 刷 者	天津中印联印务有限公司
经 销 者	新华书店
	787 毫米 ×1092 毫米　16 开本　16.75 印张　272 千字
	2020 年 10 月第 1 版　2026 年 1 月第 4 次印刷
定　　价	49.00 元

作 者 简 介

邢红军，博士，首都师范大学教授，物理课程与教学论专业博士生导师。从教 40 余年，在《教育研究》《课程·教材·教法》等刊物上发表论文 300 余篇，出版著作 20 余部。先后开创原始物理问题教学、物理高端备课等研究领域，在国内物理教学论界享有盛誉。

1996 年被河南省教育委员会授予河南省“优秀教学标兵”；1997 年获河南省优质课教学“特等奖”；2014 年、2018 年两度获北京市基础教育教学成果二等奖；2018 年获首都师范大学“校园影响力师门”。指导毕业博士生、硕士生 150 余人。

目前主持国家社会科学基金教育学国家一般课题“核心素养的关键能力构成及其表现研究”（项目编号：BBA190024）。

内 容 简 介

《中学物理教学法》基于作者邢红军教授40余年的中学物理教学法教学与研究撰写而成，以“怎样教”为研究核心，侧重回答教学过程中的“为什么”问题，进而揭示教学的基本规律。本书具有以下四个方面的特点。

第一，创新性。本书特别将物理科学方法教育与原始物理问题教学作为其中的两章融入教材内容。

第二，理论性。本书在从经验走向理论方面做了有益的尝试，例如：解读物理核心素养，阐述教学过程理论，建立课堂教学评价量表。

第三，实践性。本书在物理概念教学尤其是物理教学设计章节，充分凸显了教材的实践性，其中“电压概念的教学设计”“楞次定律的教学设计”，为中学物理教学设计提供了优秀范本。

第四，可读性。本书理论丰富但通俗易懂、案例浅显却蕴含深意，不仅可作为教师教学的依据，亦是学生学习的优秀文本。

序

我所著《中学物理教学法》教材，是根据我 40 多年来给本科生讲授该课程的讲义修改而成的。我非常赞赏物理学家费曼(R. P. Feynman)时常引用狄拉克(P. Dirac)文章中的一句名言："看来这里需要全新的物理思想。" 因此，本书正是按照这种思想所做的一种全新的尝试。

投身物理教学领域 40 多年来，我有幸于 20 世纪 80 年代在江西师范大学师从周中权先生攻读研究生，从而得以接受物理教学论的专业教育，遂达成我人生道路上的重要转折。20 世纪 90 年代，我又幸运地跟随乔际平先生研习物理教学，得以领略乔际平先生物理教学思想的真谛，受益匪浅。进入 21 世纪，我更荣幸在北京师范大学追随林崇德先生攻读发展与教育心理学博士研究生，实现了学术飞跃。以上教育经历，奠定了我撰写本书之背景与基础。

《中学物理教学法》是以物理教学过程中教师的工作方式与方法为主要研究对象，是建立在物理教学经验总结的基础上，是以"怎样教"的研究为核心，着重研究的是物理教学中的具体方法。

很多时候，我们的教材往往只回答了物理教学过程中"是什么"的问题，而没有从根本上明确地回答物理教学过程中的"为什么"问题。这会导致学生在学习完"中学物理教学法"课程之后，往往对物理教学中的不少问题只能知其然，并不能知其所以然。以这个要求来看，目前国内出版的《中学物理教学法》教材大多存在以经验代替理论的现象，需要全新的物理教学思想指引。清人龚自珍曾有"不拘一格降人才"的隽语，我觉得《中学物理教学法》教材的编写也应该采纳这种宽容的态度，不能一律奉目前的《中学物理教学法》教材编写体例为圭臬，那种原创的、深入的、能够反映我国中学物理教学法领域最新发展的成果，都应该在教材中取得恰当之地位。

为了弥补这一缺憾，本书以中学物理教学过程作为主要研究对象，试图对物理教学过程中的各种问题作出"为什么"的回答，并揭示物理教学过程的基本规律。因而本书尝试在经验的基础上，从理论视角研究问题，希望建立一个比较完整的“中学物理教学法”课程理论体系，进而发挥对物理教学的指导作用，然而其研究范畴仍然是物理教学过程本身。

作为主要供师范院校的物理专业的本科生使用的《中学物理教学法》教材，应当是精雕细琢的作品，应当体现“中学物理教学法”课程特有的观点、内涵、品位与前瞻，应当使物理师范本科生在学习完本课程之后，有所得，有所思，有所察，有所省。

第一章中学物理教学目标可谓本书之基石，反映了中学物理教学法理论特色的要求。因为中学物理教学法不是空中楼阁，应当是建立在理论基础之上的，并在理论的基础上生成、发展出新的理论。本章着重对物理学科核心素养进行了深入解读，并且重新建构了物理学科核心素养，期待读者评判高下。

第二章中学物理教学内容、过程和原则，介绍了中学物理教学的内容，提出了物理教学过程的自组织转变理论，对物理教学原则进行了新的梳理与诠释。

第三章中学物理教学方法，结合我国当前基础教育课程改革的现状，阐述了中学物理教学的理论基础，论证了物理教学的内在逻辑与应有之要义。在此基础上，诠释了物理教学模式与物理教学方法。

第四章中学物理教学设计，则完全超脱了一般《中学物理教学法》教材的观点，以物理高端备课为指引而展开，向读者展现出一个全新的物理教学设计境界。

第五章中学物理概念与规律教学，厘清了物理概念与规律教学要求和教学过程的区别，并基于“科学方法中心”的物理知识—能力结构图，解决了物理概念与规律教学理论存在的问题，这在物理教学理论上有新的进展。

第六章中学物理科学方法教育是我数十年物理科学方法教育研究的结晶，包括对科学方法分类的解决、科学方法教育内容的确定等，尤以科学方法中心论的提出，可视为我对科学方法教育研究的后见之明。

第七章中学物理实验教学研究没有采取面面俱到的编写方法，其特色在于给出了物理实验的赋分规则，解决了长期以来被忽视的重要问题。而探索性物理实验设计范例的介绍，则向读者展现了怎样进行高水平物理实验设计的奥妙。

第八章原始物理问题教学，浓缩了我几十年来中学物理教学法研究的精华。回顾我的中学物理教学法研究生涯，最重要的心得莫过于发展出原始物理问题教学理论这一研究领域，包括原始物理问题的定义、认知流程、表征理论、测量工具等。在本章中，将择要介绍原始物理问题的相关理论。

第九章中学物理教学评价，介绍了物理教学评价的基本指标。针对物理课堂教学效果评价的模糊状况，建立了物理课堂教学效果的评价量表，成为近年来物理课堂教学效果评价的一个新发展，可以视为我多年来物理教学评价观点的升华。

第十章中学物理教学研究，分别介绍了教学研究课题的选择、教学研究的方法、学术论文撰写的要求，并给出了物理教学论文的范例。

中学物理教学法是一门博大精深的学问。高者探骊得珠，与其意会神合；低者仅得皮毛，如过屠门而大嚼，虽不得肉，尚且快意。我自认为对中学物理教学法的理解属于后者。因此，书中难免存有贻笑大方之处，恳请中学物理教学法界同人不吝指正。

回首审视我的一生，徜徉于物理教学领域40余年，历经本科、硕士与博士阶段的学习，跟风讲师、副教授与教授职称的晋升，其中的酸甜苦辣自不必多言，但热爱物理教学之心却从未泯灭，不敢有丝毫懈怠，可谓夙兴夜寐，流连忘返。临近退休之际，我总要为自己热爱与奉献一生的物理教学事业留下一点东西，本书的出版满足了我多年来的夙愿。

本书可作为高等师范院校物理师范专业本、专科学生的教材使用，亦可作为高等师范院校物理教学论专业博士研究生与硕士研究生的参考教材。

本书出版承蒙北京大学出版社陈静编辑大力支持，谨致谢忱。

邢红军

2020年7月

首都师范大学教师教育学院

目　录

第一章　中学物理教学目标

物理学是研究物质运动规律及其相互作用的基础科学。物理学的研究对象包括机械运动、分子热运动、电磁运动、原子和原子核运动以及基本粒子运动。物理学本身是一门严谨的学科体系，它有系统的理论和方法。所以，学习物理学可以培养学生自身的理论修养、思维能力和分析问题解决问题的能力，也能帮助学生掌握研究问题所需的科学方法和科学思想。如今看来，在基础教育阶段，开设物理课程，着眼于提升学生的科学素养，激发学生的探索精神和创新精神，是为了让学生在未来能够适应飞速发展的科技时代所提出的种种要求。

中学物理课程是根据物理学科的性质、内容、特点，学生的认识规律，学生和社会的发展需求，以及教学条件而设计的。那么，中学物理课程是否应该以传授物理知识为根本任务？当然不是。众所周知，在知识爆炸的时代，遗忘已成为常态，当知识被遗忘后，在学生头脑中留下的痕迹才是教育价值的体现。物理学领域的事实和结论可能被学生遗忘，但物理学的思想、研究方法以及研究态度一定能够长存，并内化为学生的基本素养。所以，中学物理课程开设的目的是什么，不同教育阶段的物理教学应该达成哪些目标，这些才是物理教师应当明确的主要问题。

第 1 节　物理核心素养与解读

物理核心素养是 2017 年《普通高中物理课程标准》修订时提出的新概念，是物理学科育人价值的集中体现，是学生通过物理学科学习而逐步形成的正确价值观念、必备品格和关键能力。物理核心素养主要包括“物理观念”“科学思维”“科学探究”“科学态度与责任”。

一、物理观念

“物理观念”是从物理学视角形成的关于物质、运动与相互作用、能量等的基本认识;是物理概念和规律等在头脑中的提炼与升华;是从物理学视角解释自然现象和解决实际问题的基础。

对于标准中"物理观念"的提法,许多一线教师反映不好把握。① 出现这种现象,并不是由于一线教师理论水平不够而导致的理解问题,而恰恰反映出"物理观念"的提法在理论上存在着很大的问题,并映射到教学实践中。应当明确指出的是,《普通高中物理课程标准》不仅是用来指导教材编写的,更是用来指导教学实践的。如果连一线教师都把握不好"物理观念"的提法,那只能说明"物理观念"的提法存在问题,需要加以改进。

《普通高中物理课程标准》将物理观念作为物理核心素养的主要依据有如下方面:① 对科学知识的理解和运用是学生发展非常重要的核心素养;② 世界各国的课程标准都将核心概念(或大概念、关键概念)、知识理解与应用、工程实践等作为重要的科学素养;③ 科学教育研究一直重视概念学习,从 21 世纪之前重视概念发展、概念转变,到后来重视核心概念和概念进阶,都把概念学习作为科学教育的重要目标。在应试教育的背景下,我国特别重视知识和原理的教学,而素养培养强调知识和原理的深度理解和灵活应用。因此,在建构物理学科核心素养时,没有使用物理知识,也没有使用物理概念,而使用了物理观念。一方面,观念是概念和规律等在头脑中的提炼和升华,另一方面,中国文化中的观念与国际上概念的内涵基本一致。②

与第八次基础教育课程改革所倡导的"三维课程目标"对比不难发现,原来的"知识与技能"维度被"物理观念"所取代。从文本分析的角度看,"物理观念"既不能涵盖"知识与技能",亦不是物理知识的代名词。从理论本源看,物理观念涉及的是宇宙起源、物质结构和运动的起因等最基本问题,涉及如何正确认识我们的周围世界和由此而产生的观念等。物理观念是重要物理思想的浓缩,并不是所有的物理思想都可以浓缩为物理观念,只有代表物理学最本质规律的认识,才能称之为物理观念。因此,用"物理观念"来取代"知识与技能",在理论上是存在问题的。

二、科学思维

"科学思维"是从物理学视角对客观事物的本质属性、内在规律及相互关系

---

① 彭前程.谈对"学生发展核心素养及物理学科核心素养"的理解[J].中学物理教学参考,2017,48(10):1—4.

② 胡卫平.物理学科核心素养的建构[J].中学物理教学参考,2017,48(7):1—3.

的认识方式；是基于经验事实建构物理模型的抽象概括过程；是分析综合、推理论证等方法在科学领域的具体运用；是基于事实证据和科学推理对不同观点和结论提出质疑和批判，进行检验和修正，进而提出创造性见解的能力和品格。“科学思维”主要包括模型建构、科学推理、科学论证、质疑创新等要素。

“科学思维”主要是基于舶来理论而建构的。这种观点认为，21世纪以来的科学教育研究，特别重视科学论证、模型思维和科学推理。① 随着人们认识到批判性思维是21世纪的主要能力，作为科学学习和研究中批判性思维的重要表现——科学论证的研究和培养已经得到高度重视，它可以帮助学生发展科学探究能力，建构科学知识并促进科学概念转变与理解，提升科学认识论水平，提升推理能力、批判思维能力和交流能力。

许多国家的课程标准都会将科学思维的培养与创新列为课程目标。加拿大安大略省于2006年制定的《安大略课程(1～8年级)：科学与技术》标准对学生知识和能力的评估从知识和理解、思维和探究、交流、应用四个方面进行，批判性思维和创造性思维、批判性/创造性思维过程、技能和策略等是主要内容。英国将“想法和证据”(Ideas and Evidence)设定为教育目标(The National Curriculum for England，2004)。西班牙将“论证能力”(Skill of Argumentation)拟定为学生必须具备的基本能力。学生能力国际评价项目(Programme for International Student Assessment，PISA，2015)对科学能力的评价包括认识科学问题、运用知识科学地解释现象、运用科学证据做决策并与他人交流。芬兰的高中物理课程标准中强调模型建立的科学思维过程、分析、综合、评价等。韩国的课程目标中提出培养学生科学思考的能力和创造性解决问题的能力，为有创意地、科学地解决日常生活的问题培养必备的科学素养。基于上述分析，模型建构、科学推理、科学论证、质疑创新是构成科学思维的主要成分。

对比“三维课程目标”，可知原来的“过程与方法”维度被“科学思维”所取代，这在理论与实践两方面同样存在着一定的问题。

心理学的研究表明，方法可以分为强认知方法(strong cognitive methods)与弱认知方法(weak cognitive methods)。强认知方法是特定专业领域的独特认知方法，往往与专业知识紧密结合，不容易区分。弱认知方法是可以被运用到各种问题解决过程中的一般策略和方法，与一般智力因素有着更为密切的关系。在

① 韩葵葵，胡卫平，王碧梅．国际科学教学心理的研究进展与趋势[J]．华东师范大学学报(教育科学版)，2014，32(4)：63—70.

物理教育中，强认知方法就是物理方法，弱认知方法就是思维方法。一项关于物理问题解决的实证研究表明，思维方法（思维品质）必须通过物理方法与物理知识这两个“中介变量”，才能与物理问题解决的成绩发生联系。①

不难发现，“科学思维”中模型建构、科学推理、科学论证、质疑创新等要素都难以用强认知方法与弱认知方法进行简单分类。模型建构也许能算作强认知方法，科学推理可以归为弱认知方法，而科学论证与质疑创新既不属于强认知方法，亦不属于弱认知方法。这样就使得“科学思维”目标的建构，存在着分类不清、操作性不强的问题，很难起到培养学生物理核心素养的引领作用。比如，如何解释这样一个原始物理问题：火车行驶在空旷的田野时，看到近处的树木是向后退的，但远处的树林、山脉好像不是向后退，而是也向前走了。显然，无论是用模型建构、科学推理，还是采用科学论证、质疑创新等要素，都无法直接找到解决问题的头绪。

三、科学探究

“科学探究”是指基于观察和实验提出问题、形成猜想和假设、设计实验与制定方案、获取和处理信息、基于证据得出结论并作出解释，以及对科学探究过程和结果进行交流、评估、反思的能力。“科学探究”主要包括问题、证据、解释、交流等要素。

“科学探究”同样是基于舶来理论而建构的。1996 年，美国《国家科学教育标准》开篇将“探究”定义为“科学家研究自然界并在证据基础上建构解释的各种方式”，认为这些方式也应使用在科学学习活动中。这表明提倡探究的本意是要塑造布鲁纳(J. S. Bruner)所说的那种课堂——“孩子们在教室里所为和科学家在实验室里所为只有程度不同，没有本质区别”。在“内容标准”一章，该标准又将完整的探究活动分为提出问题、设计并执行探究方案、搜集证据、建构解释、交流讨论等步骤，并提出以学习知识为目的进行课堂探究时，既可开展完整的探究活动，也可只抽取某个部分。②

美国《国家科学教育标准》中对探究的理解基本被以原貌引入中国 2001 年课改后的科学课标。尽管两国标准都强调探究并非死板遵循固定有序的步骤，具体

① 邢红军，罗良，林崇德．物理问题解决的影响因素研究[J]．课程·教材·教法，2012，32(6)：91—96.

② National Research Council. National Science Education Standards[S]. Washington，D. C.：The National Academies Press，1996. 23、105.

课堂活动应依具体需要而设计，但步骤化显然为套用模型实施探究提供了很大便利。在大多数科学课堂上，探究很快就被等同于传授和套用步骤，抽取出来让学生"自主探究"的还往往是最无须思考的部分，如执行教师设计好的探究方案、收集数据后全班汇报分享等。这种基础教育课程改革中的乱象被中学教师概括为"四个满堂"和"四个虚假"。"四个满堂"即"满堂问""满堂动""满堂放""满堂夸"，"四个虚假"即"虚假地自主""虚假地合作""虚假地探究""虚假地渗透"。

问题的关键在于教师对"科学探究"的认识还不到位。部分教师认为，"科学探究"可以引发学生的思考，并认为按照"七要素"组织教学就是"科学探究"。实际上，相比于传统的讲授法教学而言，"科学探究"的教学形式只是使得学生的思考在空间上和时间上发生了变化，而不是"从无到有"。

2011年7月，美国国家研究理事会（NRC）出版了《K-12科学教育框架：实践、跨学科概念和核心概念》一书（以下简称《框架》）。《框架》中有些颠覆意味的变更是：首位关键词从"探究"（inquiry）变成了"实践"（practices）。

以"实践"取代"探究"的进步在于：一是避免将科学探究缩减为过分强调实验与内容相分离的单一步骤聚合体；二是用复数形式的practices避免了读者在解读时陷入两类思维定势，即认为存在唯一的、普适性的"科学方法"，或认为"有关科学的一切都是不确定的"；三是避免了因"探究"概念不统一，造成理念上千差万别的课堂探究教学实践。这三个"避免"，从根本上说是为了强调"建模、建构科学解释、参与评论与评价（辩论）等在科学教育中很少被足够重视的重要科学实践行为"。① 但令人不解的是，物理核心素养的"科学探究"要素却并未随着《框架》中关键词的变更而改变。

对于"科学探究"而言，有很多理论层面的问题尚未讨论清晰，甚至存有混乱。"科学探究"中的所谓"问题、证据、解释、交流与合作"等要素实际上不过是探究的步骤，而"科学探究"真正的组成要素至今在理论上并没有研究结论。因此，在没有彻底厘清"科学探究"要素的情况下，就将"科学探究"生硬地纳入物理核心素养中是有失严谨的。

科学探究存在诸多问题的深层原因，一是有意无意地夸大了科学探究对于培养学生的作用，二是教师过于关注科学探究本身，缺乏对学生与探究之间联系的关注。为此，在"核心素养"时代，应寻找能够调和外在"科学探究"形式和内在

① National Research Council. A Framework for K-12 Science Education: Practices, Crosscutting Concepts, and Core Ideas [M]. Washington, D.C.: The National Academies Press, 2012. 30, 42—44, 44, 45.

"学生发展"的对策。

四、科学态度与责任

"科学态度与责任"是指在认识科学本质,认识科学·技术·社会·环境(STSE)的关系的基础上,逐渐形成的探索自然的内在动力,严谨认真、实事求是和持之以恒的科学态度,以及遵守道德规范,保护环境并推动可持续发展的责任感。

研究发现,"科学态度与责任"的概念存在片面化倾向。作为对"三维课程目标"的继承,"科学态度与责任"本应对应着"情感、态度与价值观",进而完成对一般核心素养中人文精神的继承,但在"科学态度与责任"中却难觅人文精神的踪影,由此使得物理核心素养存在唯科学主义的倾向。

事实上,物理学本来就是科学与人文的统一,是一种倡导包括人文思想教育在内的完整教育。物理教育的目的不仅在于传播科学知识与方法,培育科学精神,更应是一种人文精神的浸润与陶冶。物理教育既要有科学精神的激励,也应有人文思想的滋养。因此,在物理核心素养的培养中忽视人文精神,无疑是片面的、狭隘的,甚至是荒谬的。

传统的物理教育由于受唯科学主义思潮和工具理性思想的影响,缺少人文精神的滋养,导致学生无法成为一个"完满""自由"的人。其实,任何一个物理概念、规律的背后都有物理学家的人文情怀与人文思想。物理学家在充满人类理想与激情的探索中,求真、向善、尚美,一次次超越前人智慧的上限,引领着人类不断从未知走向已知。爱因斯坦(A. Einstein)就曾教育学生:"如果你们想使你们一生的工作有益于人类,那么,你们只懂得应用科学本身是不够的。关心人的本身,应当始终成为一切技术上奋斗的主要目标;关心怎么样组织人的劳动和产品分配这样一些尚未解决的重大问题,用我们科学思想的成果去造福于人类而不至于成为祸害。"①

中学生正处于社会认知形成的重要阶段,需要借助人文精神的熏陶才能塑造健康的世界观、人生观和价值观。倘若物理核心素养忽视了人文精神这一要素,就可能导致学生"素养低下""人格残缺"或"意志畸形"。因此,物理核心素养亟须科学精神与人文精神的并协共进,从而扭转物理教育中的唯科学主义倾向。所以,在物理核心素养中融入人文精神这一要素,是立德树人的必然要求,无论对学生个人还是社会发展都具有重要的意义与价值。

① 爱因斯坦. 爱因斯坦文集:第三卷[M]. 许良英,赵中立,张宣三,编译. 北京:商务印书馆,1979:72—73.

第 2 节　物理核心素养的重构

正是基于对《普通高中物理课程标准》的深入分析，我们认为，有必要对物理核心素养进行重新梳理与建构。为此，我们从核心素养的内涵、特点与价值取向出发，结合物理学的学科特征，通过厘清物理核心素养的组成要素，进一步建构出新的物理核心素养。这个新的物理核心素养包括物理知识与物理方法、物理技能与物理思维、物理思想与物理观念以及科学精神与人文精神四个层级，每一个层级又包含两个维度。

一、物理知识与物理方法：物理核心素养的“软件”

知识是对客观事物属性与联系的反映，是客观世界在人脑中的“映象”，它源于外部世界，具有客观性。对物理学而言，知识的表现形式为物理概念与规律。对于科学知识的价值，培根(F. Bacon)曾有过“知识就是力量”的俊语。事实上，物理知识作为物理核心素养的基础，其本身就是物理核心素养的要素，而不应当把知识“在头脑中的提炼和升华”作为物理核心素养的要素。皮(物理知识)之不存，毛(物理观念)将焉附？这就难怪对于《普通高中物理课程标准》中“物理观念”的提法，许多一线教师反映不好把握。历史经验表明，不注重知识的吸收而片面强调创新，必定会滋生虚妄，引发教学中“去学科化”“轻视知识”的形式主义思潮泛滥。由此可见，唯有注重学生对物理知识的学习，才能使学生更好地认识和理解客观世界，为思维的发展与技能的掌握奠定坚实的基础，而且思维与技能也只有在掌握与运用知识的过程中才能得以发展。可以说，知识是学生思维的材料与载体，是大脑在解决问题过程中起操纵作用的“软件”。

知识不仅对于学生形成认知结构具有重要的意义，而且对于学生解决问题也起着至关重要的作用。学生在生活实际中所面临的问题均有着复杂的社会背景和学科背景，与专业学科知识联系密切，因而可用的结构化知识越多，就越有助于问题的解决。在这个意义上，知识成为物理核心素养的基础要素就毋庸置疑。

物理核心素养不仅要传承核心素养的“基因”，也要充分体现物理学科的精髓，这是物理核心素养建构中不能回避的基本原则。从这个角度出发，有必要回顾一下物理学科的基本特征。

物理学是研究物质运动的规律、物质的基本结构及其相互作用的科学。物理学科的基本教学内容包括物理学的基本概念、基本原理(包括基本定律和基本理论)、基本方法以及它们之间的相互联系。物理学的学科特点包括:① 物理学是一门实验科学,它的根基在实验,一切理论要以实验作为唯一检验标准;② 物理学是一门严密的理论科学,它以物理概念为基石、以物理定律为主干,建立了经典物理学与现代物理学及其各分支的严密的逻辑体系;③ 物理学是一门定量的精密科学,它从把物理概念转变为物理量开始,利用种种数学手段为理论与实践开辟道路,使物理学的结论可以在任意地方加以严格检验;④ 物理学是一门应用广泛的基础科学,它是其他自然科学和各种工程技术、国民经济各生产部门特别是现代新技术革命的基础;⑤ 物理学是一门带有方法论性质的科学,它从早期萌芽阶段到近现代的发展,都以丰富的方法论和世界观等充满哲理的物理思想影响着人们的思想、观点和方法,影响着社会思潮和社会生活,因此,物理学曾被称为"自然哲学"。

概而言之,物理学科的基本特征就是以物理知识为基石而形成的严密的逻辑体系。因此,物理核心素养的建构理所当然地就应当以物理知识为基石,但遗憾的是,物理核心素养中的"物理观念"并不是直接指物理概念和规律,而是指"物理概念和规律等在头脑中的提炼和升华",这实际上是越过了物理方法与物理思想层面而到达了物理观念层面,这是需要明确指出的。

物理核心素养的"软件"除了物理知识之外,还包括物理方法。物理方法是人们在认识和改造客观世界的实践活动中总结出来的行为方式,是人们认识和改造自然的有效工具,对物理知识的建构有着重要的作用,如物理教学中常用的比值定义法、控制变量法等。

作为知识结构之一的物理方法,与物理知识是相平行的,并对物理知识的获取与应用有着关键性的作用。通过对物理方法的不断积累和应用,一方面能使学生形成一种迅速借助方法获取知识的心理定势,使学生将新知识与头脑中的已有知识建立起本质性联系,完成知识间的同化与顺应;另一方面,能够帮助学生在面对问题时能迅速抓住问题的要害,找出破解的途径。比如,我们曾经指导高中生运用"外推法",利用两位美国科学家发表在《自然》(*Nature*)杂志上的鹦鹉螺化石气室外壳上的生长线条数,得到月球最初被地球俘获并绕地球运动的时间距今7亿年的结论,该研究结果发表在中国科学院力学研究所主办的核心期刊《力学与实践》杂志上。

需要注意的是,物理方法与思维方法有着本质的区别。物理方法具有很强的“间接性”，即对于学习个体而言，它并不是由大脑直接产生的，而是被“安装”在大脑中并接受大脑的操控，它需要更多的专业知识支持，即借助于外部信息的输入和大量的知识存储，才能达到解决问题的目的。基于这一特点，物理方法与物理知识的习得机制一样，均为传授。

虽然物理方法与物理知识在本质上是统一的。但严格说来，两者又有不同的特点。物理知识与客观的物质世界本身联系密切，是对客观世界的描述与反映；而物理方法涉及的是人类认识物质世界的途径与方式，具有高度的抽象性。同时物理方法不直接由物理知识来表达，往往隐藏在物理知识的背后，支配着物理知识的获取和应用。

综上所述，物理知识和物理方法相互联系，共同组成了学生的物理学科学习内容。它们是客观的，存在于学生的头脑之外，不以学生的意志而改变。物理知识和物理方法因其基础性、可植入性与可传授性等特点，成为物理核心素养要素的基础。倘若学生头脑中没有物理知识与物理方法的持续浸润，其物理思维与物理技能也会慢慢退化，乃至丧失。

二、物理思维与物理技能：物理核心素养的“硬件”

核心素养的组成不仅包括物理知识与物理方法这种客观要素，还应当包含主观要素，即物理思维与物理技能，它们是人脑特有的功能，是大脑的“硬件”。客观知识结构需经学生大脑的吸收与转化，才能转变成学生的认知结构。在这一过程中，思维和技能发挥着决定性作用。

教学不单纯是一个“知育”的过程，还是一个“智育”的过程，即在进行知识教学的同时，促进学生智力的开发。所谓智力，是指人们认识与理解客观事物并运用知识、经验等解决问题的能力，包括观察力、注意力、记忆力、思维力、想象力等。其中，思维力（或称能力）居于人类智力活动的核心地位，是人脑进行的操作过程和方式，在各种问题解决中扮演着一般策略和方法的角色。思维是大脑的固有功能，往往以分析、综合、抽象、概括、比较、判断、假设、推理、直觉、想象等形式对头脑中的研究对象进行加工与处理，其发展与培养需要进行相关的训练才能完成。从学习活动角度来看，思维贯穿于学习活动的始终，思维能力亦是学习能力的核心，是接受知识、发现知识、建构知识的前提。无论是科学现象的观察、科学数据的测量、科学模型的构建、科学概念的形成、科学理论的建立，还是应用理论解决实际问题，都离不开思维的参与。然而，如前所述，《普通高中物理课程标准》将“模型建构、科学推理、科学论证、质疑创新”作为物理核心素养的第二个维度，在理论与实践上都存在一定的问题，需要重新建构。

近几十年来，心理学对思维、智力的研究取得很大进展，代表性理论有加德纳（H. Gardner）的多元智力理论、斯滕伯格（R. J. Sternberg）的成功智力理论、珀金斯（D. Perkins）的“真（True）智力”理论、塞西（S. J. Ceci）的智力生物生态学模型、高尔曼（D. Goleman）的情绪智力理论等。这些理论均具有实验基础，同时也有一定的应用研究，但用来作为中学物理思维教学内容并不合适。因为这些理论都是研究思维或智力本质的，既与中学物理学习过程的“物理方法”不匹配，又与中学物理学习过程的思维表现不一致。因此，在中学物理思维教学研究中“返璞归真”，以教学心理学为基本范式，并基于中学物理教育这一知识丰富领域的基本现实，提出具体的思维方法及其教学要求，是一条更为切实可行的方案。

由于思维教学内容并不与物理知识发生直接联系，而是要通过物理方法这一“中介变量”与物理知识发生联系，这是造成中学物理思维教学内容难以建立的原因。我们发现，在中学物理思维教学内容研究中，存在着一条不易被发现的“研究路径”，即从物理知识找寻物理方法，再由物理方法找寻思维方法。这样就使得最终建立的思维教学内容既与物理方法具有联系，又与物理知识存在关系。

按照由物理方法寻找思维教学内容的研究思路，我们以高中物理学科为例，显化了《普通高中物理课程标准》中的物理方法，从而为中学物理思维教学内容的建立打开了一扇大门。比如，加速度、场强等物理量的定义要用到比值定义法（物理方法），而比值定义法的背后就是比较思维（思维方法）；推导动能定理、机械能守恒定律要用到演绎推理法（物理方法），而演绎推理法的背后就是推理思维（思维方法）。显然，借助物理方法寻找思维教学内容就成为一个行之有效的途径。

由此，我们尝试提出中学物理思维教学内容，包括分析、综合、抽象、概括、比较、判断、假设、推理、直觉、想象。中学物理思维教学的内容并不限于此，但以上十种思维内容是最基本、最重要的。在教学中把这些思维教学内容落实到位，就抓住了思维教学的“牛鼻子”。[①]

要实现我国课程教学的实质性变革，思维教学不仅是有效手段，也是必经之路。如何在学习、吸收、应用国外思维教学研究成果的基础上，有效发挥后发优势是我国物理教育界需要认真思考的问题，而“科学思维”课程目标的理论完善

① 邢红军．中小学思维教学内容的深化研究[J]．课程·教材·教法，2016，36(7)：33—39.

与实践可行是发展学生物理核心素养的基本前提。

技能是个体运用已有知识和经验，通过练习而形成的智力动作方式和肢体动作方式的复杂系统，包括心智技能和动作技能。心智技能是在智力活动中获得的控制自己智力动作执行的经验，具有内隐性的特点，如心算、速算、估算、解决问题等。心智技能的形成可以帮助学生将庞杂的知识系统化，将理论化的方法论体系、精密的数学工具内化于心，在使用时迅速提取，而不必"现用现查"。动作技能是通过练习而形成的一种合乎法则的行动方式，具有外显性的特点。动作技能还表现为把个别动作统一为动作整体，并使动作的各个部分高度协调，从而自动控制一系列动作的完成。动作技能在物理实验中扮演着至关重要的作用，如仪器组装、调试、故障排除等。可以说，熟练的动作技能不仅确保了实验的成功，而且节约了宝贵的时间。

技能的熟练程度制约着学生认知水平的发展，技能的弱化或缺失均会降低学生的学习效率，阻碍问题的解决。良好的技能训练则为认知活动的频繁出现提供了条件，有利于积极心理定势的形成。因此，技能掌握的过程也是学生核心素养发展的过程，掌握系统的技能，可以使活动自动化、熟练化与简约化，从而加速新知识的学习以及问题的解决，确保认知活动顺利进行并成功完成。在《教育目标分类学：动作技能领域》一书中，辛普森(E. J. Simpson)给出了动作技能的教育目标，包括：① 知觉；② 定势；③ 指导下的反应；④ 机制；⑤ 复杂的外显反应；⑥ 适应；⑦ 创作。这七项教育目标应被当成物理核心素养中的技能维度的要求。[①]

在物理实验教学中，技能的要求其实非常高且细致。比如，布朗运动实验，就包括：① 载玻片与盖玻片的制作；② 显微镜倍数的选择；③ 旋转粗调旋钮将镜头向下拉至离盖玻片约 1 mm 处；④ 再旋转微调旋钮向上，直到在视野里看到布朗运动现象。

相比知识和方法的客观性而言，技能与思维具有很强的主观性，其发展要借助于主体有意识地锻炼，而非教师单纯地传授。因而技能与思维在习得机制上高于知识与方法，位居核心素养组成要素的第二层次。

三、物理思想与物理观念：物理核心素养的"驱动"

物理教育的核心要旨不仅是将学生培养成为有知识、有技能并且掌握科学

① 哈罗，辛普森. 教育目标分类学：动作技能领域[M]. 施良方，唐晓杰，译. 上海：华东师范大学出版社，1989.

方法的人，而且还要使之成为有洞见、有智慧的人。因此，物理核心素养还应该包括人类在理性认识基础上而产生的认知，即物理思想与物理观念，两者具有主观能动作用，可以帮助学生运用知识、方法、思维、技能等改造客观世界。相比物理知识与物理方法的“软件”特性，物理思维与物理技能的“硬件”特性，物理思想与物理观念可谓物理核心素养的“驱动”。

物理思想是在物理学发展过程中由物理学共同体对物理知识、物理方法进一步概括而形成的关于物理学本质的深层认识。它的形成是一个从科学家“个人科学”到科学共同体“公开科学”的历程。科学家非常规的思考、艰辛的探索过程和激动人心的体验，构成了物理思想非凡境界的源泉。物理思想具有独特的教育价值与意义，为学生揭示出客观事实与科学知识之间内在的、必然的本质联系，从而使学生形成对科学世界的普适认识。同时，学生唯有将习得的知识和方法提升至思想高度，才能内化为自身能力的提高。此外，物理思想还引领着科学方法的形成与运用，对科学理论的发展起着决定性作用。爱因斯坦有关引力波的假说便是在物理思想的引领下产生的。可以说，正是物理思想使科学世界从散碎的知识形态上升为系统的普适形态，并建构起从感性认识通向理性认识的桥梁。然而，在物理教育蓬勃开展的今天，物理思想却始终未能被纳入物理课程标准与物理核心素养之中，令人遗憾。

物理思想与物理方法既有联系又有区别。物理思想由物理方法所生成，但不是所有的物理方法都蕴含着物理思想，也不是所有的物理方法都能上升到物理思想的层面，只有那些能够反映物理学本质的深层与普适方法，才能上升到物理思想的高度。比如密度是物理知识，得到密度的比值定义法属于物理方法，而比值定义法的背后则隐含着比较的物理思想。

为了在物理教育中让学生充分领略“公开的物理思想”，并最终让学生形成“个人的物理思想”，就有必要从物理思想的特征出发，归纳出物理思想的主要组成部分，包括以下内容：① 对称思想，② 守恒思想，③ 可逆(不可逆)思想，④ 等效思想，⑤ 假说思想，⑥ 比较思想，⑦ 转换思想，⑧ 相干思想，⑨ 量子化思想，⑩ 相对性思想。[①]

同样，物理思想与物理观念之间也既有联系又有区别。只有代表物理学最本质规律的认识，才能称之为物理观念。因而，物理观念不同于物理思想，它是物理思想的结晶，在内容上与物理思想有着清晰的边界。物理观念是从物理学

① 邢红军，张抗抗．论物理思想的教育价值及其启示[J].教育科学研究，2016，08：61—68.

视角形成的关于物质、运动、能量和相互作用等的基本认识，主要包括物质观、时空观、能量观、相互作用观等。具体来说，物质观是重要的物理观念，从不连续物质观的形成逐渐发展到连续物质观，再到更高层次的统一，反映了人们的物质观念不断完善。时空观是物理学中另一个基本观念，时间和空间是物质存在的两种基本形式：时间是物质运动持续性和顺序性的表现，空间是物质存在广延性和伸张性的表现。能量观同样是物理学的重要观念，能量是物质运动转换的量度。对应于物质的各种运动形式，能量也有不同的形式，可以通过一定的方式相互转换。相互作用是当一部分物质对另一部分物质发生作用时，必然要受到反作用。自然界中物质之间的相互作用可归纳为：强相互作用、电磁相互作用、弱相互作用以及万有引力相互作用。

综上所述，物理思想与物理观念不是静态的知识与技能，也不是某剂解决问题的"处方"，而是孕育科学结论使之由"潜"到"显"的心理动因。它们牢牢植根于学科内容之中，是物理学科的"神经中枢"(或精髓所在)。学生只有形成了物理思想与物理观念才能谓之真正理解了物理学，领略到了物理学的真谛！由此可见，物理思想与物理观念成为物理核心素养的要素实至名归。

在教学过程中，由于从物理知识教育到物理观念教育的逐次递进，导致物理方法教育、物理思想教育、物理观念教育与物理知识教育的联系依次变得薄弱。尤其是物理观念，几乎与物理知识没有明显的关联。由于物理观念不像物理知识那样直观，因此乍看起来不易教学，但这并不意味着物理观念教育就是空中楼阁，在物理知识教育、物理方法教育，特别是物理思想教育的基础上，物理观念完全能够循序渐进地在学生的头脑中扎下根。

四、科学精神与人文精神：物理核心素养的保障

物理核心素养组成的片面化容易使学生陷入科学主义的泥淖。因此，物理核心素养最终应超越科学主义，回归社会、回归生活、倡导科学精神与人文精神的交融。简言之，物理核心素养最终应指向人类的社会认知，促使人类灵魂的升华，帮助人们将个人事业与社会需要融为一体，这便是科学精神与人文精神作为物理核心素养要素的价值之所在。

科学精神与人文精神作为物理核心素养的终极目标，是科学的行为规范和人文的价值标准的融合，二者是在理解科学本质的基础上形成的，规范、指导和约束着人类自身的行为，往往依靠体验性学习而被唤醒。其中，科学精神

包括合理质疑、独立思考、严谨的科学态度和崇高的科学理想；人文精神是一种普遍的人类自我关怀，表现为对人的尊严、价值和命运的维护、追求和关切，对人类遗留下来的各种精神文化现象的高度珍视，对一种全面发展的理想人格的肯定。

合理质疑和独立思考指不囿于传统理论和观念，不迷信权威并善于提出问题。科学发展的历程表明，首先与传统观念大胆决裂并勇于提出问题的人，往往能抢占科学发展的前沿阵地，并做出突破性的贡献，甚至推动科学的重大进步。严谨的科学态度和崇高的科学理想是实现完整意义上的物理教育的终极目标，包括追求真理的科学态度，为科学而献身的精神。比如哥白尼冲破森严的宗教统治提出日心说，从而实现了天文学的根本变革。把遵守科学伦理和道德规范作为物理教育的规范，是物理教育承担社会责任之所在，也是实现情感、态度与价值观目标的归宿。这需要立足于道德伦理这一人类最基本的准则，对未来科学技术的发展做出明智的、人道的判断与选择，从而将科学发展纳入人类发展的高度来审视。

其实，科学和人文同为人类文明的重要成果。科学精神强调对客观事实和真理的理性追求，其基本特征是求真求实，重点在如何去做事；人文精神则指向人自身的世界，是人生观、价值观及对世界本原的看法，它包含着人们对理想和信念的追求，对善良、诚信等美好事物的赞颂，其基本特征是求善求美，重点在如何做人。虽然二者包含的内容有所不同，但都和谐共存于人类文化之中。并且科学精神与人文精神相辅相成，科学精神保证了人文精神的真正实现，而人文精神则保证了科学精神的正确指向。

概而言之，科学精神和人文精神是物理课程的灵魂，也是“人类内在品质”的结晶，它们统摄着思想与观念的导向，操控与协调着思维与技能的运用，支配着知识与方法的储存与提取，使它们产生意义与价值。倘若失去科学精神和人文精神的感召和照耀，物理观念、物理思想等均会失去色彩，就可能使人沦为科学的奴隶。诚如一位纳粹集中营幸存者的哀叹，毒气室由学有专长的工程师建造，儿童被学识渊博的工程师毒死，妇女和幼儿被受过大学教育的人枪杀。教师培养的学生绝不能是学识渊博的怪物、多才多艺的变态狂。只有在孩子具有人性的情况下，读书、写字、算术的能力才有价值。

因此，物理课程既要引导学生追求科学精神，又要适时渗透人文精神，理顺科学、技术、社会和个人的四重关系，使“科学”与“人文”由分裂走向整合。在这个意义上，科学精神与人文精神就构成了物理核心素养中最为顶层的一环，在学生的成长过程中发挥着保障与监控的作用。

第3节　义务教育阶段物理教学目标

义务教育物理课程综合反映人类在探索物质世界的组成、物质的相互作用和物质的运动规律等过程中的成果。物理学不仅包含探索大自然的知识成果，而且包含探索者的科学思想、科学方法、科学态度和科学精神等。义务教育物理课程作为科学教育的组成部分，是以提高全体学生科学素养为目标的自然科学基础课程。此阶段的物理课程不仅应注重科学知识的传授和技能的训练，而且应注重对学生学习兴趣、探究能力、创新意识以及科学态度、科学精神方面的培养。义务教育物理课程是一门注重实验的自然科学基础课程。此阶段的物理课程应注意让学生经历实验探究过程，学习科学知识和科学探究方法，提高分析问题和解决问题的能力。义务教育物理课程应注重与生产、生活实际及时代发展的联系。此阶段的物理课程应关注学生的认知特点，加强课程内容与学生生活、现代社会和科技发展的联系，关注技术应用带来的社会进步和问题，培养学生的社会责任感和正确的世界观。①

一、学习终身发展必需的物理基础知识，掌握初步的物理实验技能

学习物理学的基础知识、掌握基本技能是科学素养发展的基础。《义务教育物理课程标准（2011年版）》要求，学生经过物理课程的学习，在知识与技能方面应该达到以下目标：

（1）认识物质的形态和变化、物质的属性、物质的结构与物体的尺度，了解新材料及其应用等内容，关注资源利用与环境保护等问题。

（2）了解自然界多种多样的运动形式，认识机械运动和力、声和光、电和磁等内容，了解相互作用规律及其在生产、生活中的应用。

（3）认识机械能、内能、电磁能、能量的转化和转移、能量守恒等内容，了解新能源的开发与应用，关注能源利用与可持续发展等问题。

（4）了解物理学及其相关技术发展的大致历程，知道物理学不仅含有物理知

① 中华人民共和国教育部．义务教育物理课程标准（2011年版）[M]．北京：北京师范大学出版社，2012：8—10.

识，而且还含有科学研究的过程与方法、科学态度与科学精神。

（5）有初步的实验操作技能，会用简单的实验仪器，能测量一些基本的物理量，具有安全意识，知道简单的数据记录和处理方法，会用简单图表等描述实验结果，会写简单的实验报告。

二、经历科学探究过程，养成运用科学研究方法的意识

科学探究既是学生的学习目标，又是重要的教学方式。将科学探究列入“课程内容”，旨在让学生经历与科学工作者进行的相似的探究过程，主动获取物理知识，领悟科学探究方法，发展科学探究能力，体验科学探究的乐趣，养成实事求是的科学态度和勇于创新的科学精神。通常，科学探究涉及提出问题、猜想与假设、设计实验与制订计划、进行实验与收集证据、分析与论证、评估、交流与合作等要素。科学探究的形式是多种多样的，在学生的科学探究中，其探究过程可能涉及所有要素，也可能只涉及部分要素。科学探究的要素应灵活渗透在教材中和教学过程的各个方面。

《义务教育物理课程标准(2011 年版)》注重学生对科学探究过程的经历和相应能力的形成，提出以下要达到的目标：

（1）经历观察物理现象的过程，能简单描述所观察物理现象的主要特征，能在观察和学习中发现问题，具有初步的观察能力及提出问题的能力。

（2）通过参与科学探究活动，学习拟订简单的科学探究计划和实验方案，有控制实验条件的意识，能通过实验收集数据，会利用多种渠道收集信息，有初步的信息收集能力。

（3）经历信息处理过程，有对信息的有效性、客观性做出判断的意识，经历从信息中分析、归纳规律的过程，尝试解释根据调查或实验数据得出的结论，有初步的分析概括能力。

（4）能书面或口头表述自己的观点，能与他人交流，有自我反思和听取意见的意识，有初步的信息交流能力。

（5）通过学习物理知识，提高分析问题与解决问题的能力，养成自学能力，学习物理学家在科学探索中的研究方法，并能在解决问题中尝试应用科学研究方法。

三、保持探索科学的兴趣和热情，树立将科学服务于人类的使命感与责任感

《义务教育物理课程标准(2011 年版)》提出以下目标：

(1) 有学习物理的兴趣，有对科学的求知欲，能保持对自然界的好奇，乐于探索自然，能领略自然界的美妙与和谐，对大自然有亲近、热爱及和谐相处的情感。

(2) 有将科学技术应用于日常生活、社会实践的意识，乐于探究日常用品或新产品中的物理学原理，乐于参与观察、实验、制作、调查等科学实践活动，有团队精神。

(3) 有克服困难的信心和决心，能总结成功的经验，分析失败的原因，体验战胜困难、解决物理问题时的喜悦。

(4) 养成实事求是、尊重自然规律的科学态度，不迷信权威，勇于创新，有判断大众传媒信息是否符合科学规律的初步意识，有将自己的见解与他人交流的意识，敢于提出与别人不同的见解，勇于放弃或修正不正确的观点。

(5) 关注科学技术对社会发展、自然环境及人类生活的影响，有保护环境及可持续发展的意识，能在个人力所能及的范围内对社会的可持续发展做出贡献，有将科学服务于人类的意识，热爱祖国，有振兴中华的使命感与责任感。

截至 2020 年 7 月，义务教育阶段的物理课程标准还未得到修订，仍在三维目标的统领下，引导着一线教师实施教学并对学生进行学业评价。如今，我们已经迈入“核心素养时代”，无论是课程设置还是教学实践，都应该着眼于人的终身发展。所以，在义务教育阶段核心素养的研制过程中，三维目标注定会得到提炼与升华。当然，相比于普通高中物理核心素养而言，义务教育阶段的物理核心素养应当更具基础性、发展性和实践性。

第 4 节　普通高中物理教学目标

高中物理课程是普通高中自然科学领域的一门基础课程，旨在落实立德树人的根本任务，进一步发展学生的物理核心素养，为学生的终身发展奠定基础，促进人类科学事业的传承与社会的发展。高中物理课程在义务教育的基础上，帮助学生从物理学的视角认识自然，理解自然，建构关于自然界的物理图景；引导学生经历科学探究过程，体会科学研究方法，养成科学思维习惯，增强创新意

识和实践能力;引领学生认识科学的本质以及科学·技术·社会·环境的关系,形成科学态度、科学世界观和正确的价值观,为做有社会责任感的公民奠定基础。

一、课程目标

高中物理课程应在义务教育的基础上,进一步促进学生物理核心素养的养成和发展。通过高中物理课程的学习,学生应达到如下目标:

(1) 形成物质观念、运动与相互作用观念、能量观念等,能用其解释自然现象和解决实际问题。

(2) 具有建构模型的意识和能力;能运用科学思维方法,从定性和定量两个方面对相关问题进行科学推理、找出规律、形成结论;具有使用科学证据的意识和评估科学证据的能力,能运用证据对所研究问题进行描述、解释和预测;具有批判性思维的意识,能基于证据大胆质疑,从不同角度思考问题,追求科技创新。

(3) 具有科学探究意识,能在观察和实验中发现问题、提出合理猜想与假设;具有设计探究方案和获取证据能力,能正确实施探究方案,使用不同方法和手段分析、处理信息,描述并解释探究结果和变化趋势;具有交流的意愿与能力,能准确表述、评估和反思探究过程与结果。

(4) 能正确认识科学的本质;具有学习和研究物理的好奇心与求知欲,能主动与他人合作,尊重他人,能基于证据和逻辑发表自己的见解,实事求是,不迷信权威;关心国内外科技发展现状与趋势,了解物理研究和物理成果的应用应遵循道德规范,认识科学·技术·社会·环境的关系,具有保护环境、节约资源、促进可持续发展的责任感。

二、学业质量水平

学业质量是学生在完成本学科课程学习后的学业成就表现。学业质量标准是以本学科核心素养及其表现水平为主要维度,结合课程内容,对学生学业成就表现的总体刻画。依据不同水平学业成就表现的关键特征,学业质量标准明确将学业质量划分为不同水平,并描述了不同水平学习结果的具体表现。高中物理学业质量是依据物理核心素养中的"物理观念""科学思维""科学探究""科学态度与责任"四个方面,结合课程内容的要求,依据不同水平成就表现的关键特征而制订的,如表 1-1。

表 1-1　普通高中物理学科学业质量水平①

水平	质量描述
1	(1) 初步了解所学的物理概念和规律,能将其与相关的自然现象和问题解决联系起来。 (2) 能说出一些所学的简单的物理模型;知道得出结论需要科学推理;能区别观点和证据;知道质疑和创新的重要性。 (3) 具有问题意识;能在他人指导下使用简单的器材收集证据;能对数据进行初步整理;具有与他人交流成果、讨论问题的意识。 (4) 认识到物理学是对自然现象的描述与解释;对自然界有好奇心,知道学习物理需要实事求是,有与他人合作的意愿;知道科学·技术·社会·环境存在相互联系。
2	(1) 了解所学的物理概念和规律,能解释简单的自然现象,解决简单的实际问题。 (2) 能在熟悉的问题情境中应用所学的常见的物理模型;能对比较简单的物理问题进行分析和推理,获得结论;能使用简单和直接的证据表达自己的观点;具有质疑和创新的意识。 (3) 能观察物理现象,提出物理问题;根据已有的科学探究方案,使用基本的器材获得数据;能对数据进行整理,得到初步的结论;能撰写简单的报告,陈述科学探究过程和结果。 (4) 认识到物理学是基于人类有意识的探究而形成的对自然现象的描述与解释,并需要接受实践的检查;有学习物理的兴趣,具有实事求是的态度,能与他人合作;认识到物理研究与应用会涉及规范与道德问题,了解科学·技术·社会·环境的相互关系。
3	(1) 了解所学的物理概念和规律及其相互关系,能解释自然现象,解决实际问题。 (2) 能在熟悉的问题情境中根据需要选用恰当的模型解决简单的物理问题;能对常见的物理问题进行分析,通过推理,获得结论并作出解释;能恰当使用证据表达自己的观点;能对已有的观点提出质疑,从不同角度思考物理问题。 (3) 能分析物理现象,提出可探究的物理问题,作出初步的猜想;能在他人的帮助下制订科学探究方案,使用基本的器材获得数据;能分析数据,发现特点,形成结论,尝试用物理知识进行解释;能撰写实验报告,用学过的物理术语、图表等交流科学探究过程和结果。 (4) 认识到物理研究是建立在观察和实验基础上的一项创造性工作;有较强的学习和研究物理的兴趣,能做到实事求是,在合作中能尊重他人;认识到物理研究与应用应考虑道德与规范的要求,认识到人类在保护环境和促进可持续发展方面的责任。

① 中华人民共和国教育部．普通高中物理课程标准(2017 年版)[M]．北京:人民教育出版社,2018:4—5.

续表

水平	质量描述
4	(1) 理解所学的物理概念和规律及其相互关系,能正确解释自然现象,综合应用所学的物理知识解决实际问题。 (2) 能将实际问题的对象和过程转换成所学的物理模型;能对综合性物理问题进行分析和推理,获得结论并作出解释;能恰当使用证据证明物理结论;能对已有结论提出有依据的质疑,能采用不同方式分析解决物理问题。 (3) 能分析相关事实或结论,提出并准确表述可探究的物理问题,作出有依据的假设;能制订科学探究方案,选用合适的器材获得数据;能分析数据,发现其中规律,形成合理的结论,用已有的物理知识进行解释;能撰写完整的实验报告,对科学探究过程与结果进行交流和反思。 (4) 认识到物理研究是一种对自然现象进行抽象的创造性工作;有学习和研究物理的内在动机,坚持实事求是,在合作中既能坚持观点又能修正错误;能依据普遍接受的道德与规范认识和评价物理研究与应用,具有保护环境、节约资源、促进可持续发展的责任感。
5	(1) 能清晰、系统地理解所学的物理概念和规律,能正确解释自然现象,能综合应用所学的物理知识灵活解决实际问题。 (2) 能将较复杂的实际问题中的对象和过程转换成物理模型;能在新的情境中对综合性物理问题进行分析和推理,获得正确结论并作出解释;能考虑证据的可靠性,合理使用证据;能从多个视角审视检验结论,解决物理问题具有一定的新颖性。 (3) 能面对真实情境,从不同角度提出并准确表述可探究的物理问题,作出科学假设;能制订有一定新意的科学探究方案,灵活选用合适的器材获得数据;能用多种方法分析数据,发现规律,形成合理的结论,用已有物理知识作出科学解释;能撰写完整规范的科学探究报告,交流、反思科学探究过程与结果。 (4) 认识到物理学是人类认识自然的方式之一,是在不断发展的,具有相对持久性和普适性,但同时也存在局限性;有较强的学习和研究物理的内在动机,能自觉抵制违反实事求是的行为,在交流中既能主动参与又能发挥团队作用;在进行物理研究和应用物理成果时,能自觉遵守普遍接受的道德与规范,养成保护环境、节约资源、促进可持续发展的良好习惯。

思考题

1. 物理知识与物理方法的内涵是什么?
2. 物理思维与物理技能的内涵是什么?
3. 物理思想与物理观念的内涵是什么?
4. 为什么要在物理学科核心素养中加入人文精神的要素?

第二章　中学物理教学内容、过程和原则

根据中学物理课程的理念和目标，物理课程标准规定了中学物理课程的基本学习内容和应达到的要求，这些内容和要求需要通过教学过程来完成。因此，为了有效开展物理教学，不断提高教学质量，就必须理解和掌握中学物理教学原则，把握中学物理教学的基本内容和要求，正确认识和理解中学物理教学过程，只有如此，才能顺利实现中学物理教学的目标。

第1节　中学物理教学内容

中学物理教学内容是指教学中教师“教什么”和学生“学什么”。内容标准是物理课程标准的重要组成部分，规定了中学物理教学的基本内容和要求。义务教育物理课程内容包括科学探究和科学内容；普通高中物理课程内容包含必修、选择性必修、选修和学生必做实验四个部分。

一、义务教育阶段物理教学的主要内容及特点

全日制义务教育物理课程标准倡导科学探究，要求将学习的重心从过分强调知识的传承和积累向经历知识的探究过程转化，从学生被动接受知识向主动获取知识转化。在内容标准中将科学探究与科学内容置于并列地位，如表2-1。

内容标准针对科学探究的要素提出对培养科学探究能力的基本要求，并给出了科学探究实例供教学参考。科学内容分为物质、运动和相互作用、能量三个一级主题，每个一级主题下面又划分若干二级主题。每个二级主题下包括对学生相关科学素养的具体要求和例子。

表 2-1　义务教育阶段物理学科的内容标准①

科学探究	科学内容	
1. 提出问题 2. 猜想与假设 3. 制订计划与设计实验 4. 进行实验与收集证据 5. 分析与论证 6. 评估 7. 交流与合作	物质	物质的形态与变化，物质的属性，物质的结构与物体的尺度，新材料及其应用。
	运动和相互作用	多种多样的运动形式，机械运动和力，声和光，电和磁。
	能量	能量、能量转化与转移，机械能，内能，电磁能，能量守恒，能源和可持续发展。

下面针对二级主题“机械运动和力”进行举例分析。

(1) 会根据生活经验估测长度和时间。会选用适当的工具测量长度和时间。

例 1　利用步长估测教室的长度。

(2) 用速度描述物体运动的快慢。通过实验测量物体运动的速度。用速度公式进行简单计算。

(3) 通过常见事例或实验，了解重力、弹力和摩擦力，认识力的作用效果。

例 2　通过实验，认识力可以改变物体运动的方向和快慢。

例 3　通过实验，认识力可以改变物体的形状。

(4) 用示意图描述力。会测量力的大小。知道二力平衡条件。

(5) 通过实验，认识牛顿第一定律。能用物体的惯性解释自然界和生活中的有关现象。

例 4　运用惯性，解释当汽车急刹车、转弯时，车内可能发生的现象。

(6) 知道简单机械。通过实验，探究并了解杠杆的平衡条件。

(7) 通过实验，理解压强。知道日常生活中增大和减小压强的方法。

例 5　估测自己站立时对地面的压强。

(8) 通过实验，探究并了解液体压强与哪些因素有关。知道大气压强及其与人类生活的关系。了解流体的压强与流速的关系及其在生活中的应用。

例 6　了解飞机的升力是怎样产生的。

(9) 通过实验，认识浮力。探究浮力大小与哪些因素有关。知道阿基米德原理，能运用物体的浮沉条件说明生产、生活中的一些现象。

---

① 中华人民共和国教育部．义务教育物理课程标准(2011 年版)[M]．北京：北京师范大学出版社，2012：8—10.

例 7　了解潜水艇浮沉的原理。

活动建议：

① 利用脉搏和步长，估测走路的平均速度。

② 学读汽车、摩托车上的速度表。

③ 会看《旅客列车时刻表》。

④ 用弹簧或橡皮筋制作简易测力计。

⑤ 用饮料软管制作喷雾器。

可以看出，义务教育阶段物理教学内容具有以下特点：

（1）在内容的选择上，从培养学生科学素养的需要出发，由单纯注重物理知识转变为知识与技能、方法与过程、科学·技术·社会三者并重。

（2）在内容的组织方式上，虽然围绕三个核心科学概念选取和组织物理知识，但知识结构比较松散，注重物理知识与学生生活、与社会以及与其他学科的联系。

（3）在对知识的要求上，注重学生的日常生活经验和亲身体验，注重对知识的定性理解和实际应用，在定量计算方面则降低了要求。例如，对于物质导电性的认识，要求学生通过观察实验，认识到不同材料的导电性能不同，知道电阻是导体本身的一种性质，可以表示导体对电流的阻碍作用的大小，了解导体的电阻大小与导体的材料、长度和横截面积有关，但不要求学生学习电阻定律。

二、普通高中物理教学的主要内容及特点

普通高中阶段物理课程结构的设计依据有五点：落实立德树人根本任务要求，体现物理课程的育人能力；依据普通高中课程方案，合理设置高中物理课程结构；遵循学生认知规律及学科特点，设计循序渐进的课程内容；关注学生多元发展，设计具有基础性和选择性的课程；融入理论和实践新成果，设计先进并具有操作性的课程。[①]

图 2-1 展示了高中物理课程结构框架。必修课程是全体学生必须学习的课程，是高中学生物理学科核心素养发展的共同基础，由必修 1、必修 2、必修 3 三个模块构成。选择性必修课程是学生根据个人需求与升学要求选择学习的课程，由选择性必修 1、选择性必修 2、选择性必修 3 三个模块构成。选修课程是学生自主选择学习的课程，由选修 1、选修 2、选修 3 三个模块构成。无论是必修课程还是选修

① 中华人民共和国教育部．普通高中物理课程标准(2017 年版)[M]．北京：人民教育出版社，2018：4—5.

课程都应贯彻落实立德树人的根本任务，注重发展学生的物理学科核心素养。

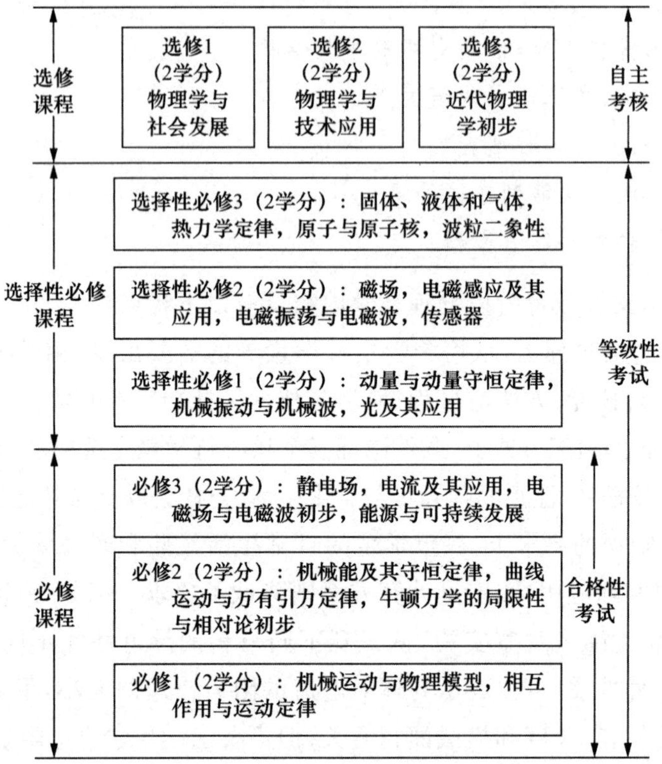

图 2-1　高中物理课程结构框架①

必修课程是全体高中学生的共同学习内容。它注重在机械运动情境下培养学生的运动与相互作用观念和模型建构等物理学科核心素养；注重物理学定律与航天技术等现代科技的联系，了解人类对宇宙天体的探索历程，并认识自然界的统一性；注重与生产生活、科技进步、社会发展密切相关。要充分利用多种教学资源，引导学生了解电磁感应现象在生产生活中的应用，认识能源开发与利用对人类生活和社会发展的影响，关注科学·技术·社会·环境的关系，培养学生解决实际问题的能力。

选择性必修课程是为了满足不同学生的发展需要而设定的，其内容注重引导学生通过研究碰撞现象、机械振动和机械波、光的干涉和衍射等现象，拓展学生对物理世界的认识和理解；注重对感应电流等问题的科学探究，强调对实验现象和实验结果进行归纳推理的方法，提升学生对实验结果定性和定量分析的能

① 中华人民共和国教育部．普通高中物理课程标准(2017年版)[M]．北京：人民教育出版社，2018：4—5.

力;注重让学生体会和掌握测量微观量的思想和方法,能利用不同的方法和手段分析和处理信息。

选修课程内容包括三个模块。选修一包含物理学与人类认识、物理学与社会变革、物理学与公民生活;选修二包含物理学与医疗技术、物理学与新能源、物理学与新材料、物理学与信息技术;选修三包含微观世界、高速世界、宇观世界、世界的统一性。

普通高中物理学科的课程结构见表2-2。

表2-2　普通高中物理学科的课程结构①

课程结构	模块	主题	学生必做实验
必修课程	必修1	机械运动与物理模型,相互作用与运动定律	测量做直线运动物体的瞬时速度,探究弹簧弹力与形变量的关系,探究两个互成角度的力的合成规律,探究加速度与物体受力,物体质量的关系
	必修2	机械能及其守恒定律,曲线运动与万有引力定律,牛顿力学的局限性与相对论初步	验证机械能守恒定律,探究平抛运动的特点,探究向心力大小与半径、角速度、质量的关系
	必修3	静电场,电流及其应用,电磁场与电磁波初步,能源与可持续发展	观察电容器的充、放电现象,长度的测量及其测量工具的选用,测量金属丝的电阻率,用多用电表测量电学中的物理量,测量电源的电动势和内阻
选择性必修课程	选择性必修1	动量与动量守恒定律、机械振动与机械波、光及其应用	验证动量守恒定律,用单摆测量重力加速度的大小,测量玻璃的折射率,用双缝干涉实验测量光的波长
	选择性必修2	磁场、电磁感应及其应用、电磁振荡与电磁波、传感器	探究影响感应电流方向的因素,探究变压器原理,副线圈电压与匝数的关系,利用传感器制作简单的自动控制装置
	选择性必修3	固体、液体和气体、热力学定律、原子与原子核、波粒二象性	用油膜法估测油酸分子的大小,探究等温情况下一定质量的气体压强与体积的关系

① 中华人民共和国教育部．普通高中物理课程标准(2017年版)[M]．北京：人民教育出版社,2018：4—5.

续表

课程结构	模块	主题	学生必做实验
选修课程	选修 1	物理学与人类认识、物理学与社会变革、物理学与公民生活	——
	选修 2	物理学与医疗技术、物理学与新能源、物理学与新材料、物理学与信息技术	——
	选修 3	微观世界、高速世界、宇观世界、世界的统一性	——

高中物理必修课程内容须考虑全体学生的需求，关注学生的知识基础和现代公民对物理学的基本需求，同时还须考虑与初中物理课程和高中选择性必修课程的衔接与联系。学完必修课程后，一部分学生可能不再学习物理，另一部分学生则将继续学习选择性必修课程，因此，必修课程内容的设计还须注重发挥承上启下的作用。与初中物理课程相比，高中物理必修课程中的“磁场与电磁波初步”部分内容要求更高，但多为定性要求，更侧重科学普及，旨在通过对磁场和电磁波的初步学习，促进科学素养的提升。在选择性必修 2 中，学生将再次学习这部分内容，但相关要求更上一个台阶。例如，关于磁场的内容要求中，必修 3 提出“了解磁感应强度，会用磁感线描述磁场”的定性要求，选择性必修 2 则提出“会计算安培力的大小”“会计算洛伦兹力的大小”的定量要求。这种课程设计既关注了学生科学素养的提升，也为有进一步学习物理需求的学生提供了更高的平台。此外，正确认识课程内容的选择、组织及结构设计，也有利于教师把握相关教学内容的深度和广度。例如在必修 3 关于磁场的教学中，教师可通过实验，让学生知道磁体和电流周围存在磁场，磁场是物质存在的一种形式；通过实验，让学生体验磁场的强弱；通过与电场对比的方法了解磁感应强度，引导学生建立磁感线模型；通过调查、查阅资料等活动，让学生了解磁现象在生产生活中的应用及中国古代的磁学研究成果等。

第 2 节　中学物理教学过程

教学过程是什么？这本来是一个“仁者见仁，智者见智”的问题，加上由于教育学研究的特点，使得这一问题更加难有定论，从而在一定程度上影响着人们对教学的认识，也在相当程度上影响着物理教育工作者对物理教学过程的认识。基于协同学理论，本书提出了一个新的教学过程理论——教学过程的自组织转变理论。教学过程的自组织转变理论，是一种动态理论，它关注教学过程的转变，并且认为教学过程的被组织阶段不仅是重要的，而且是必需的，是自组织的必经阶段。只有当教学系统的被组织状态达到临界值时，才有可能转变为自组织结构。如此，我们提出一个教学口号：把学生送到教学过程转变的临界区域去！

一、传统教育学视域下对教学过程的认识[①]

1. 教学过程是一种特殊的认识过程

人类社会要不断发展，就必须由年长一代把在劳动与社会交往中认识世界、改造世界的经验不断地传递给年轻一代，使他们成为符合社会需要的人，以保障社会的生存与发展。所以，教学过程主要是引导学生掌握人类长期积累的科学文化知识的过程，是学生循序渐进地学习和运用知识的认识活动，是贯彻教学过程的主要活动。教学中的交往活动是围绕认识活动进行的；教学中促进学生身心发展并使其符合社会标准与目标的活动则是在认识与交往活动基础上进行的。所以，师生为传承知识而相互作用的认识活动是教学活动区别于其他活动的最基本的特点。

教学过程是一种认识过程。教学过程要受认识论的规律所制约，要注意调动学生的学习主动性、积极性与创造性；同时要遵循“从生动的直观到抽象的思维，并从抽象的思维到实践”这个认识途径。然而，教学过程又是一种特殊的认识过程，它是学生个体的认识过程，具有不同于人类总体认识的显著特点：① 间接性，主要以掌握人类长期积累起来的科学知识为中介，间接地认识现实世界；② 引导性，需要在教师引导下进行认识，但不能独立完成；③ 简捷性，走的是一条认识的捷径，是一种科学文化知识的再生产。

2. 教学过程必须以交往为背景和手段

教学活动不是孤立的个体认识活动，而是社会群体性的有目的有组织的认识活动，它离不开师生之间的交往。

① 王道俊，郭文安. 教育学[M]. 北京：人民教育出版社，1989：197.

教学应把交往、沟通、交流作为重要手段和方法。在教学过程中，教师引导学生循序渐进地学习与运用知识，通过师生间的问答、讨论、交流、互助，进行思想碰撞与反思，集思广益与加深理解，以便学生得到启发，并学会应用，使教学中的认知活动更加生动有效。在教学中，教师不仅运用交往引导学生学习知识、进行认知，而且运用交往对学生进行情感方面的沟通、感染与培养。虽然交往在教学中的意义重大，但交往并非教学所特有的活动，而且教学中的交往只能围绕引导学生学习知识、认识世界来进行，否则就会削弱教学的特点，迷失交往的目的与方向，影响教学的效率与质量。

3. 教学过程也是一个促进学生身心发展的过程

教学过程是教师通过引导学生掌握知识、认识世界、进行交往以促进学生的身心发展为目标的过程。其中，引导学生通过掌握知识、进行认识及交往的活动是教学的基本活动；而促进学生的身心发展则是在认识及交往过程中所要完成的教学任务。虽然学生的身心发展在教学中起着导向与规范作用，但是只有通过并借助于组织好学生的认识及交往活动才能落实与实现。学生的身心发展并不只是与教学过程相联系，还与其他教育活动甚至学生的全部生活过程相联系，也就是说，教学的主要活动是在教师引导下的学生认识及交往活动。

要使教学过程能够促进学生的身心发展，就必须以此为准则来规范教学过程，使教学成为教育性和发展性兼备的过程，这是现代教学的追求与特点。如何使学生所学知识能够内化为个人的智力、品德与价值观，目前仍是一个正在探讨的问题。事实上，只要能够使学生在学习中有所收获，在思想上有震撼，能够有效地使学生学到的知识得以内化，这样的教学就是好的教学，从而使学生自觉地成为全面发展的人。

二、教学过程：从被组织到自组织的转变

1977年，德国斯图加特大学理论物理学教授哈肯（H. Haken）在研究由大量子系统构成的、相互间存在着复杂非线性相互作用的开放系统时，提出了协同学理论。

协同学采用序参量来描述一个系统的有序度，展现系统从无序向有序的转变。一个系统有许多变量，如何确定哪些变量是决定系统有序度的序参量呢？哈肯分析了不同变量在临界点的行为：绝大多数参量在临界点附近阻尼大、衰减快，对系统状态的转变进程影响不大，这类参量称为快参量；一个或少

数几个参量在临界点附近阻尼小，不仅不衰减（或衰减极慢），而且始终左右着系统演化的进程，这类参量称为慢参量。快参量在系统的状态稳定性受到影响时，总是企图消除干扰，使系统重新恢复到稳定状态，所以对系统形成有序结构作用不大；慢参量在系统受到干扰时，总是使系统离开稳定状态，走向非稳定状态，同时又主宰着系统的演变过程，所以慢变量是促进系统向有序转变的“序参量”。

协同学创建以来，已经被很多心理学家应用于语言、视觉、运动和脑等方面研究的实验设计和结果分析。① 在脑和行为方面的研究中，协同学和其他非线性科学一样，研究的是大脑的相（系统不同的内部组合状态）和相变（相之间的转变）。非线性系统的相变往往表现为一种跳跃过程，近年来运用超导量子干涉仪对大脑的研究正在实践和理论上检验和分析这种相变过程。② 结果表明，尽管大脑是复杂和多样性的结构，但它仍然表现出相变、新模式的形成等特征，并可以用协同学的概念和方法加以很好的描述。

基于协同学的广泛适用性，特别是心理学家在脑、行为和认知方面研究的成功范例，我们认为，在教学过程理论的建构中引入协同学是一个较新的理论思路。

一般认为，构成教学过程的要素包括学生、教师、教材和环境。其中，教材是教学的客体，学生是教学的主体，而教师起主导作用。实际上，教学过程就是教学系统发展演化的过程。教学系统作为一个系统，它既可以是被组织系统，又可以是自组织系统。所谓被组织，是指“该组织只有在外界干预下才能进行演化。它的组织化，不是自身的自发、自主的过程，而是在外部驱动力下的组织过程或结果。”③

长期以来，我国的教学基本上是被组织过程。对此，北京大学物理学院教授赵凯华指出：“现在有一种普遍的提法：作为一个好的教师，应当‘课堂上解决问题’，把所教内容都‘讲深讲透’，不给学生课后留下疑难。所以我国教师都习惯于把知识组织得井井有条，对课程内容的每个细节作详尽的解说，对学生可能发生的误解一一予以告诫。”“这种教学方法的最大弊病在于，它把一个年轻人维持在小孩

① 郭治安，等，编著. 协同学入门[M]. 成都：四川人民出版社，1988：3.

② 庄建成，张保. 协同学在脑和行为方面的一些应用[J]. 心理学动态，1997(2)：6—10.

③ Haken H. Information and Self -organization：A Marcroscopic Approach to Complex systems [M]. Berlin &New York：Oxford university Press Inc，1988：6，11.

子的状态，老师要他怎么学，他就怎么学。”[①]显然，这是一种典型的被组织状态。

解决这个问题的办法，就是把教学过程从被组织状态向自组织状态转变。按照哈肯的定义，所谓自组织，是指“如果一个体系在获得空间的、时间的或功能的结构过程中，没有外界的特定干涉，我们便说该体系是自组织的”。那么，我们可以认为，教学过程的自组织状态是在教师的引导下，学生的知识、技能和方法等参量之间进行相互协同和竞争，当学生的大脑进入从无序到有序的临界区域时，导致只有少数序参量支配学生的认知系统，最终实现学生的认知从无序变为有序，达到“教是为了不教的目的”。

学习系统是教学系统的主要子系统之一，其演化规律决定了教学系统的发展走向。学习系统的核心是人的大脑。由于人脑约有1000亿个神经元，每个神经元与其他神经元的连接多达1000条。[②] 此外，每个神经元本身也是一个错综复杂的系统，这些神经元以高度复杂的方式联系在一起，能主动接受输入的信息，不断改善自身的结构和功能，实现与环境的协调，所以，学习系统属于自组织系统的范畴。因此，基于协同学理论，我们提出了一种新的教学过程理论：教学过程是一个学生、教师、教材和环境相互协同的过程，是学生在教师引导下完成对教学内容掌握的同时其认知系统从被组织状态向自组织状态转变的过程。

教学过程的自组织转变理论，体现了一种新的教学观。在这种过程中，教师的角色从“讲深讲透”向“画龙点睛”的引导转变，学生对教学内容的理解也从教师“讲”明白向学生“悟”出来转变，从死记硬背、机械训练向亲身体验、主动参与转变，从被动接受式学习向主动获取式学习转变，从而实现教学方式的根本转变。由于学生经历了一个由教师讲授到自我建构的过程，结果就使得学生“不但掌握了知识、定理和公理的意义、精神及其重要性”[③]，而且知道“其中有的东西是重要的，有的东西是美妙的，有的东西是值得跟人辩论得面红耳赤而不放手的”。[④] 在解决问题时，各种各样的策略就能够迅速检索而无须搜肠刮肚地对照做过的题型，在处理前一个步骤时就能在大脑中预感下一个步骤，根本无须暗暗回忆各种题型再思量其意义。即使进行创造性活动，也能凭直觉而非经验去探

① Haken H. Information and Self -organization: A Marcroscopic Approach to Complex systems [M]. Berlin & New York: Oxford university Press Inc, 1988: 6, 11.

② H. 哈肯，著，郭治安，吕翔，译. 大脑工作原理——脑活动、行为和认知的协同学研究[M]. 上海：上海科技教育出版社，2000: 6.

③ 赵凯华. 我国高等学校物理教育的现状及改革的思考[J]. 物理，1995(11): 663—665.

④ 杨振宁. 杨振宁文集 [M]. 上海：华东师范大学出版社，1998:839, 408, 469.

索正确的解决途径。所以,正是在这个意义上,我们认为教学过程的自组织状态转变不仅能使学生更好地掌握知识,而且也能很好地培养能力。

教学过程的自组织转变理论,是一种动态理论,它关注教学过程的转变,并且认为,教学过程的被组织阶段不仅是重要的,而且是必需的,是自组织的必经阶段。只有当教学系统的被组织状态达到临界区域时,才有可能转变为自组织结构。

三、教学过程自组织的实现条件

1. 教学过程必须开放

一个系统只有开放才能有序。有序的结构需要输入物质、能量或信息,并与外界进行交换才能维持,封闭的系统因无法进行有效的交换,而最终变为混沌。

教学过程的开放,关键是要有真实的交流。所谓真实的交流,就是学生自己提出问题,不是教师提出问题,更不是为了提出问题而进行的虚假交流。在这个问题上,中外教育有很大差异。1999 年,美国科学教育协会代表团访问上海,在一所著名中学听课,任课教师是一位特级教师。其教学内容精细,层次清楚,节奏紧凑,学生活动充分,教师的提问设计精心,学生的回答清晰明了。可是美方代表的反应却很平淡。他们说,课堂上都是教师提问,学生回答,既然学生都能回答了,这堂课为什么还要上呢?上课应该是学生有问题,学生提问,教师回答,师生相互交流、共同讨论。这就反映了两种根本不同的教学思想,教学过程的开放与封闭,一目了然,令人深思。

2. 教学过程必须远离平衡态

根据自组织理论,非平衡是有序之源。在平衡态,系统处于稳定状态,系统朝着均匀、无序和简单的方向发展,不可能产生自组织结构。当系统远离平衡态时,才有可能进入有序状态,形成新的有序结构。教学过程远离平衡态,才能够使学生原来的认知状态被远离平衡态的刺激所打破,发生"协同"或更深刻的"竞争"过程,使认知结构得到充实或变革,从而达到新的水平和新的平衡。布鲁纳认为,"为了促进学生的思维状态处于非平衡态,教师必须努力启发他们自由灵活地思考问题"。[①] 即要求学生不满足已有的理论和知识体系,具有怀疑的态度和批判的精神。

① 庞海波. 论创造性思维的自组织机制[J]. 心理科学,2000(2): 250—251.

3. 教学过程应促进非线性相互作用

协同学理论指出，只有在系统内各要素之间存在着非线性相互作用的情况下，才能形成自组织结构。因为非线性相互作用，使各个要素之间产生相干效应和协同作用。从本质上讲，任何线性系统不会有进化和质变，所以，哈肯认为，“控制自组织的方程本质上是非线性的”“这些非线性项起着决定的作用”。[①]

我国教学的优良传统是教学的内在联系紧密，条理清晰，逻辑严密。然而，在教学实践中，人们“总觉得我国的教学中还缺少点什么，我国学生每当遇到问题时，总是一开始便埋头用系统的理论工具按部就班地作详尽的计算”。[②] 我们认为，所缺少的不是别的，正是直觉思维和科学洞察力。

在教学过程中，直觉思维作为一种非线性思维，其特点在于既不受“时间顺序”的束缚，又不受“逻辑顺序”的束缚，具有跨越时间和空间的性质，可以在事物细节尚未分明的情形下对整个事物进行感知，为了促进教学过程从被组织状态向自组织状态转变，必须重视发展学生的直觉思维。这样，就应当根据学生的知识水平，选择恰当的内容，有计划地训练学生从整体出发，用猜测、跳跃的方式，直接而迅速地寻找解决问题的方案，如果得出荒谬的或与事实不符的结论，则重新进行，直至解决问题。

4. 通过随机涨落促进教学过程从被组织向自组织转变

涨落是指系统的某个变量对系统状态统计平均值的偏离，在远离平衡态的非线性区，系统中一个随机的微小扰动或涨落，通过非线性相干和连锁效应被迅速放大，形成整体的宏观“巨涨落”，导致系统发生突变，从而形成新的有序结构。

涨落导致有序。因此，教学中教师应当创造自由民主的课堂教学氛围，鼓励学生大胆提出见解，引导学生提出各种各样的想法，通过学生与教师、学生之间进行对话、辩论，在思想的交流与碰撞中闪现出智慧的“火花”。教师还应当通过科技史的介绍使学生了解“涨落导致有序”的必然性，为学生重视涨落奠定心理基础。

杨振宁先生在多次谈话中比较了中美两国的教育方式。他认为中国传统教育提倡“透彻式”的教学方式和认真的学习态度，有利于学生打下扎实的根基，但相对来说，缺少创新意识。美国则提倡”渗透式”的教学方式，其特点是学生在学习的时候对所学内容往往还不太清楚，然而就在这过程中已经一点一滴地学到

---

① 庞海波．论创造性思维的自组织机制[J]．心理科学，2000(2)：250—251．

② 赵凯华．我国高等学校物理教育的现状及改革的思考[J]．物理，1995(11)：663—665．

了许多东西，培养出来的学生具有较强的独立思考能力和创造能力，容易很快进入科学发展的前沿，但不如前者根基扎实。他认为中美两种教育方式各具特色，若能将两者的优点和谐地统一起来，长短互补，在教育方法上无疑是一个突破。

第3节　中学物理教学原则

教学原则是有效进行教学必须遵循的基本要求和原理。它既指导教师教学，也指导学生学习，应当贯穿教学过程的始终。中学物理教学除应遵循教学过程的一般规律外，还应从物理学科自身的特点出发，结合中学生学习物理的心理因素和认知规律来组织教学。因此，本书秉承教育学的一般性原则，并结合中学物理教学实际，提出以下中学物理教学原则：① 教师主导与学生主体相统一原则，② 科学性与思想性相统一原则，③ 理论学习与实际应用相统一原则，④ 直观与抽象相统一原则，⑤ 统一要求与因材施教相结合原则，⑥ 掌握知识与发展能力相统一原则。

一、教师主导与学生主体相统一原则

对这一原则的理解，要从教学过程是一个学生、教师、教材和环境相互协同的过程，是学生在教师引导下完成对教学内容掌握的同时其认知系统从被组织向自组织转变过程的角度来理解，同时，还要从教学主客体关系的角度来理解。

如何看待教学过程中教师的作用？根据协同学理论，教学过程从无序到有序的转变可以分为被组织和自组织两个阶段。在教学过程的大部分时间里，系统都处于被组织阶段。在这一阶段，教师的讲授、引导、启发属于系统的控制变量，控制变量对系统能否发生相变起决定性作用，如果系统没有到达临界区域，就根本没有出现相变的可能性。因此，协同学理论认为：外界条件对于系统能否发生相变有着决定性的作用。从这里，可以清楚地看出，在教学过程的被组织阶段，只有通过教师的教学活动，才能使学生的学习系统向临界区域过渡，才能促使各个子系统完成量变的积累并最终达到质变。因此，我们认为，在教学过程的被组织阶段，教师起主导作用，是教学过程的决定性因素。

怎样看待教学过程中学生的作用？同样，依据协同学理论，当教学过程进入从被组织向自组织转变的临界区域时，教学过程的转变不再需要外部指令。在这一阶段，只有通过学生的自主学习活动，才能使学生大脑中的大量子系统自行

组织起来。此时,系统中一个随机的微小扰动或涨落,借助非线性相干和连锁效应被迅速放大,表现为整体的宏观巨涨落,导致系统发生突变,使学生的大脑越过临界区域,形成新的有序结构,从而完成对知识的真正掌握。因此,我们认为,在教学过程的自组织阶段,学生起主导作用,是教学过程的决定性因素。

从协同学的观点看,教学过程的主要子系统——学习系统(学生)的演化规律决定着教学的主客体关系。因此,只有学生才是教学的主体,教师、教材和环境都是教学的客体。对这一观点的正确理解是:教师是客体并不等同于只起非决定性作用,学生是主体也并不意味着一直起决定性作用,它们在教学过程的不同阶段分别起决定性作用。这一观点的重要意义不仅在于确定了教师与学生之间的主客体关系,而且在于确定了双方在教学过程不同阶段的决定性作用,如表 2-3。

表 2-3　两种教学过程

教学过程	教师(客体)	学生(主体)
被组织阶段	决定性作用	非决定性作用
自组织阶段	非决定性作用	决定性作用

植根于协同学的教学主客体关系理论,除了肯定师生双方在教学过程不同阶段的决定性作用外,还强调师生双方的协同作用。根据协同学理论,在系统从无序到有序的转变过程中,系统内的子系统自我排列、自我组织,似乎有一只“无形手”在操纵着这些成千上万的子系统,这只“无形手”就是序参量。即子系统的协同作用导致了序参量的产生,而产生的序参量又反过来支配着子系统的行为。序参量的支配行为正是非线性系统特有的相干性表现,整体多于组成部分之和就是相干性的结果。实验表明,人的双眼视敏度比单眼高 6～10 倍。也就是说,1＋1＞2,双眼的视觉功能大大超过两只单眼视觉功能的线性叠加。因此,教学中必须建立民主型的师生关系。师生之间、同学之间都可以展开讨论,可以毫不相让,争持不下。一个原则,就是“真理面前人人平等”。正确终归要战胜谬误。重要的不是结论,而是要通过师生双方的协同达到教学目的。

二、科学性与思想性相统一原则

科学性原则是指在物理教学过程中不能出现科学性错误,这是最根本的要求。此外,物理教学还要兼具科学方法和物理思想方面的教育因素。

为什么要提出这个原则呢？这是因为，我们对学生进行物理教育的基本要求就是要向学生传授科学的知识，同时物理知识本身的科学性也要求我们在教学中尊重科学事实。换句话说，教师在教学中不能讲错。比如，在高中物理教学中，很多教师在教学中就出现了科学性错误而不自知。初中生在学习右手螺旋定则时，便知可将通电螺线管看成条形磁铁，了解了如何将电磁学中的有关问题进行等效。到了高中学习楞次定律时，教师常常利用上述结论，并结合磁极、磁感应线等概念对定律进行阐述与讲解。然而，认真追究起来，却发现教学中稍不注意，就会出现科学性错误。

人类对于磁现象的认识和研究开始于永磁体之间的相互作用，并将能够吸引铁、钴、镍等物质的性质称为磁性，随着对磁体、磁性的深入研究，对磁性起源的解释逐渐形成了两种观点，而最早的一种观点就是磁荷理论。

磁荷理论认为，磁荷之间的相互作用服从磁库仑定律，同名磁极相互排斥，异名磁极相互吸引，从而可以看出磁极的概念只有在“磁性起源于磁荷”的观点中才有真实的意义。同时，磁荷观点中采用磁场强度 $\boldsymbol{H}$ 描述磁场的强弱，用磁力线（$\boldsymbol{H}$ 线）形象描述磁场强度的分布。由于磁场为有源场，所以磁力线（$\boldsymbol{H}$ 线）不闭合，它起于正磁荷止于负磁荷。所以，当把通电螺线管“等效”为条形磁铁时，管内管外磁力线均起于 N 极，止于 S 极。

磁荷理论没有找到磁单极和磁荷，更多的是将它当成一种理论假设，同时，虽然磁荷的观点不能把电和磁统一起来，但是近代物理对磁单极的预言和研究使我们还不能轻易地认为磁荷是虚构的。

磁性起源的另一种观点是分子电流理论。由于原子是由带正电荷的原子核和绕核旋转的带负电荷的电子组成的，电子不仅绕核旋转，而且还有自旋。原子、分子等微观粒子内电子的这些运动形成了“分子电流”，这便是物质磁性的基本来源。

由此可知，不论对于磁铁还是导体中的电流，它们的本质都是电荷的运动，也就是运动的电荷之间存在磁相互作用，从而形成了“磁场是电流激发的”的观点。该理论将电和磁统一了起来。

分子电流理论采用磁感应强度 $\boldsymbol{B}$ 描述磁场的强弱，用磁感应线（$\boldsymbol{B}$ 线）形象地描述磁场强弱的分布。需要指出的是，$\boldsymbol{B}$ 线与 $\boldsymbol{H}$ 线不是同一种线。磁感应线（$\boldsymbol{B}$ 线）是与电流环连的无头无尾的闭合曲线，没有端点。同时，磁场为无源场，不可能有“磁极”的概念。由此可知，中学物理提到有关磁极的概念，均属于磁性起源于磁荷的观点，而不是磁性起源于分子电流的观点。

将磁荷理论与分子电流理论进行对比,两者关系如表 2-4 所示:

表 2-4　磁荷理论与分子电流理论的对比

	磁荷理论	分子电流理论
基本单位	磁荷 q_m	分子电流
基本物理量	磁场强度 $\boldsymbol{H}$	磁感应强度 $\boldsymbol{B}$
形象化的描述	磁力线($\boldsymbol{H}$ 线) 起于正磁荷,止于负磁荷 不是闭合曲线	磁感应线($\boldsymbol{B}$ 线) 与电流环连的无头无尾曲线 是闭合曲线
螺线管外的情况	$\boldsymbol{H}$ 和 $\boldsymbol{B}$ 分布相同,$\boldsymbol{H}$ 线和 $\boldsymbol{B}$ 线相似	
螺线管内的情况	$\boldsymbol{H}$ 和 $\boldsymbol{B}$ 分布不同,$\boldsymbol{H}$ 线和 $\boldsymbol{B}$ 线方向相反	

显然,磁荷理论与分子电流理论均可以独立解释磁现象。通常,两种理论所得到的结果也相同。但是应该指出,两者毕竟存在差异,所以在分析磁场问题的时候,只能选用两种理论中的一种来进行解释,而不能将两种理论混合使用,否则会出现科学性错误。

从科学方法的角度来看待科学性与思想性相统一的教学原则,不难发现,目前我国的物理教育没有把科学方法置于重要的地位,无论是教材编写还是课堂教学,对科学方法的名称及内容都鲜有提及,少数提及的方法也往往以不恰当的方式呈现给学生。以比值定义法为例,人们普遍认为,如果某两个量在一定条件下的比值是常量,这个常量便反映了事物的本质属性,利用该比值就可以定义描述事物本质属性的一类概念。实际上,这种观点存有很大的纰漏。因为它只叙述了比值是常量的结论,而未阐释比较的条件。其实,在统一标准下比较,结果才有意义。进一步,为了恰当运用科学方法,还需要将科学方法的运用过程展开,按照科学方法的内在逻辑呈现概念与规律建立的过程。比如,建立密度概念时的比值定义法呈现过程就应当包括以下四个步骤:① 选取比较的对象(质量 m);② 选取比较的标准(体积 V);③ 研究比较的意义(m/V);④ 得到比较的结论($\rho=m/V$)。正是通过科学方法的展开过程,才能使物理概念与规律以一种符合物理科学方法教育的方式展现出来。

显然,显化科学方法的教学,才能使教学变得清晰明快。从科学方法名称的告知,到科学方法要求的规定;从科学方法内涵的挖掘,到科学方法运用的展开,都充分发挥了科学方法的知识建构与应用功能,通过系统而规范的科学方法教育,从而促进学生核心素养的形成。

在科学性与思想性相统一原则中强调物理思想教育，是因为一些难点、重点知识往往需要借助于物理思想才能突破；同时，学生也唯有将习得的物理知识与科学方法提升至物理思想高度，才能内化为核心素养。比如初中物理“功的原理”，其表述为“利用任何机械时，人们所做的功都不会小于不用机械而直接徒手做的功，即使用任何机械都不省功”。长期以来，学生大都有“为什么功不能省而力却能省”的困惑。为突破这一教学瓶颈，教学中一方面需要为学生点化“功的原理”中蕴含的守恒思想，另一方面还要凸显守恒思想的普适性——自然界与人类社会一样，都存在着某种“不变性”，就像人的基因图谱一样，无论采用何种手段都无法改变，从而为学生理解守恒思想做好铺垫。

由于物理思想教育的薄弱与淡化，我国学生每当遇到问题时，总是习惯一开始便埋头运用系统的理论工具，按部就班地作详尽的定量计算，常常困在某些计算细节中，而实际上许多问题本可以通过物理思想的思考就能得到定性或半定量的结论。比如，有一篇题为《自行车是省功费力的机械》[①]的文章，其实，根据“功的原理”中蕴含的守恒思想，学生很容易判断出，自行车作为一种简单机械是不能省功的。

三、理论学习与实际应用相统一原则

理论学习与实际应用相统一原则是指：物理教学中不仅要传授知识与方法，训练思维与技能，渗透思想观念，还需要培养学生运用理论解决实际问题的能力。

在教学中提出这一原则的理由是，多年来我们对物理教学的功能缺乏深入的研究，存在着一种普遍的观点，认为物理学就是推导，甚至在实际教学中将其异化为解答物理习题，这是对物理教学的极大误解。

何谓物理教学中的实际？实际就是指工农业生产与社会生活中的物理现象。因此，联系实际不等于解答物理习题。关于费曼的两个故事也许能说明理论联系实际的重要性。

某天，在康奈尔大学的餐厅，有一个学生和周围的人逗乐，他把有康奈尔大学红色校徽的盘子抛到空中，就像塑料飞碟那样旋转。在场的费曼注意到，当盘子一边晃动一边旋转时，校徽旋转的速度和晃动的速度不同，这引起了他的好

① 王绍符. 自行车是省功费力的机械[J]. 物理通报，2017(8)：125—127.

奇,于是着手计算旋转和晃动的关系,最终发现两者的比值为2∶1。为什么费曼要计算这种关系?那是因为费曼用来计算旋转盘子的振动方程直接和他研究工作中受阻的电子自旋效应有关。费曼曾说:“我获得诺贝尔奖的整个工作都得益于那个晃动的盘子之类不起眼的小玩意。”

1951年夏天到1952年6月,费曼到巴西访问讲学。让他感到惊讶的是巴西的物理教学状况,因为巴西学生“什么都背得很熟,但完全不理解自己在背什么”。他们能背出布儒斯特角的定义,但当让他们通过偏振滤光片看海水,发现从海水反射出来的光是偏振光时,他们却惊呆了!可见他们背诵的书本知识并没有与现实世界联系在一起。

费曼认为,巴西的教育系统是一种“自我繁衍系统”,人们通过考试,然后又去教别人怎样通过考试,没有人去思考怎样理解物理知识的实质。低水平的物理教师、枯燥呆板的教材、“动机不纯”的学生,三者的结合必然是一种应付考试的教育模式,没有愉快可言,学习成为痛苦的事。这段经历促使费曼对“物理学和物理教学究竟是什么”进行了深入思考,他认为:“科学是一种方法,他教导人们,一些事物是如何被了解的,不了解的还有些什么,对于了解的现在又了解到什么程度(因为没有绝对了解的),如何对待疑问和不确定性,依据的法则是什么,如何思考并做出判断,如何区别真相和欺骗……在对科学的学习中,你学会通过试验和误差来处理问题,养成一种独创精神和自由探索精神,这比科学本身的价值更大。”

事实上,费曼对巴西物理教学问题的批评,直到今天似乎还若隐若现地发生在我们身边,这是特别值得我们在物理教育中深入反思的重要课题。

四、直观与抽象相统一原则

什么叫直观?《辞海》对直观的定义是:直观,即感性认识,就是实践中外界事物作用于人的感觉器官而在大脑中产生的感觉、知觉和表象。在物理教学中,直观教学又表现为语言直观(讲解)、实物直观(实验)和图形模型直观三种形式。其中最重要的是实物直观——物理实验。

物理教学的直观性教学原则是由物理学本身的特点所决定的。物理学是一门以实验为基础的科学,物理学的理论从诞生到发展并向更高层次迈进,一直不断地接受实验的检验与验证。以粒子物理的标准模型为例,人们借助于高能物理对撞机,逐步弄清楚物质由61种基本粒子组成(见表2-5)。

表 2-5　基本粒子的构成

	种类	世代	反粒子	色	总计
夸克	2	3	成对	3	36
轻子	2	3	成对	无色	12
胶子	1	1	自身	8	8
W 粒子	1	1	成对	无色	2
Z 粒子	1	1	自身	无色	1
光子	1	1	自身	无色	1
希格斯粒子	1	1	自身	无色	1
总计					61

因此,物理学的实验特点就成为直观性教学原则的基础与依据。在物理教学中,一个物理现象,无论教师用语言描述得如何生动,效果往往不如让学生观察一下物理现象或实验本身。物理实验能够真实地展现物理过程,使学生直接地而不是拐弯抹角地理解物理运动的本质;物理实验以纯粹的形态突出物理运动的主要特征,使学生排除次要因素的干扰、认识物理运动的基本规律;物理实验作为一种理论联系实际的实践活动,它使学生处于教学的主体地位,灵活地运用知识并促成知识的迁移;物理实验以生动的形象作用于学生,能够激发学生的学习兴趣,形成良好的学习动机,并通过非智力因素促进智力的发展。因此,作为直观教学生动体现的物理教学实验,既反映了物理学的发展规律,同时也体现了学生的认识规律。正是这种生动的直观性,使得主体(学生)与客体(物理现象)发生相互作用,使得主体得以认识客体。就像通过三棱镜将一束太阳光分解成各种色光,这一实验观察使无数初入物理学殿堂大门的中学生如醉如痴!这不正是直观教学的魅力吗?

然而,对于物理教学中的直观教学,目前物理教育界还存在不同的看法。比如,有一种观点认为:直观性,一般是科学发展幼年时期的特征。直观方法虽然是教学和研究中的一种行之有效的手段,但它的使用是有限制的,有时甚至是不可靠的。持这种观点的人认为,通过实验观察,增加感性认识,就一定可以直观地阐明基本概念和基本原理的主张,实际上是一种误解。他们还举例说:在著名的卢瑟福散射实验里,直接观察到的只是按照不同概率向不同角度偏转的 α 粒子,靠直观是得不到原子的有核模型的。由此可见,那种认为基本概念都可以通过对实验现象的观察而直观地建立起来的看法，不仅有很大的局限性，而且过分地强调直观手段，往往会造成经验和理论思维对立的倾向。

我们认为，直观的概念既包含绝对意义，又包含相对意义。所谓绝对意义，是指直观一定是物理现象作用于人的感官所产生的感觉、知觉与表象。我们所说的相对意义，则是与非直观相比而言的。α粒子散射实验中直接观察到的确实只是概率而不是原子的有核模型，但它比使用理论计算出来的概率要直观得多。须知，有核模型的产生是靠不那么直观的概率而不是靠非直观的理论计算得到的。

这种观点认为直观方法的使用是有限制的，有时甚至是不可靠的。这固然不错，可是在物理学的研究与教学中，又有哪一种方法是没有条件限制并百分之百可靠的呢？“以太”模型是人们理论思维的结果，可它照样是不可靠的，并被直观的“迈克尔孙-莫雷”实验所推翻。

研究一下学生学习物理的认知机制，我们发现直观教学也是符合人的认识规律的。由于人在认识客观事物时往往存在着知觉优先的倾向，并首先使用形象思维来认识客体，因此，在物理教学中就必须给学生提供足够的感性体验和直观观察机会。所以，过分地强调非直观，不仅违反物理学的发展规律，违反物理教学规律，而且也违反学生的物理学习规律。

五、统一要求与因材施教相结合原则

学生是教学活动的主体，教学内容等是教学活动的客体，因此，根据认知心理学的理论，因材施教原则中的“材”就应该包括主客体两方面的内容，即应该包括学生和教学内容，以便在教学过程中实现主客体在认知上的协调。唯有如此，才能实现真正意义上的因材施教。[①]

我们认为，按照马克思关于人的全面发展理论，广义上讲，因材施教原则中的“材”从主体方面考虑，应当既包括智力因素，又包括非智力因素；狭义上讲，主要是指智力因素。因此，从教学的主体方面考虑，我们认为对于学生而言，“材”的确切含义就是认知发展水平。

运用皮亚杰(J. Piaget)的认知发展阶段理论，通过编制认知水平测试题可以对高中学生的物理认知水平进行鉴别。比如，有一项对高中学生的物理认

① 陈清梅，邢红军，等．论因材施教及其对基础教育改革的启示[J]．首都师范大学学报，2009.

知水平所做的研究结果如表 2-6 所示。[①]

表 2-6　高中学生物理认知发展水平

阶段	具体运算阶段			形式运算阶段	
	初级	中级	高级	初级	高级
人数(百分比)	8(14%)	12 (21%)	28(49%)	9(16%)	0(0%)
占总人数的百分比	84%			16%	

有研究指出，在美国的学校中，只有 13.2%的中学生、15%的高中生和 22%的大学生达到了形式运算水平。任红艳曾利用美国坦普尔大学教育学院教育心理系编制的“形式思维评价量表”(Formal Thought Assessment Scals，简称 FTAS)的自然科学部分，对江苏省七所完全中学或高级中学的高一、高三学生(合计 737 人)的思维水平状况进行了抽样调查和分析。根据皮亚杰的认知发展理论，该调查将认知发展阶段划分为四个阶段：具体运算阶段(5 分以下)，具体运算和形式运算过渡阶段(16～20 分)，形式运算初级阶段(21～22 分)和形式运算阶段(23 分以上)。结果表明：高一和高三学生的思维发展平均水平(22.131 分和 22.623 分)都还处于形式运算初级阶段和形式运算阶段之间。这表明，两国中学生的认知水平只有少部分进入到形式运算水平。因此，促进学生的物理认知水平从具体运算阶段向形式运算阶段过渡就成为物理教学的基本任务。

从教学的客体方面考虑，我们认为“材”的确切含义主要是指教学内容被掌握所需要的认知水平。应当特别指出的是，教学内容的认知水平问题，既是因材施教中的一个关键问题，同时又是迄今为止仍被忽视的一个重要的问题。到目前为止，在基础教育课程与教学改革的课程标准的要求中，对教学内容常常提出诸如了解、认识、理解和应用等要求，即要求学生在学习不同的教学内容时达到相应的要求。然而，这些要求仅仅是课程标准提出的主观要求，没有充分考虑到教学内容本身所对应的认知水平，从而也就使因材施教难以落到实处。因此，在因材施教的实施过程中，需要充分考虑到“材”的主客体两个方面并使之相互协调。

运用皮亚杰的认知发展阶段理论，可以对高中物理教学内容所对应的认知

① 丁咏．高中学生物理认识水平的研究[D]．北京：首都师范大学，2003：63．

水平进行分类。表2-7是相关的一项研究工作。[①]

表2-7 高中物理教学内容对应的认知水平

认知水平	具体运算水平(C)	形式运算水平(F)
知识点数目	20	212
所占百分比	8.6%	91.4%

研究表明,高中物理教学内容中与具体运算水平对应的知识点仅有8.6%,而与形式运算相对应的则达到了91.4%。由于高中学生的物理认知水平达到形式运算的只有16%,这就形成了两者认知水平的差距,不利于因材施教的实施。

在上述研究的基础上,我们提出如下教学建议。

(1) 新学期伊始,教师应当了解和鉴别学生的认知发展水平和他们实际达到的运算阶段,根据学生的认知发展水平和特点安排教学计划。教师应该改变原来那种忽视学生的认知水平,仅仅根据经验和课程标准安排教学的情况。教学是针对学生的,每个学生都有各自不同的认知发展水平和特定的运算模式,只有针对性地进行教学,才能更好地实施因材施教,才能更好地促进学生的发展。

(2) 教师在备课时,常常要备知识、备方法,掌握教材的重点、难点,这是必要的和正确的。但是教师还应当知道,学生需要掌握的概念和规律哪些属于具体运算模式,哪些属于形式运算模式。针对一些形式运算水平才能理解的概念和规律,教师应当精心设计教学过程,尽可能采用实验和探究的教学方式,借助直观形象的教学手段,将其转化为认知发展水平为具体运算水平的学生也能理解和掌握的概念和规律。这需要教师下很大功夫去研究,并在教学实践中不断改进。而做好这项工作的前提,是要求在制订课程标准时,对于教学内容所对应的认知水平进行鉴别。

(3) 在发展性教学中,我们强调应当促进学生从现有认知水平向最近发展区发展,这是正确的。但在实际的教学中,我们还应当明确,促进学生的认知水平发展,主要还是将学生的认知水平从具体运算阶段向形式运算阶段发展。在教学中,教师还应当给学生提供尽可能多的动手机会,使他们通过亲自动手,手脑并用地进行学习;要给他们提供充分发挥才干的机会,自己设计、自己动手、自己提问、自己解决问题,在学习知识的同时促进认知水平的发展。按照皮亚杰的理

① 孔祥艳. 高中物理教学内容认知水平的研究[D]. 北京:首都师范大学,2004:27.

论,动手不仅是认识的源泉,而且是促进学生认知水平发展的根本动力。因此,为了促进学生的发展,就必须给学生提供足够的动手机会,从而让学生在实践中得到成长和发展。

六、掌握知识与发展能力相统一原则

知识是人们在长期实践活动中对客观世界的认识和经验的结晶,包括感性知识和理性知识。感性知识所反映的是关于事物的外表属性或外部联系,表现的心理形式是感知与表象;理性知识所反映的是关于事物的本质属性或内部联系,表现的心理形式是概念和原理。因此,广义来说,知识是理论知识、技能和方法的总称。例如物理学知识除概念、规律、原理推论等理论知识外,理所当然地应该包括实验基础、数学表述和物理学方法,但这些知识往往具有相对独立性和较大的实践性,因此,有时将理论知识体系作为狭义的知识来理解。

而能力的特征通常表现为以下几个方面:① 实践性。一切间接知识和方法只有通过本人的直接实践活动经验才能转化为能力。换句话说,能力是本人直接实践经验的产物,任何他人的经验只有经过本人的重新掌握才能转化为本人的精神财富。② 综合性。任何能力(如思维能力、运算能力)都不是靠单项的知识和方法取得的。反之,任何一种知识、一项活动或一项方法只靠一种能力也不能完成,无论是绘画、实验、设计或理解一个概念与定律。可见知识、方法和能力之间并不是简单的一对一的关系。③ 渐进性。能力的特点决定了能力的培养过程不可能一蹴而就,只有通过多次实践和综合训练,才能通过学习者本身的认知结构在实践活动中形成稳固的能力。由此可知,能力是比智力活动含义更广泛的概念,能力还包括从实践到思维再到实践过程中非智力活动的因素(如组织能力、忍耐力、专注力等)。因此,能力来源于知识和方法而又高于知识和方法。

对于知识与能力的关系,传统中学物理教学法教材认为,知识和能力的关系是极为密切的,知识是能力的基础,能力只有在掌握知识与运用知识的过程中才得以发展,离开了知识的学习和运用,能力的培养就成了无源之水,无本之木;同时,能力的高低又反过来制约着知识掌握过程(包括摄取、领会、巩固、运用)的速度、深浅和成效。因此,知识的掌握过程特别是运用的过程,往往是以能力的增长为结局的。学生具备了某些必要的能力(如感知能力、判断能力、鉴赏能力),就为进一步学习创造了条件,使学生能主动自觉地在知识的海洋中遨游。总之,必须寓能力培养于知识传授之中，而知识的传授又必须着眼于培养能力。知识、方法、能力三者关系还有待探讨。人类在知识取得的过程中积累了许多有效的、成文或不成文的方法，能力则是从多次运用知识和逐渐掌握方法后形成的在某一活动领域内若干稳固的心理特征的综合。由此可见，知识和取得与运用这些知识的典型的有效的方法是形成能力的基础，而能力一旦形成以后就具有开发新知识、创造新方法的本领。

掌握知识与发展能力的关系问题，在我国教育界历来是一个争论不休的问题。与知识相比，人们更注重能力。从传统知识与能力理论来看，掌握知识与学生解决实际问题能力之间往往有较大差异。因此，教育理论中一直流行的一个基本观点是：掌握知识不等于发展能力。

那么如何理解掌握知识与学生能力发展之间的较大差异呢？其实，利用“智力—技能—认知结构”能力理论，这并不难理解。在构成能力的因素中，“硬能力”包括智力与技能，而“软能力”中除了知识之外，还包括科学方法。所以，造成传授知识与发展能力具有较大差异的原因正在于此。

那么，怎样在物理教学中贯彻落实掌握知识与发展能力相统一的教学原则呢？可以运用“智力—技能—认知结构”能力理论来理解掌握知识与发展能力的关系，知识不仅是能力的基础，而且还是能力的有机组成部分，是大脑在解决问题的过程中需要操纵的“软件”之一。因此，在这个意义上，掌握知识就等于发展能力。

显然，“智力—技能—认知结构”能力理论是一个较好的能力模型，它不仅使形式教育说和实质教育说得到统一，也使长期以来困扰我国教育学理论中掌握知识与发展能力的问题得到较好的解决。为了进一步把“智力—技能—认知结构”能力理论与物理学的学科特点结合起来，并根据因素分析“从众多变量的交互相关中找出起决定性作用的基本因素，为建立科学理论提供明确证据”的思想，我们进行了物理能力理论的建构。

首先，智力中的观察力、思维力和想象力在物理能力中是三个重要因素，而注意力和记忆力则相对不那么重要，可以忽略。其次，技能中的操作技能和心智技能是两个重要因素，认知结构中的知识和科学方法同样是两个重要因素。最后，把上述七个重要因素与物理学的五个基本特征进行交互相关，从而建构出新的物理能力理论：① 观察、实验能力，② 物理想象能力，③ 物理思维能力，④ 物理运算能力，⑤ 运用物理知识和科学方法的能力。

上述物理能力理论，不能说是尽善尽美，但从一般能力理论到学科能力理论的研究思路，以及因素分析与交互相关的思想，都使这一理论体现了理论思维的特点，为今后建构更为完善的物理能力理论奠定了基础。就物理能力理论本身而言，也体现出了独特的理论内涵。比如，物理能力理论中包含了物理想象能力，这是以往物理能力理论所没有的。从物理学的学科特点看，想象是物理智慧中最活跃、最富有传奇色彩的成分。正如爱因斯坦所说："想象力比知识更重要，因为知识是有限的，而想象力概括着世界上的一切，推动着进步，并且是知识进化的源泉。严格地说，想象力是科学研究中的实在因素。"2009 年，教育进展国际评估组织对全球 21 个国家进行的调查显示，中国孩子的计算能力排名世界第一，想象力却排名倒数第一，创造力排名倒数第五。在中小学生中，认为自己有好奇心和想象力的只占 4.7%，而希望培养想象力和创造力的只占 14.9%。因此，把物理想象能力作为物理能力的一部分具有重要的意义。

思考题

1. 为什么说物理教学过程是自组织转变过程？
2. 直观性教学原则的内涵是什么？
3. 因材施教教学原则的内涵是什么？

第三章　中学物理教学方法

在中学物理教学中，教学模式和教学方法的选择和运用往往决定着教学效果的优劣。因此，科学合理地选择教学模式和教学方法，对顺利完成教学任务、发展学生的核心素养具有重要意义。本章将着重介绍一些在中学物理教学中常用的教学模式和教学方法，以及教学方法选择和运用的策略，以期为师范院校的物理专业学生开展物理教学提供帮助。

第1节　中学物理教学常用教育目标

物理教学的总目标是作为统贯教学活动全局的一种指导思想而存在的，它是为实现物理教育目的而提出的一种概括性的总体要求，它所把握的是物理教学的发展趋势和总方向。但是，教学总目标毕竟只是对教学活动的一种原则性规定，对于复杂的教学活动来说，只有一个原则性的规定是不够的。布鲁姆(B. S. Bloom)等人把教育目标分为认知、动作技能和情感三个领域，而每一个领域的目标又由低级到高级分成若干层次，物理教学的目标也同样适合这三种领域分类。

一、认知领域的教育目标

1. 知道

知道是指对先前学习过的知识材料的回忆，包括具体事实、方法、过程、理论等的回忆。知道是这个领域中最低水平的认知学习结果，它所要求的心理过程主要是记忆。

2. 领会

领会是指把握知识材料意义的能力。可以借助三种形式来表明对知识材料的领会：一是转换，即用自己的话或与原先的表达方式不同的方式来表达所学的内容；二是解释，即对一项信息（如图表、数据等）加以说明或概述；三是推断，即预测发展的趋势。领会超越了单纯的记忆，代表最低水平的理解。

3. 运用

运用是指把学到的知识应用于新的情境。它包括概念、原理、方法和理论的应用。运用的能力以知道和领会为基础，是较高水平的理解。

4. 分析

分析是指把复杂的知识整体材料分解为组成部分并理解各部分之间的联系的能力。它包括部分的鉴别，分析部分之间的关系和认识其中的组织原理。分析代表了比运用更高的智力水平，因为它既要理解知识材料的内容，又要理解其结构。

5. 综合

综合是指将所学知识的各部分重新组合，形成一个新的知识整体。它包括发表一篇内容独特的演说或文章，拟订一项操作计划或概括出一套抽象关系。它所强调的是创造能力，形成新的模式或结构的能力。

6. 评价

评价是指对材料作价值判断的能力。例如，判断实验结论是否有充分的数据支持。这是最高水平的认知结果，因为它要求超越原先的学习内容，并需要基于明确标准的价值判断。

二、动作技能领域的教育目标

1972 年，辛普森（E. J. Simpson）等人将动作技能领域的教育目标分成七级，是目前应用较为广泛的一种分类体系。

1. 知觉

知觉是指运用感官获得信息以指导动作，主要了解某动作技能的有关知识、性质、功用等。

2. 准备

准备是指对固定的动作的准备，包括心理定向、生理定向和情绪准备（愿意活动）。知觉是其先决条件，我国有人把知觉和准备阶段统称为动作技能学习的认知阶段。

3. 有指导的反应

有指导的反应是指复杂动作技能学习的早期阶段，包括模仿和尝试错误。

通过教师或一套适当的标准可判断操作的适当性。

4. 机械动作

机械动作是指学习者的反应已成习惯,能以某种熟练和自信水平完成动作。这一阶段的学习结果涉及各种形式的操作技能,但动作模式并不复杂。

5. 复杂的外显反应

复杂的外显反应是指包含复杂动作模式的熟练动作操作。操作的熟练性以精确、迅速、连贯协调和轻松稳定为指标。

6. 适应

适应是指技能的高度发展水平,学习者能修正自己的动作模式以适应特殊的装置或满足具体情境的需要。

7. 创新

创新是指创造新的动作模式以适合具体情境。强调以高度发展的技能为基础进行创造。

三、情感领域的教育目标

布鲁姆的情感领域教育目标与加涅(R. M. Gagne)学习结果的态度类教育目标是相对应的。情感是对外界刺激的肯定或否定的心理反应,如喜欢、厌恶等。个体的情感会影响一个人作出行为上的选择。情感学习与形成或改变态度、提高鉴赏能力、更新价值观念、培养感情等有关。这是教育的一个重要方面,然而,这方面的教学目标却不容易编写。克拉斯伍(D. R. Krathwohl)等人制定的情感领域的教学目标分类于1964年发表,其分类依据是价值内化的程度。该领域的目标共分五级。

1. 接受或注意

接受或注意是指学习者愿意注意某特定的现象或刺激。例如静听讲解、参加班级活动、意识到某问题的重要性等。学习结果包括从意识某事物存在的简单注意到选择性注意,是低级的价值内化水平。

2. 反应

反应是指学习者主动参与,积极反应,表现出较高的兴趣。例如,完成教师布置的作业,提出意见和建议,参加小组讨论,遵守校纪校规等。学习的结果包括默认、愿意的反应和满意的反应。这类目标与教师通常所说的"兴趣"类似,强调对特定活动的选择与满足。

3. 评价

评价是指学习者用一定的价值标准对特定的现象、行为或事物进行判断。它包括接受或偏爱某种价值标准，以及为某种价值标准作出奉献。例如，欣赏文学作品，在讨论问题中提出自己的观点，刻苦学习外语等。这一阶段的学习结果所涉及的行为表现出一致性和稳定性，与通常所说的“态度”和“欣赏”类似。

4. 组织

组织是指学习者在遇到多种价值观念呈现的复杂情境时，将价值观组织成一个体系，对各种价值观加以比较，确定它们的相互关系及它们的相对重要性，接受自己认为重要的价值观，形成个人的价值观体系。例如，先处理集体的事，然后考虑个人的事；形成一种与自身能力、兴趣、信仰等协调的生活方式等。值得重视的是，个人已建立的价值观体系会因为新观念的介入而改变。

5. 价值与价值体系的性格化

价值与价值体系的性格化是指学习者通过对价值观体系的组织，逐渐形成个人的品性。各种价值被置于一个内在和谐的构架之中，它们的层级关系已确定。个人言行受其所确定的价值观体系的支配。观念、信仰和态度等融为一体，最终的表现是个人世界观的形成。这一阶段的行为是一致的和可以预测的。例如，保持良好的健康习惯，在团体中表现合作精神等。①

第 2 节　中学物理教学常用教学模式

教学模式是指在一定教学思想或教学理论指导下建立起来的较为稳定的教学活动结构框架和活动程序。当作为结构框架时，需要从宏观上突出教学模式，把握教学活动整体及各要素之间的内部关系和功能；当作为活动程序时，则需要从微观上把握教学模式的有序性和可操作性。目前常用的教学模式有：传授—接受教学模式、引导—发现教学模式、示范—模仿教学模式和情境—陶冶教学模式。

一、传授—接受教学模式

这是我国学校教育实践中普遍采用、广为人知的一种教学模式，主要适用于

① 乌美娜．教学设计[M]．北京：高等教育出版社，1994：131—138.

认知领域的教育目标。它源于赫尔巴特学派的“五段教学法”，经过苏联教育家凯洛夫等人依据对辩证唯物主义原理的理解，重新改造后传入我国。它的基本过程是：激发学习动机→复习旧课→讲授新课→巩固运用→检查。

这种教学模式由教师直接控制教学过程，按照学生的认识活动规律加以规划。通过教师的传授，学生对所学习的内容由感知到理解，再达到领会；然后组织学生练习，巩固运用所学的内容；最后检查或组织学生自我检查学习的效果。

这种教学模式的特点是能够使学生迅速有效地在单位时间内掌握较多的知识，比较突出地体现了教学作为一种简约的认识过程的特性，所以它能够在教学实践中长盛不衰。但由于采用这种教学模式时，学生处于接受教师提供信息的地位，因此不利于学生充分发挥学习的主动性，因此，它多年来一直受到各方面的批评和指责。然而，正如奥苏贝尔（D. P. Ausubel）所指出的，接受学习不一定都是机械被动的，关键是教师传授的内容是否为具有潜在意义的语词材料，能否与学生原有的认知结构建立实质性的联系；教师能否激发学生积极主动地从自己原有的知识体系中提取最有关联的旧知识来“固定”“类属”新知识。如果能做到这两点，接受学习在掌握知识和技能中所具有的独特功能就无法否定。

二、引导—发现教学模式

这是一种以问题解决为中心，注重学生独立活动，着眼于创造性思维能力培养的教学模式，比较适用于认知领域的教育目标。它主要是根据杜威（John Dewey）、布鲁纳等人先后倡导的问题→假设→推理→验证→结论的过程而提出的。

在“问题”阶段，教师提出的问题一定要难易适度，并能使学生明确这个问题的指向性。在“假设”和“推理”阶段，教师应尽量在诱发性的问题情境中引导学生通过分析、综合、比较、类推等不断产生假设，并围绕假设进行推理，引导学生将原有的各种知识从各个不同的角度加以改组，从中发现必然的联系，逐步形成比较确切的概念。在“验证”阶段，教师通过进一步提供具体事例，要求学生去辨认，或由学生自己提出事实来说明所获得的概念。在“结论”阶段，教师引导学生回顾学习活动，分析自己思维的过程和方法，使之对学习结果感到满意。

这一教学模式要求教师能为学生创设一个认知上的困难情境，使学生产生想解决这一困难的欲望，从而去认真思考面临的问题，独立地运用各种思维操作。随着问题情境的产生，学生在教师引导下要能提出各种解决问题的可能方案，即进行假设，并能验证其正误，得出正确的结论。为此，就要运用统觉原理，使学生能检索出先前获得的与新课题有关的经验和知识，并在此基础上能构建一个新的组合来解决新的问题。这种将问题情境转变为问题解决的突然顿悟，所采用的基本方法就是所谓的发现法。

这种教学模式的一大功能就在于，使学生学会如何学习，如怎样发现问题和加工信息，怎样推理和验证所提出的假设，因而有利于培养学生的探究能力。它的局限性在于，比较适用于数理学科，需要学生具有一定的先行经验储备。

三、示范—模仿教学模式

这种教学模式历经久远，也是教学中最基本的模式之一，特别适用于动作技能领域的教学目标。通过这种模式进行教学的一些基本技能，如读、写、算，以及各种行为技能对人的一生都是十分有用的。它的基本过程是：定向→参与性练习→自主练习→迁移。

在“定向”阶段，教师既要向学生阐明所需掌握的行为技能并解释完成技能的操作原理，又要向学生演示具体动作，学生则应当明确需要学习的行为技能的教学要求。在“参与性练习”阶段，教师指导学生从分解动作的模仿开始练习，并对每次练习提供反馈信息，给予及时强化，使学生对所学的部分动作由不够精确、不太定时而逐渐走向精确、定时，并使一些不正确动作得到消除。在“自主练习”阶段，当学生已基本掌握了动作要领，并由单个的下属技能逐步结合成总括技能时，就可以脱离教师的临场指导，通过加大活动量，使技能更加熟练。在“迁移”阶段，学生不需要通过思考便能完成行为技能的操作步骤，并模仿教师的示范，把习得的技能运用于其他的情境，或与其他习得的技能组合，构成更为综合性的技能。

现代教育技术的发展使这一教学模式运用范围更广，效果更好。例如可以通过视频和计算机模拟来进行技能示范，学生的模仿动作也可以借助手机摄像功能进行观察、评价和自我反馈。

四、情境—陶冶教学模式

这种教学模式最具代表性的是由保加利亚心理学家洛扎诺夫(G. Lozanov)首创的暗示教学。它主要适用于情感领域的教学目标，基本过程是：创设情境→参与各类活动→总结转化。

在“创设情境”阶段，教师通过语言描绘、实物演示、音乐渲染等手段，为学生创设一个生动形象的场景，以激起学生的情绪，有时也可以利用环境的有利因素进行。在“参与各类活动”阶段，教师安排学生加入各种游戏、唱歌、听音乐、表演、谈话、操作等，使他们在特定的气氛中积极主动地从事各种智力操作，在潜移默化中进行学习。在“总结转化”阶段，通过教师启发总结，使学生领悟所学内容主题的情感基调，达到情感与理智的统一，并使这些认识和经验转化成为指导其思想、行为的准则。这一模式从人的认识是有意识心理活动和无意识心理活动的统一，理智活动与情感活动相统一的观念出发，强调个性发展不仅要重视理智活动，而且要通过情感的陶冶，充分调动学生无意识的心理活动的潜能，使他们在思想高度集中、精神完全放松的情况下进行学习。它通过设计某种与现实生活类同的意境，让学生在这种意境中无拘无束地与他人相互作用，从中领悟到怎样认识社会、认识他人、认识自己，从而提高学生的自主能力和合作精神，达到陶冶个性和培养人格的目的。[①]

第 3 节　中学物理常用教学方法

教学方法是为了完成教学任务而采用的教学活动程序与方式。它包括教师教的方法和学生学的方法，是教师引导学生掌握知识、训练技能、获得身心发展的师生共同活动。教学方法是多种多样的，从不同的角度，采用不同的分类，同种方法也可能有不同的名称。因此，教学方法不胜枚举。如按教学任务来划分，有传授知识的方法，形成技能、技巧的方法，巩固知识、技能的方法，检查知识、技能的方法等；按获得知识的途径来划分，有讲授法、讨论法等；按教学方法的特点来命名，有演示法、实验法等。

考虑到中学物理教学的特点，下面重点介绍几种中学物理教学中常用的教学方法。

一、讲授法

讲授法是教师通过语言系统连贯地向学生传授知识的方法。它通过循序渐进的叙述、描绘、解释、推论来传递信息、传授知识、阐明概念、论证规律，引导学生认识和分析问题，并促进学生智力与品德的发展。由于语言是传递经验和交流思想的主要工具，故讲授法是教学的一种主要方法，运用其他教学方法都需要

① 乌美娜．教学设计[M]．北京：高等教育出版社，1994：131—138.

配合一定的讲授。

（一）讲授法的基本特点

1. 讲授要求语言准确、简练

物理学科有自己的术语系统。为了在课堂教学中准确地表述物理学的基本概念、规律，就要求教师的讲解要语言准确、简练，既不能随心所欲，也不能出现科学性错误。

2. 讲授要求逻辑严密，体现思想方法

需要注意的是，物理教学内容的知识、方法、思想和观念是不同层次的东西，但在目前的物理教学中，很多教师常常并不清楚这一点，教学中如果不能正确区分与运用，就会在一定程度上影响讲解的效果。

3. 讲授能够使学生对现象充分感知

知识往往来源于对现象的抽象与概括，学生对现象的充分感知是获取知识的前提。通过教师的讲解，能够引导学生对现象充分感知是获取知识的前提。通过教师的讲解，引导学生对现象进行有目的的观察，有意识地突出现象中的主要因素，排除次要因素的干扰，为抽象概括做好充分准备。

4. 讲授能够使学生的直觉概括上升为理性概括

在学生建构物理知识的过程中，由于学生在生活中已经有了一些前科学概念，而这些前科学概念就是直觉的概括，往往就会导致学生难以形成正确的概念。因此，教师要通过讲解，采用认知冲突的方式，破除学生头脑中的前科学概念，使学生的直觉概括上升为理性概括，才能使学生在头脑中建立起正确的概念。

5. 讲解能使抽象结论具体化

使抽象结论具体化，本质上是知识的应用过程。实际上，一个完整的知识教学过程，通常包括创设问题情境→借助科学方法获得知识→诠释知识的本质→借助科学方法应用知识→运用知识解释现象几个环节。显然，抽象结论具体化就是知识建构的最后一个环节。

（二）讲授法的构成要素

1. 讲授的结构

讲授的结构是指教师在分析学生情况和教学内容的基础上，对讲授过程的安排。它是将讲授的总任务分解为若干个部分，每一部分都有一个明确的阶段性目标，并根据各部分讲授内容之间的逻辑意义和学生认识过程的规律，将各部分讲解内容安排成一个序列,并在讲解实施中正确清晰地表现这一序列。通俗地说,叫"第一张幻灯片"。

比如,初中物理"杠杆"一节的讲解结构呈现如下:

杠杆

(1) 杠杆的定义

(2) 杠杆的平衡条件

(3) 生活中的杠杆

在开始讲解时,首先呈现上面的幻灯片,然后开始讲解第一部分。当杠杆的定义讲完后,再次呈现这张幻灯片,开始讲解第二部分,以此类推。当本节课讲完后,最后一次呈现这张幻灯片,结束授课,这就是讲授结构的呈现方式。通过讲解结构的呈现,就使得原本没有结构的课堂教学变成有结构的课堂教学了。

2. 诠释定义

诠释定义是指对概念具体而科学的陈述。课堂上进行介绍说明时,主要依靠教师与学生之间的"师生对话"和学生与文本之间的"生本对话"来实现。教师可以用知识回顾、引用、比喻、拟人、修辞、下定义等方法,对概念进行详细具体、科学严谨的陈述与讲解。

3. 角色扮演

角色扮演是指教师在举例或讲解案例时,模仿他人言行的做法。这种做法可以活跃课堂气氛,有利于将学生带入教学情境当中,使学生产生认同和共鸣。

4. 使用例证

通俗地说,就是举例子。著名物理学家费曼有句名言:没有物理实例,我就不懂。举例说明是讲授法的重要应用,例证可将熟悉的经验与新的知识概念联系起来,使新知识在已经消化了的知识中抛锚。使用例证还要注意:举例要恰当、举例要适合学生的认知水平、举例数量要符合教学过程的要求、要注重分析、要正确使用正面例证和反面例证。

5. 进行强调

强调是成功讲授中的一个核心成分。一个有经验的教师能够运用强调,将重要的关键信息从背景信息中突出出来,帮助学生抓住主要因素,减少次要因素的干扰,同时建立讲授中核心内容之间的联系。

6. 形成连接

讲解的结构是由系列化的关键问题和相应的阶段性目标构成的,这些问题之间并不是彼此孤立的，它们将构成一个有机的整体。清楚连贯的讲解是由新旧知识之间、例证和概念规律之间、问题与问题之间恰当的逻辑意义连接构成的。在讲解中仔细安排各步骤的先后次序，选择起连接作用的词语说明上述关系，使讲解形成意义连贯的完整系统，是"形成连接"这一教学行为的要素。

7. 揭示实质

揭示实质是指揭示物理现象背后的本质，它可以剖析现象的深层含义，说明现象与本质的内在联系。

以能量概念为例。我国中学物理课本长期囿于"能量是一个表明物体做功本领的物理量"的定义。对此，美国学者莱尔曼(G. Lehrman)提出了不同的见解，他认为能量的定义应该同时以热力学第一定律和热力学第二定律为依据，把热也作为一种形式考虑在内。他指出，一定量的功可以产生一定量的热，一定量的热却不能在不对外界影响的情况下完全转化为功；能量在转化中总保持守恒，而做功的本领却不是守恒的，它在转化的过程中要不断地损失掉。① 因此，完整的能量定义应当是：能量是表明物体做功本领和产生热本领的物理量。由此可见，要使学生真正理解能量的定义，除了定义的精准外，还应使学生理解能量定义背后蕴含的"守恒"与"转化"思想。因为能量由于守恒才能被定义，同时功与热可以定量地相互转化。

表 3-1 为讲授法的评价内容与标准。

表 3-1　讲授法的评价内容与标准

评价内容	评价标准				
	优	良	及格	不及格	权重
1. 讲授重点突出					0.10
2. 讲授的内容丰富、清晰					0.10
3. 讲授条理清楚、层次分明					0.10
4. 讲授内容、方法符合学生认知水平					0.10
5. 讲授言简意赅、通俗易懂					0.10
6. 讲授具有启发性和趣味性					0.10
7. 注意与提问、谈话等技能相配合，交互性好					0.10
8. 声音洪亮，富有感染力					0.10
9. 面向、激励全体学生					0.10
10. 及时反馈、强化、巩固所学知识					0.10

① ［美］莱尔曼．能量并非是做功的本领[J].雷树人，译．物理教学，1980 (2)：44—47.

二、演示法

演示法是指教师在教学过程中运用实验操作、实物及模型观察、现代教学媒体表演等直观教学手段，充分调动学生的视觉、听觉，形成表象及联系，并指导学生进行观察、操作和思维的一类教学行为。

人对客观事物的感知是通过五种感官（味觉、触觉、听觉、视觉、嗅觉）来完成的，信息传输理论的研究表明，每一种信息传输通道传递信息的效率是不同的。感官效率是：味觉1.0％，触觉1.5％，嗅觉3.5％，听觉11.0％，视觉83％。通过各种感官获得信息的记忆效率是：朗读10％，听觉20％，视觉30％，视听50％，理解后的表达70％，动手做及描述90％。由此可见，视听的感官效率是很高的。而对于记忆效率，视听结合与理解后的表达也表现出很高的效率。这说明，在演示中注意演示与讲解的结合，演示与学生的理解活动相结合，可以取得好的教学效果。

概而言之，演示能够提供丰富的直观感性材料，为学生的实验操作提供示范，激发学生的学习兴趣，促进学生观察能力、实验能力和思维能力的发展，并可以从中学到科学的实验方法。

（一）演示法的基本类型

1. 按照应用的教学环节分类

（1）引入课题的演示

（2）建立概念和规律的演示

（3）验证和巩固概念与规律的演示

（4）有关规律应用的演示

2. 按照演示手段和方式分类

（1）实验演示

（2）模型、实物的演示

（3）图片、图表的演示

（4）应用现代化教育技术手段进行的演示

（二）演示法的构成要素

1. 引入演示

在问题情境下提出需要演示的任务，使学生的注意力集中到演示上来。在演示前，需要先向学生说明需要观察什么，为什么要观察，怎样进行观察以及观察中应该思考的问题，使学生处于乐于观察的心理状态中。这就要求教师要善于运用导入技能，使演示的引入既简明扼要，又引人注目。

2. 出示媒体

首先，教师要简明扼要地向学生介绍所使用媒体的构成、功能、使用方法、观察方式等，以便为演示操作做必要的铺垫。其次，教师要注意媒体摆放的位置、高度、亮度等，确保全班同学在座位上都能观察清楚。如果媒体较小，是采用巡回演示还是分组观察，教师都要事先做到心中有数并作出计划。

3. 实验操作

教师的实验操作要做到科学规范、动作准确、操作熟练、确保成功。只有这样，才能使教师的操作起到示范的作用，成为学生实验操作的榜样。

4. 引导观察

教师要根据演示的目的和核心问题，提出总的演示观察任务。在演示过程中，根据总的观察任务提出每一个演示步骤的观察任务，必要时要引导学生对某一演示现象反复观察、强化观察印象。

5. 提示点拨

无论是教师的讲解还是学生的观察，都是要揭示现象背后的本质。因此，在学生观察后，教师要画龙点睛地指出重点，以便使学生抓住观察的要点，达到让学生进一步理解观察的目的。

比如光的双缝干涉演示实验。教师以激光为光源，将单缝和双缝放在讲台上，把实验室后面的墙壁当作光屏，将房间的窗帘以及门关好，营造一个暗室条件，此时干涉条纹就清楚地显示在墙壁上。由于讲台和墙壁之间有一段距离，双缝离墙壁距离较远，学生观察到的干涉条纹间距较大。此时，教师举着一块毛玻璃板，沿着两束光的叠加区，从教室的后面慢慢走到前面，在这一过程中，学生在毛玻璃板上可以清楚地看到干涉条纹始终存在，且间距由大逐渐变小，说明两束光在空间的整个叠加区域内都发生了干涉，明暗条纹的空间分布是稳定的。接下来，教师再用喷雾器在光束的叠加区域洒雾，空气中的小水珠会对光形成散射，这时全班同学都可以在座位上用眼睛观察到在整个叠加区域明暗条纹干涉图样的空间分布。这样就使学生信服地认识到，两束相干光的叠加与两列波长相同的水波的叠加是类似的，从而认识到光的波动性。

6. 得出结论

在演示之后，教师还要通过提问、小组讨论、展示、总结等多种方式检查学生是否真正理解了所观察的现象，是否掌握了现象中所蕴含的知识。为此，教师要引导学生对演示呈现的现象或得到的实验数据做必要的记录和整理，从而通过演示初步得出结论，并与学生即将学习的知识建立联系，为进一步讲解或讨论做好准备。

比如前述双缝干涉演示实验，不仅激发了学生的学习兴趣，而且直观、深刻地突出了“空间”干涉。只有通过这样的实验，才能让学生认识到光的干涉不是只发生在光屏处，而是在光的整个叠加区域都会发生。如此，就将光的干涉由二维上升到三维，也就是由“位置”上升到了“空间”。因此，就使学生对“两波源的光在挡板后的空间互相叠加，发生干涉现象”中的“空间”二字有了全新的认识。

表 3-2 为演示法的评价内容与标准。

表 3-2　演示法的评价内容与标准

评价内容	评价标准				
	优	良	及格	不及格	权重
1. 演示目的明确，解决教学重点难点					0.10
2. 媒体选择恰当，有利于传递教学信息					0.10
3. 演示前对图表、实验等交代清楚					0.10
4. 演示中指导学生观察，强调关键之处					0.12
5. 演示程序步骤有条不紊					0.08
6. 演示操作规范，示范性好					0.10
7. 演示、讲解结合，有启发性					0.10
8. 演示效果明显，直观性好					0.12
9. 多种媒体配合，增强效果					0.10
10. 演示物准备充分，有利于观察					0.08

三、实验法

物理学是以实验为基础的科学，物理实验是人们研究物理学的重要方法。所谓物理实验，就是人们根据研究的目的，利用仪器设备，设法控制或模拟物理现象，排除次要因素的干扰，突出主要因素，在最有利的条件下研究物理学的一种活动。

物理实验在教学中的作用主要有以下几个方面。

(1) 可以使学生获得丰富的感性认识，加深学生对物理概念、原理和定律的理解，激发学生学习物理学的兴趣。

（2）可以培养学生的观察和实验能力，发展学生的智力。

（3）可以使学生初步了解物理学的研究方法，培养实事求是的科学态度和遵守纪律、爱护仪器的优良品质。

应当指出的是，仅仅把物理实验作为一种教学手段或作为知识教学的辅助工具是远远不够的，物理实验在进行实验知识教学、实验技能教学和科学素质培养方面有其自身丰富的内容。因此，应当将物理实验体现在教学目标和教学质量评估等方面，并要具体落实到教学实施的环节中。

采用实验法进行教学，教师的主要任务是创造实验条件和环境，指导学生动手操作，动脑发现问题、积极思考。在课堂上，在学生进行实验时，教师不仅要在巡视中不断明确实验目的和要求，而且要及时发现问题，防止实验事故发生；不仅要引导学生利用已有的知识和技能进行实验，而且要教导学生善于根据情况的变化，灵活地运用知识和技能操作实验。

在实验过程中，学生要在教师的指导下，亲自操作，观察、记录、分析、综合实验现象，归纳得出实验结论。特别是要有意识地培养观察能力、操作技能，养成勤于动手、善于思考的习惯以及实事求是的科学态度和严谨的作风。①

表 3-3 为实验法的评价内容与标准。

表 3-3　实验法的评价内容与标准

评价内容	评价标准				
	优	良	及格	不及格	权重
1. 实验目的明确，实验原理清晰					0.10
2. 仪器选择恰当，有利于实验操作					0.10
3. 对仪器、方法、步骤等交代清楚					0.10
4. 指导学生操作到位，训练学生操作技能					0.10
5. 实验程序、步骤清晰流畅					0.10
6. 实验操作规范，示范性好					0.10
7. 操作与讲解相结合，有启发性					0.10
8. 实验效果明显，实验结论正确					0.10
9. 多种方法配合，增强实验教学效果					0.10
10. 实验器材准备充分，有利于实验进行					0.10

① 邢红军．大学教学技能精进教程[M]．北京：清华大学出版社，2017：146.

四、讨论法

讨论法是由教师根据教学需要提出问题，组织学生展开课堂讨论，促使学生获得知识与方法，形成思想与观念，发展物理核心素养的教学方法。

对于讨论法的教育价值，教师不应当仅仅把它作为一般的教学方法来看待，而应该把它置于促进学生的认知从被组织阶段发展到自组织阶段的一个必要步骤的高度去认识。传统教学理论认为，教学过程包括“博学之，审问之，慎思之，明辨之，笃行之”。两者的关系具体见表 3-4。

表 3-4　教学主客体关系理论

被组织阶段	临界区域	自组织阶段
博学之	审问之，明辨之	慎思之，笃行之
教师讲授知识 学生接受知识	师生互动、讨论	学生自我建构、应用知识

根据这一理论，由于教师在教学被组织阶段起决定性作用，教师必须进行必要的讲授，这就从理论上为教师教学的必要性寻找到了依据。同样，因为学生在教学自组织阶段起决定性作用，知识最终必须由学生自己来建构，这也从理论上为学生自我建构知识建立了根据。最后，由于系统从无序到有序的转变需要非线性相互作用，这就从理论上为教师与学生之间的讨论与谈话的价值奠定了基础。

运用讨论法的基本要求有下列四个方面。

1. 讨论的问题要有启发性

提出好的问题是讨论的前提，只有问题具有吸引力，才能够激发学生的兴趣，才具有讨论、辩论和研究的价值。比如，原子能的利用通常采用裂变与聚变两种方式来实现。裂变是一个重核分裂成两个中等核(简称“一变二”)，聚变是两个轻核合成为一个中等核(简称“二变一”)，这就相当于是两个相反的过程。有学生会问：怎么两个相反的过程都有能量释放呢？能量到底是从哪里来的呢？显然，这样的问题就是一个好的问题，因为它能够引发学生的认知冲突。只有通过讨论，才能够使学生对原子能利用的来龙去脉有一个清楚的认识。

2. 教师在讨论中要善于引导启发学生

当问题提出以后，教师要善于引导学生。引导就是帮助学生形成思考的方向与方法，把讨论集中到问题的主题和焦点上，使讨论向纵深发展。而当学生的讨论出现困难时，教师还要适时启发学生。启发不是明示，而是暗示，是隐而不发，是引发思考。

仍以原子能的利用问题为例，教师要引导学生思考，这个问题用原子核结合能的定义来解释是存在困难的。因为在原子核结合能的定义中，存在着两个对象，即原子核和核子，表示的是原子核和核子之间的关系。而在原子能的利用中，却存在着三个对象：重核(平均结合能较大)、轻核(平均结合能较小)、中等核(平均结合能较小)，它表示的是原子核与原子核之间的关系。显然，只有这样进行引导，学生才会明白：原子能的利用是原子核变为原子核的过程，与原子核结合能定义中的原子核变为核子(或核子变为原子核)是两个不同的过程。

在引导的基础上，教师还要启发学生从核子与原子核的关系角度讨论裂变(或聚变)的过程。教师启发学生去讨论：首先，重核是怎么生成的？显然，重核的生成是在宇宙大爆炸时，由核子直接生成了重核(这一步是自然界天然形成的)，并释放出了一部分能量，但是，在这种情况下核子的能量并未全部释放出，而是其中一部分能量还储存在重核中。其次，重核再裂变为中等核并把全部能量释放出来(这一步是人工反应形成的)。

3. 培养批判性思维

批判性思维是一种自我校准式的判断。批判性思维的形式包括识别误导内容、质疑有争论的论据、在争论中识别假象。在讨论法教学中，教师要善于利用否定方式推翻原有假设、产生是非标准、质疑教科书中的观点、采用正误对比等方法，培养学生的批判性思维。

结合裂变和聚变释放原子能的教学讨论，培养学生批判性思维的过程就是：裂变的第一步是核子变为原子核的过程，第二步则是原子核变为原子核的过程，但整个过程合起来，还是核子变为原子核的过程。所以，裂变不是原子核变为核子的过程，恰恰相反，它是核子变为原子核的过程的一部分。如图 3-1 所示。

4. 教师在讨论中要做好讨论小结

讨论结束前，教师要简明扼要地概括讨论的过程，使学生体会讨论的起点、

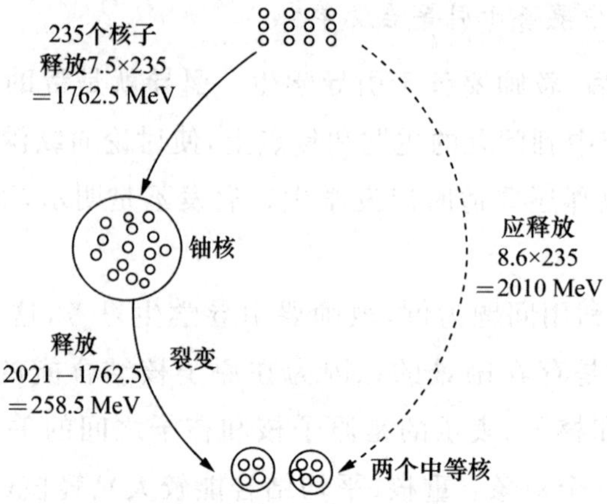

图 3-1　裂变示意图

转折与关键,反思自己的不足,并给出讨论的结论。

用最通俗的话来说,裂变和聚变之所以能够释放出原子能的根本原因是：核子在天然形成重核和轻核时,虽然释放出了核子中的一部分能量,但是没有把能量全部释放出来,而是有一部分能量还储存在重核和轻核中。裂变和聚变只不过是把其中存储的能量进一步释放出来而已。从本质上说,重核裂变和轻核聚变都是平均结合能小(或结合得比较松)的原子核,变成平均结合能大(或结合得比较紧)的原子核,所以会释放出能量。如图 3-2 所示。①

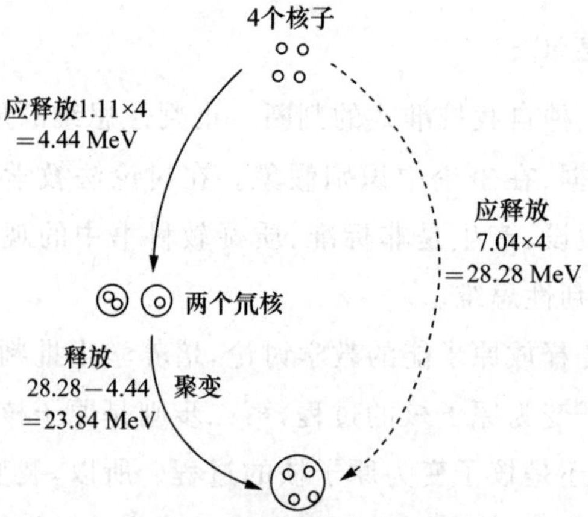

图 3-2　聚变示意图

① 陈清梅,邢红军,刘志璟．裂变和聚变释放原子能的教学研究[J].物理教师,2005(12)：13—14.

表 3-5 为讨论法的评价内容与标准。

表 3-5 讨论法的评价内容与标准

评价内容	评价标准				
	优	良	及格	不及格	权重
1. 问题恰当,适合展开讨论					0.10
2. 教师对问题的表述简明扼要					0.10
3. 恰当引导学生讨论					0.10
4. 启发学生适度讨论					0.10
5. 激励学生					0.10
6. 培养批判性思维					0.10
7. 表达关怀					0.10
8. 寻求师生之间的共鸣					0.10
9. 教师点评到位					0.10
10. 结论明确					0.10

第 4 节 中学物理教学方法的选择和运用

古今中外积累的教学方法是十分丰富的,随着教学改革的不断深入,今后还会有更多新的有效的教学方法产生。在实际教学中,教师能否正确选择、运用教学方法,就成为影响教学质量的关键因素之一。

一、教学方法的选择

1. 理论基础

美国视听教育家戴尔(E. Dale)在《视听教学法》一书中提出了“经验之塔”理论,对经验是怎样得来的这个问题提出了自己的观点。他认为经验有的是通过直接方式得来的,有的是通过间接方式得来的。经验大致可根据抽象程度分为三大类(抽象的经验、观察的经验和做的经验)、十个层次(见图 3-3)。

在戴尔的“经验之塔”理论中,根据学生年龄不同,各种媒体可供选择的范围不同,列出了十种可供选用的教学媒体,并依照从小到大的年龄顺序,排列出一种可供选择的“经验之塔”。

最底层为做的经验，意指通过与实物媒体的实际接触，从而获得在做中学的实际经验；中间层为观察的经验，意为通过观察实物媒体，从而获得观察的经验；塔顶是抽象的经验，意指通过语言媒介的作用，获得相应的知识经验。

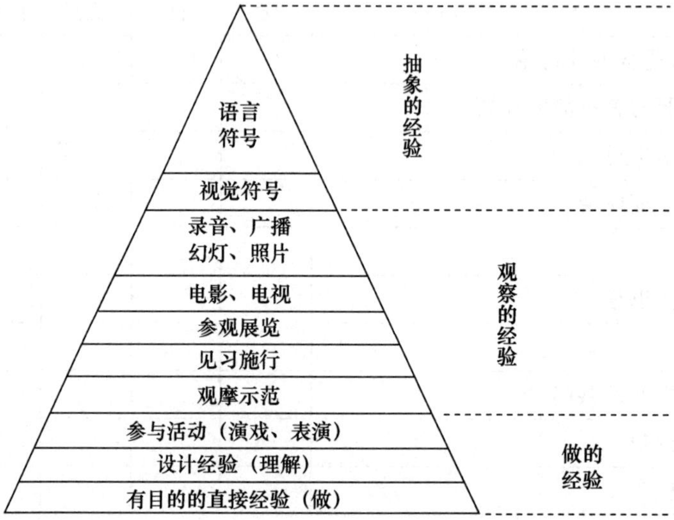

图 3-3　戴尔的"经验之塔"

从戴尔的"经验之塔"可以看出，不同经验的获得要选取不同的教学方法才能实现。

做的经验的获取，要采用让学生亲自做实验的方法，分组开展实验探究。例如，流体压强与流速的关系一节，就要选择实验法让学生直观感受实验现象，以促使学生更好地形成物理概念。

观察的经验获取，要选用演示的教学方法，可以采用教师利用教具在课堂上演示的方式，也可以利用多媒体以视频、图片、音频等形式向学生展示。例如，光的反射和折射、阿基米德原理两节课就可以采用演示法，教师操作演示，学生观察讨论实验现象。

抽象的经验获取，教师必须运用语言的讲解才能使学生掌握。因为系统知识的存在形式是逻辑的，而逻辑是不能用通常的器官去体验的东西，它是一种特殊的心理体验，只有借助语言将新旧知识连接起来，才能弥补感觉经验的不足。所以无论选择何种教学方法，都要借助一定的讲授，才能促进学生对物理知识逻辑性的把握。

2. 客观依据

教学方法的选择除了有理论基础还要有客观依据，不能只凭主观意向来确定。因此，我们认为选择教学方法至少要依据以下几个方面。

（1）教学目的

教学方法的选择要与教学目的相适应，要有利于实现教学目的。对教学方法选择起直接导向作用的是具体的教学目标，即由总的教学目的、教学任务分解出来的每个学期、每个单元、每节课的具体教学目标，这些教学目标既包括传授物理知识方面的内容，也包括科学方法、物理思想、物理观念方面的内容，还包括培养科学精神、人文精神方面的内容。每一方面的目标都需要有与该项目标相适应的教学方法。因此，为了选择最佳教学方法，教师必须懂得有关教育目标分类的知识，能够把总的、较为抽象的教学目标、教学任务分解为具体的、可操作的教学目标，并根据这些目标来确定采用何种教学方法进行教学。

（2）教学内容

教学方法的选择还应根据教材内容的教学要求来确定。因为一门学科的内容总是由各方面内容构成的内容体系。在这一体系中，不同的内容又具有不同的内在逻辑和特点，有些内容采用讲授法较适宜，有些内容使用演示法较恰当，有些内容则适用实验法，有些内容又可以用讨论法。例如，同是物理概念，定性的物理概念可通过列举事实运用讲授法教学，定量的物理概念则一般选用演示法或实验法，通过测量和分析进行教学。

（3）学生的实际情况

教学方法的选择还要受到学生的物理认知水平和知识基础的制约。学生的年龄差异会造成认知发展水平上的差异，因此，对不同年龄阶段的学生要采用不同的教学方法。在初中阶段，大多数学生的物理认知水平处于具体运算阶段，因此，物理教学就应广泛采用直观教学法，这样才有助于初中学生保持对物理学习的兴趣和积极性。在高中阶段，更多学生的物理认知水平从具体运算阶段上升到了形式运算阶段，因此，物理教学就宜更多地采用抽象、概括性较强的教学方法，如讲授法、实验法等。

除了物理认知水平上的差别外，学生已有的知识基础和学习方式也是千差万别的，这对教学方法的选择也有着至关重要的影响。例如，有的学生对物理现象已经具有大量的感性知识，教师只要通过一般的讲解，学生就可以理解，而不必采用直观教具进行演示；反之，教师就必须采用直观演示的方法。对于已有自学能力和良好学习习惯的学生，教师可以在学生自学的基础上，针对学生可能遇到的疑难问题，运用讲授法进行教学；而对于自学能力较差和学习习惯不良的学生，则需要经过一个时期的自学辅导训练，待学生具有一定的自学能力后，再采用在自学基础上的有针对性的讲授方法。

(4) 教师的特点

教学方法的选择还要考虑教师自身的能力和专业发展水平，考虑教师对各种教学方法的掌握和运用水平。有些教学方法虽好，但是如果教师不能有效使用，那么就不能在教学中产生好的效果，甚至可能出现适得其反的作用。教师个性上的差异，也会影响他们对教学方法的使用。如有的教师擅长生动的语言表述，可以把问题和现象描绘得形象、具体，深入浅出地讲清道理；有的教师则善于运用直观教具，通过直观的演示来讲清理论。这两类不同特点的教师在教学方法的选择上，优先考虑的重点是不同的。总之，教师要根据自身的能力和特点，扬长避短，发挥个人优势，选择与自己特点相适应的教学方法。当然，作为一名物理教师，应努力掌握各种教学方法，不断提高运用教学方法的能力。

(5) 学校的特点

教学方法的选择还要考虑到学校的客观条件。有些学校教学设备先进、实验室宽敞，可以选用学生一人一套器材做分组实验的教学方法。有的学校设备不足，就应该采用演示实验的教学方法。有的学校有多媒体，并且每个教室都能够上网，则可以将信息技术整合到物理教学中。

二、教学方法的运用

选择了适当的教学方法，还要能够在教学实践中正确地运用。为了在物理教学实践中正确运用教学方法，需要做到以下几点。

1. 要准确运用各种基本教学方法

讲授法、演示法、实验法、讨论法等是最基本的教学方法，掌握它们是对每个教师的基本要求。因为只有掌握了这些最基本的教学方法，才有可能掌握新的、更复杂的教学方法，才有可能创造出新的教学方法。基本的教学方法都具有相对的稳定性，即每一种教学方法都是由教师活动的方式和学生活动的方式以及信息反馈系统构成，要发挥其功能就需要考虑其自身固有的、相对稳定的结构。而每种方法的使用方式则是多种多样的，是随着教师、学生和教学条件的变化而变化的。教学方法功能的发挥取决于学的方式和教的方式是否协调一致。就每一种教学方法而言，教师在运用时，要尽可能获得满意的效果。

2. 要发挥教学方法的整体功能

为了更好地完成教学任务，教师在运用教学方法时要树立整体观点，注意各种教学方法的有机配合，充分发挥教学方法的整体功能。在教学过程中，学生知识的获得、能力的培养，不可能单纯依靠一种教学方法，而必须把各种教学方法合理地结合起来。这是因为，一方面，由于教学内容、教学对象、教学环境以及教师素质的不同，所采用的教学方法势必不同；另一方面，每种教学方法均有各自的适应性，又有各自的局限性。显然，只有采用多种教学方法，才能调动学生的各种感官参与教学活动，提升课堂教学的效果。

3. 在运用教学方法过程中发展学生的核心素养

教学中的具体方法是很多的，但无论采用什么教学方法，都必须坚持以发展学生的核心素养为总的指导思想。伴随着新课改的进行，物理教学尤其强调培养学生的必备品格和关键能力，这对学生的一生来说都是至关重要的。所以，恰当地选择与运用教学方法，在很大程度上会影响到教学的效果。要杜绝单一的、灌输式的传统教学方法，倡导启发式教学方法。教师在运用教学方法时，要认真研读本节课的教学目标和教学内容，充分关注学生的参与度，力求在最大程度上发展学生的核心素养。

思考题

1. 认知领域教育目标包括哪些内容？
2. 中学物理教学常用的教学模式有哪几类？
3. 教师为什么必须要进行讲授？
4. 你认为物理教学的基本方法有哪几种？
5. 讲授法的构成要素有哪些？
6. 在物理教学中，如何选择和运用各种教学方法？

第四章　中学物理教学设计

教学设计，亦称教学设计系统，是开展教学活动的必备环节，又是优化教学效果的设计活动，它通过运用现代学习与教学心理学、传播学、教学媒体论等相关的理论与技术，深入分析教学需要和问题，设计、试行解决方法，评价试行结果并加以改进原有的设计，从而形成教学设计的结果。教学设计不仅是一门科学，同时也是一门艺术。作为一门科学，它必须遵循一定的教育教学规律，体现出教学设计的科学性、深刻性、逻辑性与创新性，彰显出教学内容的本质；作为一门艺术，它又需要融入设计者的智慧，根据教材和学生的特点进行再创造，巧妙地运用教学设计的方法和策略，达成教与学的有机统一。

第1节　中学物理教学设计概述

一、中学教学设计在我国的发展

我国教学设计自20世纪80年代开始展开相关研究，内容主要包括引入西方较为先进的教育学、教学论、心理学知识，以及有关教学设计的系统理论与方法，属于译介阶段，有关教学设计方面的论著较少。

20世纪90年代中期以来，我国学者积极开展教学设计的理论研究，并致力于将教学设计的基本理论与我国教育教学实践相结合，出版了一批教学设计研究的著作。其中代表性著作当属乌美娜的《教学设计》。该书对学习需要、学习内容、学习者、学习目标四方面进行了详尽的分析，论述了教学策略制定的原则、教学媒体的选择应用，以及教学设计成果的评价。

华东师范大学皮连生教授将1974年加涅的《教学设计原理》一书出版以后的教学设计称为"现代教学设计"。他在《现代教学设计》一书中着重论述了现代教学设计的理论基础、教学目标、教学任务、教学策略、教学媒体、教学测量与评价、学习动机以及课堂管理，力图将教学设计的理论与技术引入到我国中小学教师职业培训体系之中。

虽然已有大量相关著作、文献，但是这些研究仍存在一些问题：一方面，教学设计相关理论研究大多处于译介阶段，致使我国教学设计的研究范围、内容、方法、地位及性质界定不明确；另一方面，教学设计理论研究大多建立在信息加工理论的基础之上，介绍教学设计的一般模式，并不能很好地展现出教学设计的灵魂；同时，教学设计理论的研究者大多在高等院校等研究机构就职，缺乏丰富的教学实践知识，使得教学设计的研究存在理论与实践的隔膜，导致教学设计理论对教学实践的指导乏力。

二、中学物理教学设计的界定

在教学设计的研究领域中，赖格卢斯(C. M. Reigeluth)等很多学者明确提出，教学设计是联系理论与实践的科学，因为它的首要意图是选择最佳教学方法，也就是说，教学设计旨在达到预期教学成果最优化的教学行为。因此，教学设计主要是关于提出最有效的教学“处方”的一门科学，是对如何更好地帮助人的学习与发展提供清晰指南的一种理论。① 我们认为，教学设计是以促进学习者的素养发展为根本目的，运用科学方法，将学习理论与教学理论等原理转换成对教学目标、教学内容、教学方法和教学策略、教学评价等环节的具体安排和策划。通过教学设计，教师能适时转变“教”与“学”的教育理念，将教学活动的设想建立在系统的科学方法之上，从而实现学生的有效学习，促进学生的核心素养发展，同时教师也能训练自身的科学思维，提高专业素养。

中学物理教学设计是沟通物理教育理论与教学实践的桥梁，是教师以物理教学理论为基础，依据学生的认知发展和教师本身的教学观念、经验、风格等，运用系统的观点和方法，确立教学目标，选择有效的教学模式、教学策略、教学方法和教学评价方式，建立解决问题的步骤，合理安排各种教学媒体，优化教学效果的教学计划过程，是教师将物理学中的物理概念、物理规律、物理方法、物理思想、物理观念与物理(人文)精神等内容传授给学生的教学计划过程。

三、我国传统中学物理教学法与物理教学设计研究

中学物理教学法作为物理学师范类专业彰显物理学科特点的课程，长期

① [美]罗伯特·D. 坦尼森，[德]弗兰兹·肖特，[德]诺伯特·M. 西尔，[荷]山尼·戴克斯特拉. 教学设计的国际观[M]. 任友群，裴新宁，主译. 北京：教育科学出版社，2005：1—9.

以来在物理专业教育中占有重要地位,同时也是物理教师在职培训的重要内容。20世纪80年代以来,我国相继出版了一批有代表性的著作。虽名为中学物理教学法,实则绕不开对中学物理教材本身的分析及每章节的教学建议与教学设计。

中学物理教学法的研究以许国梁先生、阎金铎先生主编的教材为代表。许国梁先生认为,中学物理教学法要深入到物理教学论的研究层面,要以物理教学论的一般原理为依据,并着重就物理概念教学、实验教学、习题教学进行具体分析。通过对力学、电学、热学等模块教材、教学、教法的分析及教师备课、教学案例的具体分析,试图为师范学院物理专业学生形成示范。阎金铎先生主编的教材,以中学教育的总目标为依据,一是阐明了中学物理教学的目的和任务、内容和结构、学习心理、教学过程的规律和原则、物理教学方法论以及物理教学测量与评价等教与学的基本理论问题;二是在教学基本理论的基础上,着重讨论了教学过程的基本形式,例如实验教学、概念教学、规律教学等具体问题;最后结合具体教学案例,研究了教学技能、教材分析、教师备课以及教学研究等问题。教材不仅阐述了教学所需的相关理论,更从教学之前的备课,教学中的各种方法以及教学手段和技能等方面进行了具体阐释,最终上升到教师教育研究,阐述了如何撰写研究报告以及学术论文等。总体而言,我国传统中学物理教学法教材,融合了物理教师长期一线教学的经验,有较强的指导性和实用性,提出了较为可行的重点突出的方法,对一线教学有很强的示范与指导意义。

四、我国"高端备课"的发展研究

我国"高端备课"的研究与实践始于化学学科。2008年,北京师范大学化学教育研究所王磊教授创建了"化学高端备课"。化学高端备课"以促进学生核心认知和关键能力发展为课堂教学设计与实践的基本理念,以现代科学教育理论和方法为指导,以学科核心知识教与学的关键问题及有效教学策略为研究内容",其实施分为五个流程,即:教学设计准备阶段、教学设计研讨阶段、试讲反思改进阶段、实施及访谈阶段、测试及评价阶段。此后,数学高端备课、体育高端备课、物理高端备课等相继出现。其中,物理高端备课研究由本书作者提出并展开了系统探索,获得了较有成效的研究进展。

物理高端备课是以物理课程与物理教学理论为指导,采用"备课"的形式,研究既符合物理学内在逻辑,又符合物理教学规律,同时符合学生学习规律并接受课堂教学实践检验的教学设计，体现“从物理知识传授到物理方法教育，再到物理思想形成”的核心理念。在此基础上构筑一线物理教师参与的教学研究交流平台，从而达到物理教育理论与实践真正结合，促进教师专业提升与学生认知发展水平跨越的物理教育研究活动。

物理高端备课不仅强调物理学习的“居高临下”，更注重教学过程中教育思想与教学方法的改进，反映了近几十年来物理教育的研究积累及其对课堂教学的引领作用，探讨了物理课程与教学论专家与一线教师合作探究的可能与发展趋势。

五、中学物理教学设计的讨论

无论是舶来的教学设计理论还是本土化的教材分析，无疑都为我国中学物理教学设计提供了发展基础，不同的教学设计有其自身的优势，但也存在一定的局限性。具体而言，物理教学设计应注意以下两方面问题。

1. 物理教学设计应超越片面的经验

传统物理教材分析及教师日常的备课工作普遍以个人教学经验为依据，我国本土化的教材分析强调教材的忠实取向，教师对教学内容缺少足够的洞察力，这不仅不能满足师生对物理教学的需求，而且在一定意义上禁锢了教师的思维，致使教师在进行教学设计时，习惯于将教学内容凭经验划分为孤立的难点、重点和非重点难点，进而设置教学策略、编写教案、实施教学，教师仅凭经验和直觉就做出主观判断开展备课，未能充分把握学生的认知水平与物理知识本质，有相当一部分教师的教案都写成了“师生问答”的线性模式，缺失了思考的深度与开放性。

有鉴于此，我国本土教材分析存在的问题就不容忽视。首先，我国传统的教材教法研究都绕不过物理教学设计、备课指导，教师在教材分析过程中，往往将教科书本身当作教学要求的标准和范本，教材对“课标”显示出一种“忠实”取向，致使教师的思维受制于教材，难以洞察物理知识的内涵。随着课改的进行，教材的相关知识进行了大量的删减，重点知识也有所转移，因此，一种新型备课范式的提出就势在必行。

2. 物理教学设计应避免空洞的理论

物理教学设计应当以教学设计理论为基础展开备课工作，但由于我国学者在翻译、介绍西方教学设计时往往缺乏合理的筛选，致使现行教学设计研究模式形式化与程序化明显。一线教师虽具有丰富的教学经验，然而由于对教学设计的基本理论了解不够，不能将教学设计的理论与物理教学实践很好地结合。

当前，教学设计的研究与实践普遍存在两个问题。一是早期的信息加工理论注重强调“教什么”“如何教”，然而教师在备课时不仅要明确“教什么”“如何教”，还要对“为什么这样教”做出回答。二是信息加工理论限于教育学、心理学基础的局限性，缺乏对物理教学的深度思考，往往导致学科化不足而形式化有余的问题。一方面，物理学本身具有较强的抽象性与逻辑性，很难通过程序化的信息加工理论完全呈现；另一方面，每个学科都有其本身的“特质”，物理学集中表现为其独特的理论性与实践性，很难被信息加工理论所承载。

综上所述，物理教学设计需要吸收国外先进教学设计理念，结合物理教学理论，明确物理教学设计的研究范围、方法、内容，探索具有中国特色的、具有实践力的物理教学设计。

第 2 节　中学物理教学设计的宏观策略

物理教学设计的宏观策略大体分为以下几个方面：教学内容分析、教学对象和教学情境分析、教学目标设计、教与学的活动设计、教学媒体选择以及教学评价。教学设计是教学备课的呈现方式、上课的依据，是提升备课质量和课堂教学效果的先决条件。

一、教学内容分析

教学内容是指为了实现教学目标，由教育行政部门或教材出版机构有计划、有目的地设定的，要求学生系统学习的知识、技能和行为经验的总和。它具体体现在教学计划、教学大纲和教科书中。物理教学的内容主要包括：物理知识、科学方法、物理思想、物理观念、物理(人文)精神。教学内容的各部分不是孤立存在的，它们之间存在一定的内在联系。

教学内容的分析，一方面要确定教学内容的广度和深度。教学内容的广度是指学生必须达到的知识面广度和技能范围。教学内容的深度是指学生必须达到的知识的深浅程度和技能的复杂水平。另一方面要揭示教学内容各部分之间的联系，从而安排呈现的顺序，即“先教什么”与“后教什么”。

二、教学对象和教学情境分析

美国心理学家和教育学家布鲁姆认为，许多学生之所以未能取得最优异的成绩，问题不在智力方面，而在于未能得到他们所需的适合各自特点的教学帮助和学习时间。[①] 学生是学习的主体，为了设计出最符合学生的教案，了解学生的特征就显得尤为重要。

教学对象分析主要从以下几个方面进行：① 分析教学对象在学习本节课之前已经掌握的与本节课教学目标相关的知识和技能。因此，在实施教学时，学生就能将已有的知识与所讲的内容联系起来，从而促进新知识的学习。② 预估学生面对新的学习内容是否有必备的行为能力。例如，在物理实验的教学中，预估学生的实验操作能力。③ 分析学生的一般特征。学生的一般特征是指与学科无关的生理、心理和社会因素，这些因素虽然与教学内容无直接联系，但却与学生的自然认知发展与社会认知发展密切相关，影响着教学内容与教学活动的设定。④ 分析学生的学习动机。学生的学习动机是决定课堂效果的重要因素。因此，通过了解学生的学习动机可以更好地选择教学媒体。

教学情境分析与教学对象分析同等重要，通过对教学情境的分析，能够使教师恰当地选择多媒体以及教与学的环境。

三、教学目标设计

教学目标是规定学生在教学活动结束后所表现出的学业行为，并限定学生在知识、技能的获得和情感态度方面发展的层次、范围、方式及变化效果方面的量度。对教学目标的准确表述，可以充分发挥教学目标在教学活动中的指向、评估和激励作用。在进行具体教学目标设计时，可以依据具体的学科知识类型、在学科中的地位或作用、学生未来发展需求、课程标准、学生现有的知识基础、能力水平等来进行。教学目标的表述(或编写、陈述)，是教案撰写时的第一项任务，应按照一定领域、方法来表述。一般用比较清晰的、可操作的、可测量的、外显的动词来衡量学习结果，这样就使教学评价有了可参考的依据。像了解、理解、掌握是不可操作、不可测量、内隐的动词。例如，对于高中物理“曲线运动”一节“了解曲线运动”这一目标的陈述，由于“了解”一词是一个内部心理过程，不能用于直接测量，目标标准不明确，可以将“了解”变成可测量和观察的目标，例如“列举

① 章伟民．教学设计的基础[M]．北京：电子工业出版社，1998：88—150．

曲线运动的实例”。

四、教与学的活动设计

教与学的活动,即教师教与学生学相统一的活动,指为了达成教学目标,在教师主导下,充分发挥学生的主体作用而设计的一系列教学行为。

在教与学的活动设计上,传统教学的教学过程,偏重以教师为主体,学生只是被动地学习和接受教学内容。而现代教学的教学过程,要求教与学的活动设计强调以学生为主体,教师的教学活动应该建立在学生已有的知识和经验上,充分调动学生的积极性,在分析教学内容、学情以及教学目标的基础上,通过选择教学策略与组织形式、合理安排时间,从而设计教与学的活动。

五、教学媒体选择

教学媒体是承载和传递信息的载体,指的是在教与学的活动中,教师与学生之间传递以教学为目的的信息所使用的媒介物,是教学材料的总称。常用的教学媒体有语言媒体、印刷媒体以及电子媒体等。

使用教学媒体的意义并不在于教学媒体本身,而是体现在如何使用这些媒体上。恰当地应用教学媒体,可以发挥媒体的作用从而提高教学效果,而滥用不但不能收到良好的教学效果,有时还会产生反作用。教师应根据教学内容以及学习者的特征、教学目标的要求以及教与学活动的安排,恰当地选择教学媒体。例如,对于正处于具体运算阶段的中学生来说,在课堂引入方面,恰当使用视频有利于引发学生的兴趣,从而提高教学效果。

六、教学评价

教学评价是指根据一定的标准或指标体系,运用各种有效的技术手段,对教与学的活动及其结果进行测定、衡量并给出价值判断的过程。教学评价是教学设计的最后一个环节,进行教学评价有利于教学设计者优化教学设计,同时,教学评价对设计者成果的价值观念认同亦有利于提高设计者的积极性。

教学评价应该遵循以下 4 个原则:① 客观性原则,在教学评价时,从测量的标准和方法,到评价者所持有的态度,都应采取实事求是的客观态度进行公正的价值判断,不能主观臆断或者掺入个人情感。② 科学性原则,教学评价标准和方法不能只靠经验和自觉,应结合理论进行科学的设计和安排。③ 整体性原则,在进行教学评价时，要对组成教与学活动的各个方面进行多角度、全方位的评价，不能以点带面，以偏概全。④ 发展性原则，教学评价要有利于学生的全面发展，有利于教师的专业发展。

第 3 节　中学物理教学设计的微观操作

对于物理教学设计，在宏观与静态上体现为教学展开的程序，包括教学内容分析、教学对象和教学情境分析、教学目标设计、教与学的活动设计、教学媒体选择以及教学评价。在微观与动态上，体现为教学的思路、主线、本质以及逻辑。因此，物理教学设计应该从宏观与微观两个层面展开，并实现宏观与微观在教学设计上的统一与协调。

一、构建教学思路

教学思路是教学设计的整体走向，具有高屋建瓴的指导作用。教学思路是教学设计微观操作中的首要问题，反之，忽视教学思路就容易导致教学设计的逻辑混乱，从而难以形成科学有效的教学设计。

例如，在初中物理“密度”一节的教学设计中，高端备课将长期以来引入密度的“鉴别物质”思路转变为“权衡轻重”思路，之后通过直接比较两个不同物体的质量来判断物体的“轻”“重”，并借助于比值定义法的四个步骤进行教学展开，最终得到密度的表达式。相较于传统备课来说，正是由于“权衡轻重”教学思路的构建，才得以使密度教学在比值定义法的支撑下沿着正确的方向展开。从比较两个物体不同的质量，到最终得出比值与质量和体积均无关的意外结果，从而彰显出教学思路的导向性。

二、确定教学主线

教学主线是贯穿各教学活动之间的桥梁，主要表现方式为物理思维方法的展开脉络。只有找到适合的物理思维方法脉络，才能更好地将零散的教学活动“串”成一个有序的教学过程。物理思维方法主要包括分析、综合、抽象、概括等获得知识的方法和应用知识的方法，在物理概念、规律的建立教学中主要运用比值定义法、控制变量法以及演绎推理法等。而在物理概念、规律的应用过程中，则主要运用受力分析法、隔离法、整体法等。

例如在初中物理“压强”一节的高端备课中，在确定教学设计的思路是“比较力的形变作用效果”之后，将得出压强的科学方法由控制变量法改为比值定义法，以比值定义法的展开作为压强教学的主线。从“直接比较力的大小”来判断两个力的作用效果，到“选取相同的比较标准（受力面积相同）”继续比较两个力的作用效果，再到通过比较GDP（国内生产总值）与人均GDP的意义，从而得出压力与受力面积比值的意义，最终得出压强的表达式，整个过程以比值定义法的“选取比较对象”→“选取比较的标准”→“研究比较的意义”→“得出比较的结论”的主线贯穿压强教学的始终。

三、诠释物理本质

物理本质就是观察和探究我们周围的物理世界，试图从已知事物中确定某些潜在的秩序和模式。物理教学设计要诠释物理本质，是指要拨开一节课中烦冗的细枝末节，找到教学设计的关键。在这个意义上，诠释物理本质就是教学设计的画龙点睛之笔。也就是说，每个物理教学设计都要求有一个“本质诠释”，而这种“本质诠释”的重要来源，一是建立在对于物理教学设计的洞察和直觉上，二是建立在对物理学深刻理解的基础上。

譬如，在“滑轮”一节的教学设计中，设置了滑轮是杠杆、滑轮是怎样的杠杆和滑轮的组合三个教学环节。按照从任意点到特殊点的顺序，逐步挖掘出定滑轮和动滑轮的物理本质是杠杆，进而研究滑轮是如何实现省力的，最后让学生自主研究如何实现力的多次放大。通过诠释滑轮的本质是杠杆，从而使本节课的教学得以有序展开。

四、彰显教学逻辑

教学逻辑是指在教学设计过程中，借助于物理直觉和洞察力建立恰当的逻辑起点，确定教学设计的方向；借助物理方法，展开逻辑路线，使课堂教学有序推进；基于思维方法的显化，建立逻辑结构，从而使学生建立完善的物理认知结构并形成解决物理问题的能力。

以现行高中物理机械能守恒定律的教学设计为例，教学设计的逻辑起点就是整个教学设计要达到把学生的思维由被组织阶段到达自组织阶段的目的。为此，教师的教学要把学生的思维“送”到从被组织阶段向自组织阶段转化的临界区域。为此，机械能守恒定律的教学情境就需要具有完备性。长期以来，高中物理教材设计的情境是，物体从光滑的斜面或者光滑的曲面滑下，只有从势能向动能的转变，而没有从动能向势能的转变，这种情境只是完整物理过程的一半。从教学逻辑来说，不完整的教学情境不利于学生形成完整的认知结构，因而高端备课将其改为光滑且对称的半圆弧曲面内小球运动的实验，从而较好地纠正了逻辑的不完整性。

在教学逻辑路线上，机械能守恒定律的推导采用的是演绎推理的科学方法。因此，教学设计就需要展现科学方法的展开步骤，从而推进教学的展开。这部分推导应由教师讲授，是教学的被组织阶段。当教师的推导结束后，教师就把学生的思维“送”到了临界区域。如何形成逻辑结构？显然，当学生之间相互讨论之后，教师要求每位学生自己借助小球从半圆弧底部只有动能到最后上升到半圆弧顶端只有势能的情境，推导出机械能守恒定律，从而完成逻辑结构的建立。最终的教学逻辑结构是：教师推导机械能守恒定律→学生之间、师生之间相互讨论、交流→选取一到两个学生上台推导机械能守恒定律。

第 4 节　中学物理教学设计案例

如何将中学物理教学设计的宏观策略与微观操作付诸实施？显然，这种实施只有在具体的中学物理教学设计中才能得以呈现。为此，本节展示典型的中学物理设计案例，使读者能够体会好的教学设计是如何在理论指引下诞生的。

案例 4-1　高中物理“重力势能”教学的高端备课①

一、“重力势能”教学逻辑的长期困惑

“重力势能”是高中物理教学中的一个重要概念，同时也是一个教学难点。原因不仅在于重力势能概念本身的抽象性，还在于长期以来这一概念存在教学上的逻辑困惑。这种困惑具体体现于教科书编写之中。就人教版教材而言，“重力势能”的编写逻辑问题自“甲种本”教材开始，就一直未能得到真正解决，其关键问题是如何符合逻辑地引出并建立“重力势能”概念与表达式。

“甲种本”教材在引出“物体由于被举高而具有的能叫作重力势能”之后，分

① 邢红军，胡扬洋．高中物理“重力势能”教学的高端备课[J]．湖南中学物理，2016(9)：41—42．

析得出物体在被举高的过程中需要克服重力做功，由此通过定量推导得出重力势能的表达式“$E_p = mgh$”。2003年版人教版教材呈现的也是这种导出方式。

此后，2019版人教版教材改变了“重力势能”的推导过程。在明确“物体由于被举高而具有重力势能”之后，教材用如图4-1的情景，定量分析了重力做功的特点，渗透了微元法。在经历由浅入深的推证后，教材得出了重力做功的表达式“$W_G = mgh_1 - mgh_2$”以及结论“物体运动时，重力对它做的功只跟它的起点和终点的位置有关，而跟物体运动的路径无关”，并用黑体字加以强调。最后，教材提出mgh是一个“具有特殊意义的物理量”。“特殊意义在于它一方面与重力做的功密切相关，另一方面它随着高度的增加而增加、随着质量的增加而增加，恰与势能的基本特征一致。因此，我们把物理量mgh叫作物体的重力势能。”

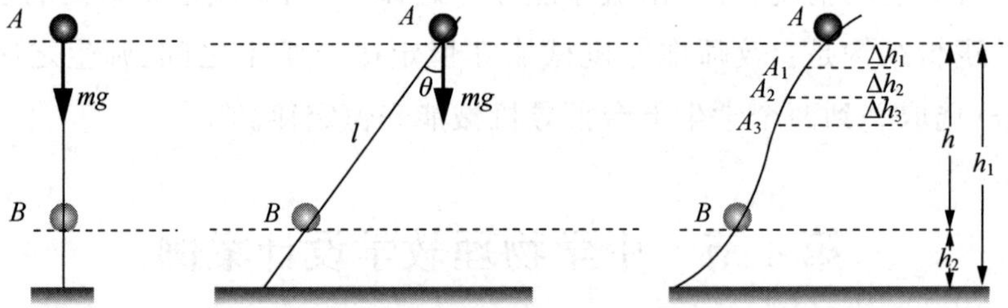

图 4-1

应该说，这种建立“重力势能”教学逻辑的改进路径并不彻底。原因在于，这一思路仅仅基于推证“重力做功与路径无关”，就企图由此得出“重力势能”概念与表达式，从而在逻辑上存在推证的盲点和偏差。因此，如何改进这一现状就需要做出深入的思考。

二、“重力势能”的合理引出与建立

如何真正引入并建立重力势能概念与表达式？这需要完整的推证逻辑，洞察推证符号的物理本质，以及讲出关键性的话语。

为达成此目的，教学设计应在呈现图4-1情境并定量分析得出重力做功“$mgh = mgh_1 - mgh_2$”表达式的基础上，对表达式进行抽丝剥茧的解读，这是重力势能引入的关键。

首先，从重力做功的角度分析：等式左边的mgh是重力做的功，因为“mgh”中的“h”是小球真实下落（运动）的高度，即小球在重力作用下在竖直方向的真实位移，因此，mgh就是小球在重力作用下做的功。

其次，等式右边的 mgh_1-mgh_2，虽然与重力做功在形式上是一致的，但并不能解释为小球在重力作用下做的功。这是因为，h_1、h_2 并非是小球实际运动的竖直位移，而是一种虚拟的描述。尽管如此，mgh_1-mgh_2 虽不是小球在重力作用下做的功，但是，这一差值在“数量上”与小球在重力作用下所做的功相等，在“量纲上”与功的量纲一致。因此，可以推测，mgh_1-mgh_2 必然是能量。

进一步，考虑到这种能量是在重力作用下才具有的，所以这种能量就被定义为重力势能。由此，就实现了等式 $mgh=mgh_1-mgh_2$ 左右项的性质区分。需要指出的是：等式右边的 mgh_1-mgh_2 是一种潜在的做功能力，是小球在重力作用下能够做功状态的描述，因此被称为“重力势能”，写出普遍化的表达式即 $E_p=mgh$。

以往，教材在引入重力势能时，往往过分强调“因为重力做功与路径无关，所以得出重力势能”，这在逻辑上是存在缺陷的。如图 4-2：

重力做功与路径无关 ①	重力是保守力 ②	保守力可以引入势能 ③

图 4-2

由图 4-2 可知，当证明了重力做功与路径无关之后，只能逻辑地得出重力是保守力。这一点对高中生而言是不难接受的，但并不能成为引入重力势能的证据。也就是说，这样的证明，只完成了图 4-2 从①到②的过程，并没有完成从②到③的过程。若要完成这一过程，还需要进行如下论证：

“对于保守力来说，受力质点始末位置一定，则力做的功便唯一地确定，即功是受力质点始末位置的函数。因此，我们可以找到一个位置函数，并使这个函数在始末位置的增量恰好决定于受力质点自初始位置通过任何路径达到终止位置保守力所做的功。这个位置函数正是我们要提出的势能。”[①]

显而易见，这样的论证才能弥补从②到③的逻辑缺陷。但对于高中生而言，这样的论证却是难以接受的。这正是高中“重力势能”引入难的问题所在。

三、反思与启示

回顾以上研究历程可以得出以下反思与启示。

① 漆安慎，杜婵英．力学基础［M］．北京：人民教育出版社，1982：203.

1. 物理高端备课要彰显物理教学的逻辑

无论是教材编写还是物理教学,抓住物理教学逻辑始终是第一位的。所谓物理教学逻辑,就是物理概念、规律的来龙去脉,即一个物理概念或物理规律是从哪里来,又到哪里去的,中间经历了怎样的过程。以重力势能的引入为例,显然重力势能的引入包括两个循序渐进的逻辑环节:第一,证明重力做功与路径无关从而得出重力是保守力;第二,证明重力是保守力从而可以引入重力势能。如果仅用第一个环节就引入重力势能,明显在教学逻辑上是存在缺陷的。而这样明显的逻辑缺陷,却长期存在于教学中并一直未能得到有效解决,则是令人遗憾的。

2. 高端备课要注重物理本质诠释

物理高端备课不仅要彰显物理教学的逻辑,还要诠释物理教学的本质。对于重力势能一节而言,mgh 是小球在重力作用下做的功并不难理解,难的是 mgh_1-mgh_2 物理本质的诠释。这需要诠释 h_1、h_2 的物理意义。从数学上看,$h=h_1-h_2$,并不能发现物理意义,而从物理上看,却能品评出不一样的味道。简而言之,h 是"真实"发生的物体的位移,而 h_1、h_2 都是"虚拟"发生的物体的位移。因此,mgh 就是小球在重力作用下所具有的"潜在的"做功本领。当厘清这个关键问题的物理本质之后,重力势能的定义才呼之欲出。

3. 高端备课要注重洞察力的养成

回顾整个"重力势能高端备课"研究历程,最大的感慨莫过于其中物理洞察力所起的作用。所谓洞察力,就是透过物理现象看本质。用弗洛伊德(S. Freud)的话来讲,洞察力就是变无意识为有意识。具体到重力势能的引入,就是要从对 $mgh=mgh_1-mgh_2$ 等式的无意识认识中,有意识地看出 h 与 h_1、h_2 的不同,看出 h 的真实发生性质与 h_1、h_2 的虚拟发生性质,进而水到渠成地界定 mgh 与 mgh_1-mgh_2 的不同属性,从而最终引入重力势能的表达式。显然,从一个不起眼的 $h=h_1-h_2$ 等式中"看"出不一样的物理本质,正是洞察力的真实表现,也是物理高端备课的价值之所在。

案例 4-2　物理教学设计范式的比较研究

——以高中"重力势能"教学设计为例

物理教学设计在发展过程中,逐渐形成了不同的研究范式。由于每种研究范式背后都有独特的研究取向与思维方式,因此,对不同物理教学设计范式展开探讨，对于落实核心素养培养目标，提高物理教学效果有着重要意义。

有鉴于此，我们结合重力势能教学设计的比较分析，通过研究重力势能表达式的引入方式，以期对物理教学设计的发展有所启迪。

一、"重力势能"教材编写的设计比较

物理教学设计不是空中楼阁，而是建立在物理教材基础之上。物理教材作为物理教学设计的"根基"，是物理教学设计的源泉。因此，对物理教学设计范式进行比较研究，就有必要首先展开教材编写分析。为此，我们对各个版本的高中物理教材"重力势能"编写进行比较，以便从中窥见教学设计范式的特点。

1. 人教版教材重力势能推导分析

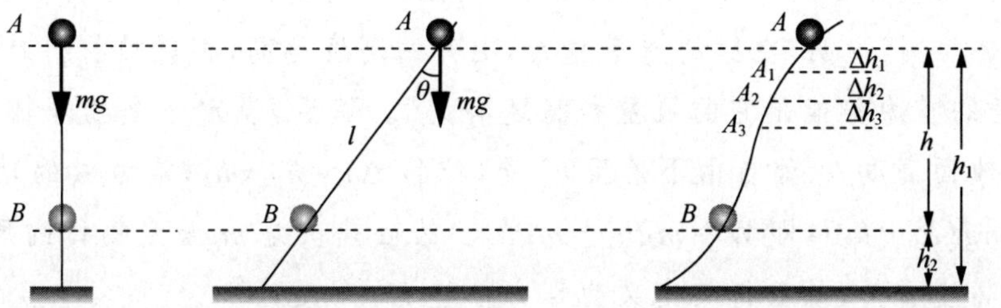

图 4-3

人教版教材对于重力势能的表述是，"物体由于被举高而具有重力势能，它的质量越大、所处位置越高，重力势能就越大"，认为认识重力势能应以重力做功为切入点。于是通过让小球沿不同路径由距离地面 h_1 处运动至 h_2 处（如图 4-3 所示）分析得到，"物体运动时，重力对它做的功只跟它的起点和终点的位置有关，而跟物体运动的路径无关"，即：$mgh=mgh_1-mgh_2$。mgh 与重力做功相关，并且随 m、h 的增加而增加，与势能基本特征一致，因此将物理量 mgh 叫作物体的重力势能。[①]

教材中用大量篇幅证明"重力做功与路径无关"，然后指出 mgh 是一个具有特殊意义的物理量，但 mgh、mgh_1、mgh_2 到底有何意义？特殊在哪里？教材并没有展开论述，从而导致关于重力势能的教材编写留有可以研究的空间。

① 人民教育出版社，课程教材研究所，物理课程教材研究开发中心．物理·必修 2[M]．北京：人民教育出版社，2010，63—65.

2. 鲁科版教材重力势能推导分析

鲁科版教材首先定义"物体处于一定的高度而具有的能叫作重力势能",然后利用实验探究影响小球势能大小的因素,并得到"重力势能的大小与物体的质量和所处的高度有关。物体的质量 m 越大,所处的高度 h 越大,重力势能 E_p 就越大"的结论。随后,教材直接把重力势能表示为 $E_p=mgh$。而重力做功与重力势能之间的关系则在下一节进行讨论。[①]

教材对于重力势能表达式的推导缺乏逻辑说明,而是采用了直接定义方式,这可能导致学生对于重力势能的理解片面与浅显,无法真正理解 mgh 是什么,以及 mgh、mgh_1、mgh_2 三者之间的关系。

3. 沪科版教材重力势能推导分析

沪科版教材首先定义"物体由于被举高而具有的能量叫作重力势能",并以重锤打桩为例,说明"重锤的质量越大,上升的高度越高,桩就被打得越深,这表明,重锤的重力势能跟它的质量和高度有关"。随后,设定一个物理情境,让重锤从离地面高度 h_1 处自由下落至 h_2 处,位移 $\Delta h=h_1-h_2$,重力做的功为 $W=G\Delta h=mg(h_1-h_2)$,即 $W=mgh_1-mgh_2$。然后就认为 mgh 跟物体的质量和离地面的高度有关,从而将其定义为重力势能 $E_p=mgh$。[②]

与鲁科版相比,沪科版教材在定义重力势能之前研究了重力做功,但与人教版又有所不同。虽然都以重力做功为切入点进行研究,但是却没有证明"重力做功与路径无关",并在得到 $W=mgh_1-mgh_2$ 之后直接定义了重力势能。

教材中提到,"$W=mgh_1-mgh_2$ 是一个很重要的关系式",但是在讨论其物理意义时,并没有深入分析,而仅仅由"重力势能跟它的质量和高度有关"得出重力势能表达式。这样对于关系式左右两边的物理量缺乏清晰的阐述与比较,会导致学生对于重力势能的认识存在盲点与误区。

4. 粤教版教材重力势能推导分析

粤教版教材先定义"物体所处位置的高度决定的能量称为重力势能",从定性角度讨论重力势能与物体质量和高度有关,随后探寻定量关系。将物体匀速举高,需要向物体施加一个向上的力,且力与重力的大小相等、方向相反。根据功能关系,这个力对物体做的功,等于物体增加的重力势能,若选择初始位置令其势能为

① 山东科学技术出版社,中学物理教材编写组. 物理·必修2[M]. 济南:山东科学技术出版社,2005:27—28.

② 束炳如,何润伟. 物理·必修2[M]. 上海:上海科技教育出版社,2007:57—58.

0，那么质量为 m，离地面高度为 h 的物体相对于地面的重力势能 $E_p=mgh$。①

粤教版教材重力势能的提出，与以上三种教材的引入方式均不相同。教材没有提及重力做功，而是由重力的平衡力做功入手，“根据功能关系，向上的力对物体做的功，等于物体增加的重力势能”。这样的处理手法仍然会导致学生先入为主地将重力势能理解为重力做功，而非重力势能。显然，如此引入容易造成学生的知识混乱及概念模糊。

综上所述，众多教材在推导重力势能表达式时虽然采用了不同方式，但这些方式普遍存在逻辑漏洞及环节缺失，很难从本质上解释为什么将重力势能表达式定义为 $E_p=mgh$。因此，如何恰当引入并建立重力势能的表达式就成了亟待解决的问题。

二、不同教学设计范式的比较研究

为了更深入地研究物理教学设计范式，我们对中国知网 1995—2016 年有关重力势能教学设计的文章进行分析，提取出每篇文章的研究范式，并进一步分析每种研究范式的优缺点，以期对教学设计有所启示。

1995 年至 2016 年，中国知网上“重力势能”教学设计文章共 47 篇。

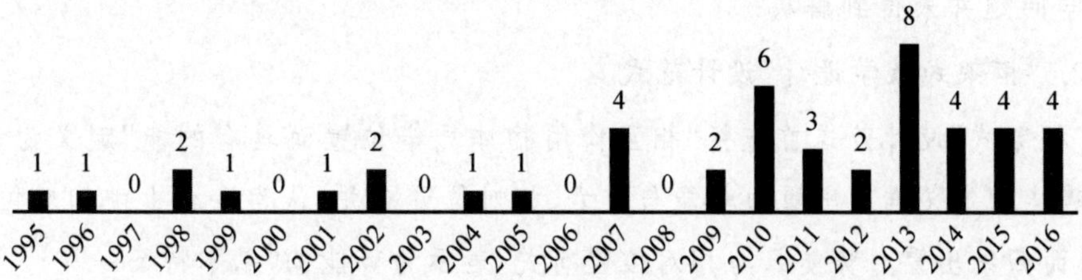

图 4-4　1995—2016 年重力势能教学设计论文数量

由图 4-4 可知，从 2010 年开始，重力势能的教学设计文章明显增多。细究一下，却发现大多数文章并未触及重力势能教学设计的核心，致使问题依然未能得到有效解决。表面看来，这个问题只是一个具体物理教学设计问题，但在大量文章的背后，却折射出了物理教学设计范式问题。因此，对于这一问题展开深入研究，就具有方法论层面的特殊意义，并有助于中学物理教学设计的健康发展。为此，我们在对 47 篇文献深入研究的基础上，梳理出如下教学设计范式展开研究。

① 广东基础教育课程资源研究开发中心，物理教材编写组．物理·必修 2[M].广州：广东教育出版社，2005：67.

1. “传统式教学设计”设计范式

研究发现，高达85.1%的“传统式”重力势能教学设计文章，是基于教材内容进行设计的，这类设计更多的是一种教学经验的总结与概括。

该设计范式的具体情况如下：文章开篇通过回忆初中教材知识，定义物体由于被举高而具有的能为重力势能，并从实验角度得到重力势能与m、h的定性关系，而后由“功是能量转化的量度”出发，从分析不同力做功使重力势能变化的角度，定量推导重力势能的表达式。结果发现，只有重力做功才会导致重力势能发生变化，进而研究重力做功的特点。通过研究，发现重力做功与物体运动路径无关，即$W_G=mgh=mgh_1-mgh_2$，说明mgh是一个具有特殊意义的物理量，而该物理量具有的两个特征恰与重力势能的基本特征一致，因此定义重力势能$E_p=mgh$。

文献检索发现，这类教学设计范式几乎没有采用直接定义方式得到重力势能表达式的，说明中学物理教师对于部分教材中的直接定义法并不认同，而认为重力势能的表达式需要推导，但推导过程却与教材如出一辙。由此可见，教材是教师进行教学设计的首选，这样的教学设计基本上就是教材编写思路的再现。由于这类教学设计范式并未对“重力势能”建立提出合理建议，从而导致重力势能教学问题并未得到解决。

2. “框架式教学设计”设计范式

“框架式”设计范式首先将“相互作用物体凭借位置而具有的能”定义为势能，并从势能的定义推导出重力势能与重力、相对位置有关，认为重力也由相对位置决定，从而归纳出重力势能只与相对位置有关，表示为势能的“基本特征一”。

根据“物体在力的作用下能量发生了变化，这个力对物体一定做了功”，归纳出重力做功可以决定重力势能的变化，从而得到重力做正功，势能减少；重力做负功，势能增大，表示为势能的“基本特征二”。

接着，根据势能由位置确定，推导出势能的变化也只由位置确定，由此猜想重力做功与路径无关，最终得到：$W_G=mgh=mgh_1-mgh_2$，表示为势能的“基本特征三”。

最后，对等式右边的两项之差进行分析，发现其符合上述三个基本特征，于是将重力势能定义为$E_p=mgh$。①

① 陈金苗．探究重力势能表达式中存在的问题与解决对策[J].中学物理教学参考，2014，46(6)：13—15.

“框架式”设计范式致力于揭示重力势能的基本特征以及重力做功量化重力势能的条件，与传统教学设计相比较，文章框架更清晰，更容易把握主题。“框架式设计范式”虽然看起来更加全面与具体，但是依旧存在问题。第一，从重力做功与路径无关到重力势能，两者之间仍然存在逻辑漏洞；第二，对于 $W_G=mgh=mgh_1-mgh_2$ 的理解不到位，没有从本质上解释 mgh、mgh_1、mgh_2 的物理意义是什么，具有什么样的内涵。因此，“框架式”设计范式依然未能解决重力势能教学存在的问题。

3. “概念式教学设计”设计范式

“概念式”设计范式通过提出“功的计算常常能够为能量的定量表达及能量的转化提供分析的基础”观点，认为做功的过程就是能量转化的过程，以及功是能量转化的量度。然后，从实验角度探究得到重力势能的大小与物体的高度和物体的质量或重力有关。

在此基础上，对物理概念——“变化量”的具体含义进行说明，对矢量和标量的变化量进行介绍、区分，并说明功和能都是标量，两者满足代数运算法则，并得到结论：“凡是同一个标量物理量的两个值之差就表示这个物理量的变化。”

最后，由重力做功入手，得到 $W_G=mgh=mgh_1-mgh_2$。鉴于重力做功要量度某一种能的变化，而变化就是同一物理量的两个值之差，而等式右边恰好是两个值之差，并且形式均为 mgh，所以 mgh 表示一种能量。由于重力势能与 m、h 有关，所以重力势能定义为 $E_p=mgh$。①

“概念式”设计范式教学设计最大的不同点在于，在分析重力做功 $W_G=mgh=mgh_1-mgh_2$ 之前，讨论了“变化量”的具体含义，即“凡是同一个标量物理量的两个值之差就表示这个物理量的变化”。由此可以发现等式右边为两项之差且两项形式相同，均为 mgh，所以该项有特殊的物理意义。虽然这类教学设计对于 mgh 展开了讨论，但是仍然没有从本质上解释 h、h_1、h_2、mgh、mgh_1、mgh_2 到底表示什么，具有什么样的意义。此外，将 mgh 直接定义为能量的说法也过于笼统，没有能够真正揭示 mgh 的物理本质。

4. “本质式教学设计”设计范式

“本质式”设计范式，在教学设计上的特色就是对 $mgh=mgh_1-mgh_2$ 中的各个物理量进行了诠释，这是该设计范式异于其他范式的最大区别。

① 柏露枝．重力势能和动能概念的逻辑性教学——以人教版教材为例[J]．物理教师，2016，37(5)．

本质式设计范式首先从数学式中看出端倪，认为在 $h=h_1-h_2$ 表达式中，h 是真实发生的，是小球沿重力方向运动的位移，而表达式右边的 h_1-h_2（包括 h_1、h_2）都不是小球真实发生的位移，h_1、h_2 均是假设发生的，这就为重力势能教学设计的展开选取了正确的方向。

进一步，从物理学的角度考量，若等式两边同时乘以 mg，即 $mgh=mgh_1-mgh_2$，表达式左边的 mgh 就是重力做的功，是真实发生的。而表达式右边并非真实发生的过程，但它的差值在数值上等于重力做的功，在量纲上与功的量纲一致，所以 $mgh=mgh_1-mgh_2$ 不仅仅是数学上的等式，更是一个物理等式。mgh_1-mgh_2 并非真实做的功，而是一个虚拟的做功，它具有潜在的做功本领。因此，可以将它看作一种能量。由于这种能量由重力产生，所以定义为重力势能。①

“本质式”设计范式的切入点是独具慧眼的。在大学物理层面，重力势能的引入并不存在任何问题。考虑到高中生的物理认知水平，高中物理教学中重力势能的引入就不能采用大学物理的思路而须另辟蹊径。需要降低教学难度，并采用一种既能够让高中生理解与接受，同时又符合重力势能本质的教学设计，这样的教学设计才能被称为好的教学设计。

因此，“本质式”设计范式从“真实”位移与“虚拟”位移出发，进而过渡到“真实”做功与“虚拟”做功，从而揭开了 mgh 与 mgh_1-mgh_2 的神秘面纱。具体而言，$mgh=mgh_1-mgh_2$ 不仅满足数量上的关系，更重要的是在量纲上保持一致，从而由数学等式转化成为物理等式。由于左边是真实存在的功，右边的差值只具有做功的本领，但不是真实做的功，因此右边的两项之差只能是能量，从而定义重力势能的概念。这种由数学到物理、由真实到虚拟的研究思路才能揭示物理本质，使该问题得到真正解决。

三、启示与建议

1. 物理教学设计要“凸显”物理本质

荷兰学者科斯根（Korthagen）为思考理想教师特征提出了洋葱模型。在模型中，从最外层到最里层分别是环境、行为、能力、信念、职业身份、使命，里圈与外圈因素是相互影响的。科斯根还提到“洋葱模型中的各个因素类似于原子核中的电子，越是外层的因素越不稳定，越容易改变和塑造，越是里层的因素越稳

① 邢红军，胡扬洋．高中物理“重力势能”教学的高端备课[J]．湖南中学物理，2016.9(41)：41—42.

定，越难于培养”。[1] 其实，洋葱模型也同样适用于物理教学设计，因为物理教学设计的最终目的是以科学的方式讲清楚知识最核心的物理本质。所以，物理本质就是洋葱模型的芯，一切教学逻辑、教学活动都要围绕物理本质展开，只有揭示物理本质的教学设计才能取得好的教学效果。因此，教学设计要围绕物理本质而展开。

本质式教学设计之所以与众不同，是因为作者的研究视角不一样，看待问题的思维方式也不相同。对于重力势能的教学设计，大多数教师在备课中往往强调“功是能量转化的量度”以及“相对位置”，虽没有科学性错误，但却不是本节课的核心与焦点，真正的物理本质存在于等式 $mgh=mgh_1-mgh_2$ 中。左边是真实发生，也就是重力做功，对应的是“过程”。右边是虚拟发生，对应的是“状态”。进一步从数值和量纲两个方面考虑，由于数值相等，那么右边的物理量与功的属性完全一致，所以只能是具有做功的本领，也就是能量。显然，只有厘清问题的物理本质，才能算得上是彰显物理本质的教学设计。

2. 教学设计要注重教学逻辑的诠释

教学的逻辑顺序是至关重要的。先讲什么，后讲什么，都应当有一定的依据。而这个依据就是学生的学习心理，遵从由简单到复杂，由直观到抽象的教学原则。

重力势能是一个抽象的物理量，无论是教师的教学过程、还是学生的学习过程，都是教学的重点与难点。所以，严密的教学逻辑就尤为关键。遗憾的是，无论是教材还是物理教学设计，都在教学逻辑层面存在或多或少的问题。尤其是经由重力做功与路径无关从而引入重力势能这一逻辑关系，其过程往往不尽如人意。因此，就可能导致学生学习时容易出现概念模糊不清的状况，从而无法真正理解并掌握重力势能建立的依据。

因此，只有在教学设计时注重教学逻辑的展开，才能将知识引入层层递进，进而水到渠成地展现物理本质。

3. 教学设计应超越教材的局限

我国传统物理备课的“教材分析”“教案撰写”强调经验的继承，强调对物理教材的感知和把握，但其固有的封闭性在相当程度上造成了“闭门造车”倾向。[2]

很多中学物理教师在进行教学设计时，依据的“模板”主要是教材，而教学设

① 陈琦，刘儒德．教育心理学[M]．北京：高等教育出版社，2005：537—538.
② 邓铸．问题解决的表征态理论与实证研究[D]．南京：南京师范大学，2002：33.

计往往就是教材细化过程。教材编写虽然力求完备，但终究不能做到尽善尽美。有些教学环节的衔接存在逻辑漏洞，有些理论推导过程存在盲点。若完全依据教材进行教学设计，就会使这些逻辑漏洞、推证盲点成为学生知识体系中的潜在问题。

对比研究不难发现，撰写论文的教师主要分为三类，中学物理教师、中学物理教研员、物理教学论工作者。由于学术背景不同，会导致研究风格迥异。研究表明，大部分中学教师与教研员在教学设计时往往沿用教材逻辑，只有少数中学教师及教研员会对本节课的逻辑顺序进行重新修正或重新设计；而物理教学论工作者对于问题的敏感度与洞察力要更高、更精准一些，在进行教学逻辑的安排与教学设计过程中，会有效地依据物理教学论的理论，对教学内容进行创新设计，从而达到最佳的教学效果。

思考题

1. 物理教学设计的宏观策略是什么？
2. 物理教学设计的微观操作是什么？
3. 物理高端备课的特点有哪些？
4. 物理教学设计范式有哪些？各有什么优缺点？

第五章　中学物理概念与规律教学

物理概念和物理规律作为物理知识大厦的重要组成部分，通过与科学方法的相互联系构成了物理学的基本知识结构，其中物理概念是基石，物理规律是支柱，科学方法是纽带。一方面，物理概念的建立是物理规律掌握的基础，另一方面，物理规律的掌握又可以使人们从物理现象出发进一步深入理解物理概念。因此，物理概念和物理规律就成为整个物理学的基本要素。物理课堂教学的目的在于帮助学生亲历物理概念的建立过程和物理规律的形成过程，借此发展学生解决实际问题的能力，激发科学精神和人文情怀，进而达到培养与提高学生物理学科核心素养的目的。

第1节　中学物理概念与规律的特点

一、物理概念的特点

1. 物理概念是反映物理学本质属性的思维形式

物理概念是反映物理现象或过程本质属性的思维形式，是反映客观物质物理本质属性的产物。①

物理概念是人类在观察、实验，形成感性认识的基础上，再经过思维加工，即通过分析、综合、抽象、概括、推理、判断等方法，逐步揭示物理现象和过程的本质属性，从而由感性认识上升到理性认识的过程。② 例如，我们观察到自然界中的各种运动形式，比如天体的运行、车辆的行驶、机器的运转、人的行走等，尽管这些现象各不相同，但我们可以从这些复杂的现象中，抽象出它们的共同特征，即一个物体相对于另一个物体的位置变化。于是，把这种从一系列具体物理现象

① 许国梁等．中学物理教学法(第二版)[M]．北京：高等教育出版社，2011：119.

② 郭怀忠等．物理教学论[M]．北京：高等教育出版社，2007：50.

中抽象出来的，反映物理现象本质特征的概念，定义为机械运动。

物理概念的建立离不开以下三个要素：物理现象、科学方法、物理概念的内涵与外延。“现象是物理学的根源”[①]，因此，物理概念建立的起点就是物理现象，在教学中我们平时耳熟能详的创设问题情境，是物理概念建立的第一步。在此基础上，还需要借助于科学方法才能得到物理概念。而物理概念的内涵指的是概念的特有属性，包括物理概念的内容和物理意义；物理概念的外延包括物理概念的使用条件和范围。

2. 物理概念是在观察、实验的基础上，与科学思维相结合的产物

物理概念是在观察、实验的基础上，运用科学的方法，排除偶然的、非本质的因素，抓住一类物理现象共同的本质属性加以抽象、概括而成的。在物理概念形成的过程中，感觉、知觉、表象等是基础，科学思维是关键。[②]

对于一些较为简单的概念，在观察、实验的基础上，经过思维加工，抽象出物理事物和现象的本质特征，就可以建立起概念。但复杂概念的建立往往是一个繁冗而长期的过程，由于研究对象中会出现各种现象以及影响因素，所以复杂概念是在对大量物体抽象、概括的基础上进行的。首先，应当抽象出与研究问题相关的因素，舍弃无关因素，并判断该因素是否反映了一类现象的本质特征，这里包括了抽象和概括的思维过程。其次，还需要实验证据以及其他概念体系的验证，判断概念是否正确，这里则包含了推理和判断的思维过程。由于复杂概念是建立在大量经验事实的基础上并需要运用科学思维，因此，一个复杂概念的建立往往意味着一类问题的解决。例如，熵的概念的建立。根据能量转化和守恒定律，一切热力学过程，都满足热现象在内的能量的转换和守恒。然而这种能量转化和守恒是否有一定的方向性呢？是否所有的能量转化都能实现呢？大量的观察结果表明：在热传导方面，热自动地从低温物体传递到高温物体的过程是不可能实现的；在扩散现象中，气体分子自动从密度小的地方迁移到密度大的地方也是不可能实现的；在液体流动现象中，液体自动地从低水位流向高水位也是不可能的；在电荷运动现象中，原来静止的正电荷自动地从电势低的地方向电势高的地方运动也是不可能的。以上现象虽然都满足能量转换和守恒定律，但是它们是不可能自发实现的。这就是说，自然界中的自发过程是有方向性的，也是有一定限度的。判断不同自发过程的方向和限度的标准，也是不同的。因此，判断热

① 杨振宁．杨振宁文集[M]．上海：华东师范大学出版社，1998：508.

② 阎金铎，等．中学物理教学概论(第三版)[M]．北京：高等教育出版社，2009：139.

传导、扩散水流、电荷运动自发过程方向和限度的标准分别是温度、密度、压强和电势。于是人们自然会想到：能不能找到一切自发过程方向和限度的共同标准呢？在这一思想的影响下，克劳修斯（R. J. E. Clausius）最终提出了熵的概念。因此，大量的物理概念建立都经历了这样的过程：从观察和实验事实出发，通过分析、综合、抽象和概括等科学思维而建立起来的。

3. 物理概念都具有定量的性质

一般而言，物理概念可以分为两类，一类是只有质的规定性的概念，称为定性的概念；另一类是既有质的规定性又有量的可测性的概念，又称为物理量。中学物理涉及定性的概念包括：固体、液体、蒸发、沸腾、反射、折射等。对于这类概念，教学要求是学生需要理解概念所反映的物理现象和过程的本质属性。中学物理中涉及的物理量包括：速度、功、热量、电压、电阻等。对于这类物理量，教学中要求学生不仅要理解概念所包含的物理现象和过程的本质，而且要明确物理量的数学表述和量值单位规定。应当指出的是，在物理学领域，许多物理概念都有定量的性质。[①]

物理量按照其描述客观事物属性的性质来分，可以分为以下几类：

(1) 状态量和过程量。状态量是描述研究对象状态的物理量。当研究对象的状态一定，这类物理量就有确定的量值。如：速度和位置坐标是从运动学角度描写物体所处的状态；动量与机械能是从动力学角度描写物体的运动状态。状态量往往可以用状态函数来表示。过程量是描述过程的物理量，如运动学中的位移，力学中的功、冲量等。一般来说，不同的过程，具有不同的量值。

(2) 性质量和作用量。性质量是描述物质或物体的某种性质的量，如：密度、劲度系数、电场强度、磁感应强度等。作用量是描述物体间相互作用的量，如：力、功、冲量等。

(3) 矢量和标量。有一类物理量既有大小，又有方向，遵循特定的“平行四边形”运算法则，是矢量，如力、速度、加速度、动量等。另一类物理量只有大小，没有方向，遵循一般的代数运算法则，是标量，如时间、质量、功、电势等。

(4) 相对量和绝对量。凡是与选择参照物或坐标系有关的物理量都是相对量，如位移、速度、势能等。凡是与选择参照物或坐标系无关的物理量都是绝对量，如各种普适恒量。

---

① 郭怀忠等．物理教学论[M]．北京：高等教育出版社，2007：52.

(5) 基本物理量和导出物理量。这是按物理量的单位制进行划分的。其中，基本物理量是人们根据需要而选定的，而非借助其他物理量来定义的。基本物理量的数目是能融洽一致和明确表述物理学中所有各量所必需的最小数目，目前国际单位制中有七个基本物理量，即长度、质量、时间、电流、热力学温度、发光强度和物质的量。导出物理量是以基本物理量为基础，按照某种定义或根据有关公式推导出的物理量。换句话说，一切导出物理量都可以用基本物理量的组合形式来表达。比如所有力学量都可以由长度、时间、质量三个基本量导出。①

4. 物理概念是在不断发展变化的

从物理概念产生的角度而言，物理概念是物理学家通过观察、实验、模型等来建构和检验对自然界的解释。当遇到与已有解释不一致的新的实验证据时，就要改变已有的物理概念，使之不断发展。以原子概念的演变过程为例，古希腊学者德谟克利特(Demokritos)首先从思辨的角度，提出原子是世界万物的本源，原子微小而不可再分。19 世纪，英国化学家道尔顿(J. Dalton)继承了古希腊学者关于"原子不可再分"的思想。1897 年，英国物理学家汤姆孙(J. J. Thomson)发现了电子，并据此提出原子的"葡萄干布丁"模型，认为原子是由带负电的电子和带正电的部分组成，电子像葡萄干一样镶嵌在带正电的"蛋糕"中。1911 年，英国物理学家卢瑟福(E. Rutherford)根据散射实验的结果，提出了原子的核式结构模型，但它无法解释原子的稳定性和明线光谱。为了克服以上困难，1913 年，丹麦物理学家玻尔(N. H. D. Bohr)创造性地把量子理论引入到原子结构理论中，认为核外电子只能在一些分立的轨道上运动，但它在处理复杂原子问题时遇到了很大的困难，继而物理学家又提出了原子的电子云模型，认为电子的运动并没有确定的轨道，而是可以出现在原子内的整个核外空间，只是在不同地方出现的概率密度不同。②

从物理概念教学的角度看，学生的物理概念学习过程与人类对于自然界的认识过程相似，都是需要经历一个不断深入与发展的过程，特别是对于一些"核心概念"的理解，明显体现了学生认识的螺旋上升过程。例如，中学阶段学生对于质量的概念就经历了以下发展过程：第一，质量是物体所含物质的多少，这是在初中生刚接触质量概念时得到的定义，通俗易懂，易于接受；第二，在学习了牛顿定律后，学生知道了"质量是物体惯性大小的量度"，反映着物体的一种属性；

---

① 阎金铎等．中学物理教学概论(第三版)[M]．北京：高等教育出版社，2009：140—141.

② 阎金铎等．中学物理教学概论(第三版)[M]．北京：高等教育出版社，2009：142.

第三，在学习了万有引力定律后，学生知道了“质量是物体产生引力和受引力场作用能力大小的量度”，物体的这种能力大小是用引力来表征的；第四，根据狭义相对论，运动物体的质量 m 和静止物体的质量 m_0 不同，还与物体运动速度 v 有关，即 $m=\dfrac{m_0}{\sqrt{1-\left(\dfrac{v}{c}\right)^2}}$；第五，由爱因斯坦的狭义相对论可知，质量与能量也存在联系，即爱因斯坦质能方程：$E=mc^2$。[①]

由于物理概念本身和学生认识过程的发展变化性，所以物理概念教学切忌一步到位，要为学生留下继续学习和思考的空间，才能促进学生对物理概念理解的不断深化。

二、物理规律的特点

1. 物理规律反映了物理现象或物理过程中各要素之间的内在联系

物理规律是物理现象或物理过程在一定条件下必然发生、发展和变化的反映。它反映了物质结构及物质运动中各要素之间内在的必然联系，表现为某物理状态下或某物理过程中相关要素之间在一定条件下所遵从的关系。物理现象和物理过程中的各种要素，通常由物理概念来表征，而且这些物理概念常常是具有定量性质的物理量，并总是与测量及数学表示相联系。所以，物理规律也可以说是物理概念之间关系的逻辑表达及数学表达。[②]

例如，牛顿第二定律是由质点、力、质量、加速度等概念组成的。研究对象是质点，力、质量、加速度是三个可测量的物理量。牛顿第二定律表明了研究对象（质点）的加速度、质量和受力之间的定量关系。再如，欧姆定律是由导体、电流、电压、电阻等概念组成。研究对象是导体，电流、电压、电阻是三个可测量的物理量，欧姆定律表明了通过研究对象（导体）的电流与加在它两端的电压和电阻之间的定量关系。

2. 物理规律是观察、实验、思维、想象和数学推理相结合的产物

由于物理规律揭示的是物质结构和物质运动所遵循的规律，因此必然与人们认识物质世界的途径有关，即与观察、实验、抽象思维、数学推理、想象等有着密不可分的联系。

---

① 阎金铎等．中学物理教学概论（第三版）[M]．北京：高等教育出版社，2009：141.

② 阎金铎等．中学物理教学概论（第三版）[M]．北京：高等教育出版社，2009：167.

物理规律可以视为客观规律和人类智慧相结合的产物。物理规律所描述的对象——物质结构和物质运动是客观存在的，物理规律所描述的关系——物质结构和物质运动中诸要素之间的联系也是客观存在的。因此，对物质世界的观察与实验是认识物理规律的基本前提。从这个意义上讲，物理规律只能被发现，而不能被“创造”。然而，物质世界又是极其复杂的，只靠直观的观察和实验，并不能认识到其中的本质联系。因此，人们必须以观察和实验所得的事实为依据，运用逻辑推理，剔除无关且次要的因素，确定本质要素，并创造性地建构能够解释和预测相关现象的关系模型。从这个意义上讲，物理规律又是人类智慧的产物。①

如牛顿第一定律是以实验为基础而建立的，但这一定律并不能直接由实验得出，它是在实验的基础上运用理想化方法得出的推论，是实验、推理和想象共同作用的结果。所以教学中要将实验和理论推导相结合，先引导学生在不同表面上做小车沿斜面下滑的实验，发现平面越光滑，摩擦阻力越小，小车滑得越远，进而推理得出，在平面光滑、没有阻力的情况下，小车将以匀速直线运动的形式运动下去，从而总结归纳得到牛顿第一定律。再如，库仑定律的建立，是法国物理学家库仑(C-A de Coulomb)观察到电荷之间的静电力与万有引力存在许多类似之处，借助类比的思维方法，大胆假设静电力的规律与万有引力定律有类似的形式，最终通过精心设计的“扭秤实验”证实了这一假设的正确性。由此可见，库仑定律也是客观事实和物理思维相结合的产物。

3. 物理规律具有不同的表现形式

物理规律具有不同的表现形式，一般包括物理定律、定理、定则以及物理公式或方程。

(1) 物理定律。物理定律是通过归纳法推理得出的，往往从对个别事物的实验观察出发，以大量的经验事实为依据并经过推理概括得出的一般性结论。物理规律一般既有文字的定性表述，又具有公式的定量表述。比如，牛顿运动定律、万有引力定律、欧姆定律、法拉第电磁感应定律、光的反射定律与折射定律等。

(2) 物理定理。物理定理是由演绎法推理得出的，物理定理是在已有概念和定律的基础上，运用数学工具和逻辑推导得出的新的具有物理意义的规律。物理定理的得出不仅需要具有新的物理意义，而且需要在实践中验证其正确性。比如，动量定理就是通过牛顿第二定律以及运动学公式而进行的数学演绎结果，

① 阎金铎等．中学物理教学概论(第三版)[M]．北京：高等教育出版社，2009：168.

但是这个结果反映了冲量和动量变化的关系，因而具有新的物理意义。

(3) 物理定则。物理定则是在物理教学中为了方便学生理解和记忆概念之间的关系，将具体化为一些定则或法则，从而使得概念之间的关系能够形象鲜明地呈现出来。比如左手定则，实际上是反映了磁场方向、电流方向和导体受力方向三者之间的关系，借助于肢体和感官让三者之间的抽象关系形象化的表达。其他的定则比如安培定则，右手定则和平行四边形定则等也是如此。

(4) 物理公式或方程。物理公式或方程是借助数学工具来表现物理量之间关系的一种表述形式。比如理想气体状态方程就是在理想气体处于平衡态时，为了描述压强、体积、物质的量以及温度这些物理量之间的关系而建立的，即 $pV=nRT$。它是建立在玻意耳-马略特定律、查理定律和盖吕萨克定律等实验定律的基础之上的。此外如质能方程、光电效应方程、麦克斯韦方程组等都是典型的物理方程。①

需要注意的是，物理规律虽然存在不同的表现形式，但也并非完全刻板的与上述分类相对应。许多物理公式的推导方式和表现形式并不唯一。比如机械能守恒定律虽然在物理学史上来自大量实验和生产经验的归纳总结，但在物理教学中也可以通过演绎推理的方法得到。再比如有些物理方程也是通过定律的经验总结以及数学演绎推理而得出的，彼此之间都有很多联系。

4. 物理规律具有近似性和局限性

由于物理学对所研究的对象和过程均采用了科学抽象的方法，或多或少地作了一定程度的简化，往往是一种建模过程和理想过程，又由于物理学是实验科学，在观察和实验中，限于仪器的精密程度、操作技术的准确程度，不可避免地出现测量误差，这就导致所得到的反映各物理量之间关系的物理规律，只能近似的反映客观世界。②

除了近似性以外，由于物理规律总是在一定范围内发现的，或在一定条件下推理得到的，甚至是在有限领域内检验的，所以物理规律还具有局限性。也就是说，任何物理规律总是有它的适用范围和适用条件。

例如，牛顿定律只针对宏观、低速运动的物体成立；牛顿第一定律，它没有涉及物体的转动，也没有涉及物体内各部分之间的相对运动，因此它只适用于惯性系中的质点。欧姆定律只对金属导体和液体导体成立，不适用于气体导电和二极管导

① 朱铁成．物理课程与教学论[M]．杭州：浙江大学出版社，2010：166—167.

② 阎金铎等．中学物理教学概论(第三版)[M]．北京：高等教育出版社，2009：168.

电。再如动量守恒定律虽然适用范围较广，无论宏观物体还是微观粒子，无论高速运动还是低速运动，它都可以适用，但也要在一定条件下才成立。这个条件就是研究对象(系统)所受的合外力必须为零(抑或当合外力远小于内力时，将合外力忽略不计)。

第2节　中学物理概念与规律教学的意义

一、物理概念与规律教学是物理教学的重要任务

从物理学的体系来看，它的完整体系由以下三部分内容组成。一是反映物体运动形式和基本特点的物理概念，二是反映概念之间必然联系的物理规律，三是由基本概念和基本规律出发运用逻辑的数学的方法建立起来的理论和必要结论。例如，运动学是用位移、速度、加速度这三个基本概念以及联系组成的，整个力学是由力、加速度、质量、动量、机械功和机械能等基本概念和牛顿三定律、万有引力定律为基础并运用逻辑学和数学方法建立起来的。

从中学物理教学的角度来看，物理概念和物理规律是物理学的基础和主干。近代以来科学知识就呈指数、爆炸式增长，于是在学校有限的学习时间和不断扩充的学习内容成了学生学习的主要矛盾。如何减轻学生的学业负担，在课堂教学中促使学生高效、迅速且系统地掌握物理知识，并避免知识的碎片化，就成为物理课程建设中的首要问题。布鲁纳的结构主义教学观强调，只有重视学生学科知识结构的塑造与认知结构的发展，才能有效促进学生理解学科知识，形成对自然界的整体认识。因此，在物理教学中，突出对物理概念与物理规律的教学，正是有效破解上述矛盾的密钥。亦即教师在物理教学中唯有选择并围绕“少而精”的物理概念和物理规律展开，才能为学生展现出物理学的图景。相应地，学生唯有通过物理概念与物理规律的学习，才能将知识片段连接、整合，内化为自身的认知结构。所以，学生要想比较系统地掌握进一步学习现代技术的物理基础知识，就要求他们学好物理概念和物理规律。

二、物理概念与规律教学是培养学生思维能力的重要途径

随着我国基础教育课程改革的深化，中小学生思维能力的培养已成为全社会共同关注的话题。已有研究表明，思维能力的发展与培养必须通过有意识的锻炼，在具体的知识习得的过程中不断培养。离开了具体的知识，思维能力的培

养就成了一句空话。物理概念与物理规律因其高度的抽象概括性，与学生思维能力之间往往存有明显的差距，因此，学生唯有充分调动思维参与其中，才能有效完成物理概念和物理规律的自我建构。相应地，物理概念和物理规律的教学也就担负起了培养学生思维能力的重任。

简而言之，学生在理解、形成和掌握物理概念和物理规律的过程中，往往要经历从具体到抽象、从特殊到一般、从感性到理性的复杂认知过程，这就需要学生发挥自身的主观能动性，用新的思维方式和方法去理解新的事物，抽象与概括诸事物之间的共同特征。可以说，学生对物理概念和物理规律的习得过程也是其思维能力的发展过程。譬如，在利用比值定义法得出密度概念的过程中，“比较”思维就贯穿于整个过程中；再如在“动能定理”的得出过程中，也不乏“抽象”“假设”“推理”等思维涉及其中。在这个意义上，物理概念和物理规律就成为培养学生思维能力的重要途径。

三、物理概念与规律教学对学生科学态度的形成具有积极作用

物理概念和规律的形成，除了智力因素以外，与人类的好奇心、求知欲、坚忍不拔的毅力以及实事求是的态度、人文的精神等也密不可分。这些非智力因素具有一定的隐蔽性，但也是物理学习和科学研究中必备的。比如，重要物理概念和规律的建立，无一不是科学家们秉持着严谨的态度，追根溯源，去伪存真，最终通过科学方法，将观察、实验与思维相结合而得到的。所以在物理教学中，学生通过学习物理概念和规律的建立过程，也会激发对于身边物理现象的好奇心，产生对新事物的求知欲，感受到科学研究中严谨求实的态度与实事求是的精神；通过学习物理概念和规律的内涵以及运用，也有助于学生形成坚韧不拔的品质，不盲目迷信权威的科学精神，树立创新意识与合作精神，运用物理知识促进社会进步为中华民族谋复兴的责任感和使命感。鉴于物理概念和物理规律教学对于学生科学态度和价值观形成的重要作用，教师在教学中就应当充分发掘物理概念和规律的育人价值，并使“物理教学”向“物理教育”转变。

第 3 节　中学物理概念与规律的教学要求

物理概念与规律是物理知识中最重要、最基本的内容，是学生建构物理认知结构的基础。因此，在物理教学中，使学生形成清晰的物理概念、掌握准确的物

理规律，并发展学生的物理核心素养，就成为物理教学的核心问题。为了达成这一教学目标，就需要有一定的教学要求，具体包括以下几个方面。

一、为什么要引入某个物理概念和研究某个物理规律

在传统的物理教学中，人们通常注重讲授物理知识的“是什么”，却对引入物理知识的“为什么”有所忽略。这样教学的结果，往往就会导致学生死记硬背。学生记住了一些物理结论，甚至能够在考试中得到不错的成绩，但却并不清楚物理知识的来龙去脉，从而影响了对物理学的真正理解。

比如，为什么要引入熵这个概念？这是因为，日常生活告诉我们，一个打碎了的瓶子，不可能重新复原；一个死去的生物，不可能再复活；一个长大的人，也不可能倒退回他的童年。因为真实的时间是有方向的，只能从“过去”流向“未来”，不可能从“未来”退回到“过去”。物理学中的热力学第二定律，指出了时间的这种方向性和流逝性。

热力学第二定律的发现者有两位，法国的卡诺(N. L. S. Carnot)和德国的克劳修斯(R. J. E. Clausius)。卡诺定理指出，循环于冷源与热源之间的机器，以可逆机的效率为最高，这一说法实质上就是热力学第二定律。这条定律最常见的表述是：在不受外界影响的情况下，热量只能自发地从高温物体流向低温物体，而不可能自发地从低温物体流向高温物体(克劳修斯，1850 年)。另外一种常见的表述是：不可能从单一热源吸热且对外做功而不产生其他影响[开尔文(L. Kelvin)，1852 年]。例如摩擦产生的热，不可能重新全部变为机械能，而不产生其他影响。

为了描述上述过程，克劳修斯引进了一个叫作“熵”的概念。熵(通常用 S 表示)反映的是系统的混乱程度。克劳修斯指出，在一个与外界隔绝的孤立系统中，熵只能增加或保持不变而不能减少。这一规律称为“熵增加原理”，它是热力学第二定律的又一种表达方式，它的数学表达式为：

$$dS \geqslant 0$$

克劳修斯的熵增加原理表明，孤立系统的混乱度只能增加不能减少。这一原理显示：时间有一个流逝的方向。“时间有方向”原本是人们在日常生活中感受到的事实，熵增加原理为人们的这一感受找到了科学依据。它指出：时间的方向，就是熵增加的方向。这样，热力学第二定律就证明了时间的流逝性，给出了爱丁顿(A. S. Eddington)所说的时间箭头。①

① 赵峥. 物理学与人类文明十六讲[M]. 北京：高等教育出版社，2008：71.

显然，这样讲解就较好地回答了为什么引入熵概念的原因，包括为什么要研究这个问题，问题是怎么提出来的等，从而使学生对熵概念引入的前因后果有一个清晰的认识，进一步达到对熵概念的真正理解。

二、物理概念与物理规律引入的研究思路是什么？

物理概念和物理规律引入的研究思路，是物理概念和物理规律教学中至今不为人们所重视的问题。然而，这个问题又是如此的重要，非常值得进行深入讨论。通过向学生介绍物理概念和物理规律引入的研究思路，能够使学生明白问题研究的逻辑路线，这对学生建立起对物理学的本质认识具有重要的导向作用。

比如，速度概念引入的思路是什么？现行教材从比较不同物体运动的快慢入手，提出一种观点：不同的运动，位置变化的快慢往往不同，也就是说，运动的快慢不同。要比较物体运动的快慢，可以有两种方法。一种是相同时间内，比较物体运动位移的大小，位移大，运动得快；另一种是位移相同，比较所用时间的长短，时间短的，运动得快。认真分析上述观点，我们发现，“比较物体运动的快慢可以有两种方法”的观点，虽然在物理本质层面是正确的，但这种观点却没有给出明确的研究思路。

这是因为，当深入分析学生建立速度概念的思路时，首先需要思考学生建立速度概念时的感觉、知觉乃至表象是以位置为支撑，还是以时间为支撑。显然，学生所观察到的物体运动快慢主要是物体位置的变化，这一变化具有直观性。与位置相比较，学生对时间的感知却远远不如所“观察”到的位置变化更明显，同时也难以精确衡量。这样，就决定了速度概念定义的最佳思路只能是在相同时间内比较物体位移的大小，而不是采用位移相同，比较所用时间长短来定义的方式。因此，速度概念建立的研究思路就是比较位移的思路。

“比较要选取相同的标准”是比值定义法的根本要求，但并非比值定义法应用的首要步骤，这是在应用比值定义法定义物理量需要明确的一点。现行教材在应用比值定义法定义速度概念时提出：“那么，怎样比较汽车与百米赛跑运动员的快慢呢？这就要找出统一的比较标准。物理学中用位移与发生这个位移所用时间的比值表示物体运动的快慢，这就是速度(velocity)，通常用字母 v 代表。”显然，教材的这一陈述缺乏关键话语的呈现——汽车运动的快慢需要比较的对象是什么？在没有明确提出比较对象的前提下，就直接提出统一的比较标准，这就存在着逻辑断裂与研究思路的缺失。

有研究表明，在速度概念的建立中，位移概念处于优势维度，时间概念处于非优势维度。这在其他一些强度量概念的研究也有类似的发现。对于组成强度量的两个广延量，学生对待的程度是不一样的，确有优势维度和非优势维度之分，比如，组成密度概念的质量和体积，质量之于体积就是优势维度。也就是说，儿童在判断运动快慢时表现出明显的位置决定论倾向。因此，在速度概念定义中只能采用位移与时间的比值，而不能采用时间与位移的比值，其实有着深刻的心理学背景，这是在确定速度概念教学的思路中需要认真考量的。

三、某个物理概念与物理规律是怎样进行研究的？

物理概念与规律教学要求的这一部分要求回答如下问题：研究包括了哪些主要的物理现象、事实？运用了什么样的手段与科学方法？

由于物理概念和物理规律与科学方法之间的关系是因果关系，因此，每一个物理概念和物理规律的得出，都要借助于科学方法。所以，在物理概念和物理规律的引入过程中展现所运用的科学方法，就显得尤为重要。

比如，初中物理教材对压强概念的引入，就充分体现了我国传统物理教材对科学方法的隐性处理方式。压强概念得出过程中使用的比值定义法在课文中含而不露、点而不破。在“要比较压力作用的效果，就应取相同的受力面积”一句中，从“比较”到“相同受力面积”，其实潜藏着重要的逻辑环节与方法内涵，然而教材却用一句话带过，未能使其中的科学方法要素显现出来。

压强概念的得出过程，究竟是采用比值定义法还是控制变量法？有人认为，“探究影响压力作用效果的因素”环节必然用到了控制变量法，也有人认为，比值定义法才是得出概念的主线，还有人认为，压强概念兼用了这两种方法，即先用控制变量法，研究影响因素，再用比值定义法得出表达式，最后用控制变量法研究公式的变化关系。对此，我们认为，教学中不仅需要区分两种不同的科学方法，并且要明确教学究竟应该采用哪一种。而这些都需要明晰两种科学方法的真正内涵。研究表明，压强概念得出需要的核心科学方法是比值定义法，而非控制变量法，其原因在于“比较”的核心思想无法绕开。所以，依照比值定义法的要求才能充分呈现压强概念的真正意义。

四、某个物理概念与物理规律的物理意义是什么？

物理概念与规律的教学要求，要求教师在教学中要向学生阐明物理概念是怎么定义的，物理规律是怎样表述的，数学表达式所蕴含的物理意义是什么，物理概念与规律反映了物理现象怎样的本质属性及其联系，物理量的量值是多少，量度单位是什么，适用条件、适用范围等。

以初中物理质量的概念为例。质量可以定义为物体所含物质的多少，又可定义为物体惯性大小的量度。于是问题来了，质量的两种定义背后的物理本质是什么？质量的两种定义在数值上是否相等？这是教师在教学中必须弄清楚的问题。

若用质量是物体所含物质的多少来定义质量，这种质量被称为引力质量（m_g），可以用与万有引力定律有关的性质来给出。物体产生或受到万有引力的大小，与它的引力质量成正比。

若用质量是物体惯性大小的量度来定义质量，这种质量被称为惯性质量（m_I），可以用与牛顿第二定律有关的性质来给出。不同物体在外力作用下产生相同加速度时，所需外力与物体的惯性质量成正比。

在伽利略-牛顿的经典物理学中，惯性质量和引力质量原本是两个毫无关系的概念，但是自由落体实验却把它们联系在了一起。下落物体所受的重力为：

$$F=m_g \cdot g$$

g 是当地的重力场强，即万有引力场强。按照牛顿第二定律

$$F=m_I \cdot a$$

a 为下落物体的加速度。两式联立得：

$$m_g \cdot g=m_I \cdot a$$

伽利略落体定律告诉我们，从同一高度自由下落的任何物体，不论其质量大小与构成成分，均同时落地。这就是说，所有物体都有相同的加速度 $a=g$。从上式可知，引力质量必定与惯性质量相等，即 $m_g=m_I$。

因此，我们得出结论：质量的两种定义分别是惯性质量与引力质量，它们在数值上是相等的。

五、某个物理概念与物理规律有什么重要的应用？

为什么要学习物理学？学习物理学的理由虽然有很多，但最重要的是要应用物理学。对此，费曼提出了学习物理学的五个理由：第一是学会测量和计算及其在各方面的应用（培养工程师）；第二是培养科学家，不仅致力于工业的发展，而且贡献于人类知识的进步；第三是认识自然的美妙，感受世界的稳定和实在；第四

是学习由未知到已知的、科学的求知方法；第五是通过尝试和纠错，学会有普遍意义的自由探索的创造精神。不难发现，应用、新知、感受、方法与精神是费曼学习物理学的五个理由。为什么费曼把应用放在第一位？显然，在费曼看来，物理教学最重要的是学以致用，从中可以窥见费曼对于物理教学价值的独特认识。

比如，某公司要在地铁隧道黑暗的墙壁上安装广告牌，为使高速运行中的列车上的乘客能看清广告内容，需要特殊的设计。在两地铁站中间的列车匀速行驶路段布置一系列同样大小的广告牌，它们水平排列，高度一样，画面均由许多发光二极管组成，并由专门的电子电路控制。每个广告牌高 0.60 m、宽 0.90 m，相邻两广告牌的间距都是 0.21 m，当列车在上述路段行驶的速度是 60 km/h 时，车上的乘客可看清隧道墙壁上播放的广告动画（当然也可以是静止的画面）。计算发光二极管应按照怎样的规律发光。

如图 5-1 所示，按照人眼的视觉暂留时间，动画能够被人们所看清，动画应按照 24 帧/秒的速度播放。即当人从第一帧到第二帧所用时间应为 $t_0=1/24(\text{s})=0.042\ \text{s}$。如果车上的乘客可看清隧道墙壁上播放的广告动画，完整的通过一帧应为 0.042 s。

车速 $v=60\ \text{km/h}=16.67\ \text{m/s}$

$\because\ t=s/v=(0.9\ \text{m}+0.21\ \text{m})/16.67\ \text{m/s}=0.067\ \text{s}$

$\therefore\ \Delta t=t-t_0=0.067\ \text{s}-0.042\ \text{s}=0.025\ \text{s}$

即发光二极管应按照每次发光 0.042 s 后变换图片，同时相邻两个广告牌时间交错 0.025 s。

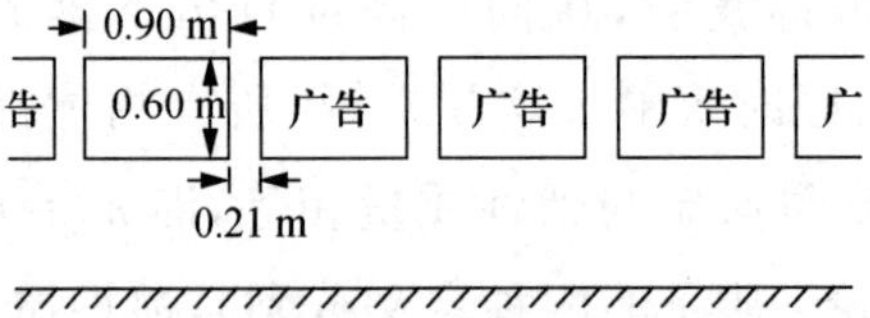

图 5-1　地铁隧道广告牌示意图

六、某个物理概念与物理规律的教学要达到什么程度？

由于各个物理概念与物理规律的重要程度不同，因此，有些重要物理概念要求学生要达到“掌握”和“熟练掌握”的程度，而对于其他物理概念，有的只需要“了解”，有的要求“理解”。所以，对于不同物理概念和物理规律的教学要求，教师要做到心中有数，区别对待。

第 4 节　中学物理概念与规律的教学过程

物理概念与规律教学既是中学物理教学的重要议题，亦是中学物理教学的关键内容。然而，我国中学物理概念与规律的教学过程始终未能达成共识，且一直滞留于经验层面，从而影响了中学物理教学的发展。因此，物理概念与规律的教学过程研究的一个重要思路，就是要进行理论思维，进而超越经验思维，最终形成中学物理概念与规律的教学过程理论。为此，基于科学方法中心的“物理学知能结构”，重构了中学物理概念与规律的教学过程，这为在中学物理教学中落实物理核心素养提供了有益启示。

一、物理概念与规律教学过程的理论建构

从物理学三维结构图出发，能够为物理概念与规律的教学过程提供具有指导意义的理论基础。追溯其演变历程，我们发现物理学知能结构来源于美国霍尔顿(G. Holton)提出的物理学三维结构模型和苏联费多琴柯提出的经典力学学科结构平面图。霍尔顿是美国哈佛物理教材改革计划(HPP)的主要执笔人，他认为，物理学的任何一部分基本内容(包括物理量、定律、理论)的结构及其发展都可以分解为三种因素或三个坐标：X——实验(事实)、Y——物理思想(逻辑、方法论)、Z——数学(表述形式或计量公式)。① 因此，这一普适的物理学结构模型也为物理学各分支学科、各章节单元课题的结构及其教学规律指明了方向。费多琴柯的学科结构图(如图 5-2 所示)实际上是把三维结构投影到平面上，形成了上(实验)、中(核心理论)、左(科学方法论)、右(数学)、下(运用与延伸)五个区域，从而全面反映了物理学的特点及其相互关系，特别是反映了知识和方法的关系，是一种典型的物理学知能结构图。②

毋庸置疑，物理学知能结构图的提出为物理概念与规律的教学过程的建立提供了启示。然而，这一结构也有不足之处。因为实验事实与物理概念规律之间并不存在直接关联，实验事实必须借助于科学方法才能进一步形成物理概念与规律。因此，由实验事实直接抵达物理概念、定理、理论，在教学逻辑上是存在问题的。同样，物理概念与规律的应用也不能直接完成，亦需要借助

① G. Holton. 物理科学的概念和理论导论：上册[M]. 张大卫，戴念祖等译. 北京：人民教育出版社，1983：323—325.
② 阎金铎，田世昆. 中学物理教学概论[M]. 北京：高等教育出版社，1991：38—42.

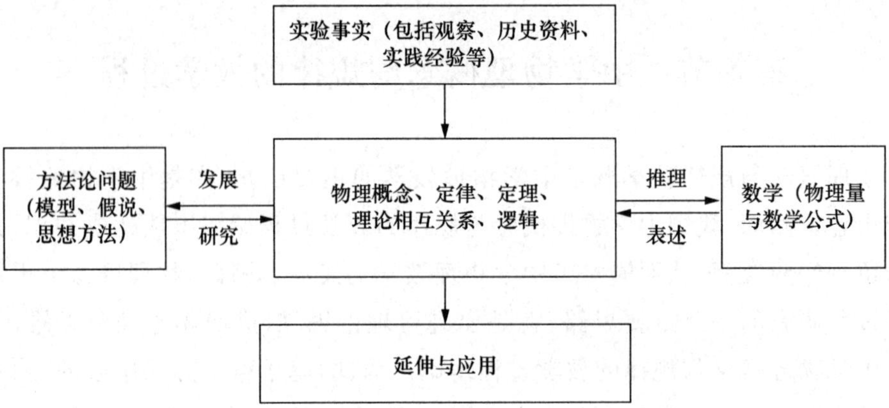

图 5-2　以物理知识为中心的物理学知能结构图

科学方法的介入才能延伸与应用。

为解决上述问题，笔者建构了以科学方法为中心的物理学知能结构图（如图5-3 所示）。①

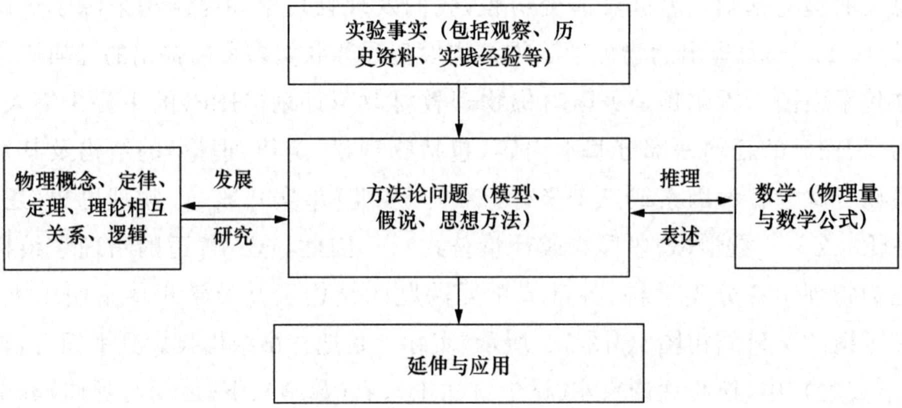

图 5-3　以科学方法为中心的物理学知能结构图

与传统结构图不同的是，以科学方法为中心的物理学知能结构图虽然也由实验事实、物理概念规律、科学方法、数学以及延伸与应用五部分组成，但科学方法居于整个结构图的中心地位。它分别与其他四个部分发生联系，起着核心和纽带的作用。另外，它将物理概念与规律教学分为知识获得和知识应用两个过程。物理知识获得过程包括从实验事实出发，借助科学方法形成物理知识。物

① 邢红军，陈清梅．从知识中心到方法中心：科学教育理论的重要转变[J]. 首都师范大学学报（自然科学版），2011，32(6)：20—26.

理知识应用过程包括从物理概念、规律出发，借助科学方法进行延伸与应用。如此，以科学方法为中心的物理学知能结构图就为物理概念与规律的教学过程的规范和重构提供了坚实的基础。

二、物理概念与规律教学过程的重构

以“科学方法中心物理学知能结构图”为基础，遵循物理教学的逻辑，笔者重构了物理概念与规律的教学过程。

1. 创设物理概念规律建立的情境

“现象是物理学的根源”，[①]因此，在物理概念与规律的教学中，应以实验事实作为出发点，把创设情境作为物理概念与规律教学的第一步，为学生提供感性认识的材料，这与物理学的根本特点是一致的。而以往的研究对实验事实和科学方法不进行区分，而是将两者一同作为物理概念与规律的教学要求，极易混淆物理概念与规律教学的起点，不利于教学逻辑的顺利展开。

应当指出的是，创设物理概念与规律建立的情境的目的，主要是为学生在建立物理概念与规律的过程中形成物理感觉、物理知觉与物理表象，从而帮助学生顺利地建立物理概念与物理规律，而绝不能理解为物理表象进一步就可以转化为物理概念与物理规律。因为在本质上，物理感觉、物理知觉与物理表象属于形象思维，而物理概念与物理规律属于形式思维（抽象思维），它们有着共同的起源，但二者属于平行进展的结构体系，这是需要特别指出的地方。

2. 运用科学方法建立物理概念与规律

物理概念与规律作为物理知识，其获得也必然要借助科学方法。因此，在创设物理情境之后，就需要遵循物理概念与规律获得的逻辑路径，运用科学方法建立物理概念及规律。

为了恰当运用科学方法建立物理概念与规律，需要将科学方法的运用过程加以展开，按照科学方法的内在逻辑呈现物理概念与规律建立的过程。比如，建立密度概念时的比值定义法呈现过程就应当包括以下四个步骤：① 选取比较的对象（质量 m），② 选取比较的标准（体积 V），③ 研究比较的意义（m/V），④ 得到比较的结论（$\rho=m/V$）。正是通过科学方法的展开过程，才能使物理概念与规律以一种符合物理教学逻辑的方式水落石出。[②]

① 杨振宁．杨振宁文集[M].上海：华东师范大学出版社，1998：508.

② 邢红军，胡扬洋．密度概念教学的高端备课[J].教学月刊（中学版），2013 (8)：53—56.

需要指出的是,数学也是科学方法的一种。物理概念与规律的建立往往需要上升到定量的层次,这时就要用到数学方法。通过明确并梳理科学方法的分类,有利于物理概念与规律教学过程的顺利展开。

3. 诠释物理概念与规律的本质

物理概念与规律的教学不能仅满足于得出定义或表达式,还应注意物理概念与规律本质的阐释,包括内涵、外延、使用条件及其背后蕴含的物理思想和物理观念等,如此才能使学生真正理解物理概念与规律的本质。

以熵的概念为例。熵(英文 entropy,德文 entropie)是由德国物理学家克劳修斯于 1865 年造出来的,它表示系统的“转变含量”(transformation content),即对热转化为功本领的量度。如果用 S 表示这个量,则 $\mathrm{d}S=\dfrac{\mathrm{d}Q}{T}$。

在上述观点的基础上,我们从熵的原始定义式出发,借助一种重要的科学方法——比值定义法,通过剖析熵的定义式中物理量的深层含义,尝试从“能量分布”的角度对熵的定义给出符合熵概念本质的解释。

由克劳修斯熵公式:$\mathrm{d}S=\dfrac{\mathrm{d}Q}{T}$ 可知,式中 $\mathrm{d}Q$ 是可逆循环中热量的变化量,T 为热力学温度,$\mathrm{d}S$ 是可逆过程中熵的变化量。根据比值定义法可知,熵可以看作是“单位热力学温度热量的变化量”。然而,这种表述仍处于一种“含苞待放”状态,需要进一步明确才能展现出熵的定义。

在熵定义式的分子上,$\mathrm{d}Q$ 表示热量,它是能量的一种,这是易于理解的。因此,要想真正理解熵的定义,就必须对定义式中分母 T 的深层含义进行剖析。

像重力场、速度场等一样,物理学中存在着温度的场称为温度场,它是各时刻物体中各点温度分布的总称。温度场理论表明,物质系统内各个点上温度的集合称为温度场,它是时间和空间坐标的函数,反映了温度在空间和时间上的分布。因此,温度 T 这个变量通常是空间坐标 (x,y,z) 和时间变量 t 的函数,即 $T=T(x,y,z,t)$。该公式描述的是三维非稳态(瞬态)温度场,在此温度场中发生的导热为三维非稳态(瞬态)导热。不随时间而变的温度场称为稳态温度场,即 $T=T(x,y,z)$,此时为三维稳态导热。对于一维和二维温度场,稳态时可分别表示为 $T=f(x)$ 和 $T=f(x,y)$,非稳态时则分别表示为 $T=f(x,t)$ 和 $T=f(x,y,t)$。由于温度 T 这个变量通常是空间坐标和时间变量的函数,即 $T=f(r,t)$。所以,克劳修斯熵公式就可以表示为:$\mathrm{d}S=\dfrac{\mathrm{d}Q}{T(r,t)}$,由比值定义法可知,熵的定义就是：随着时间的流逝，描述热量在空间分布均匀程度的物理量。热量在空间分布得越均匀，则熵越大。反之，熵则越小。

显然，依据科学方法中心的物理学知能结构图，物理概念与规律的获得过程得以确定。在这一过程中，实验事实经由科学方法加工得到物理概念与规律。换言之，在物理概念与规律的获得过程中，起点是情境，过程是方法，终点是知识。

4. 借助科学方法应用物理概念与规律

物理教育心理学的研究表明，物理概念与规律教学唯有通过应用，才能使学生理解得更为深刻，掌握得更为牢固。由于物理概念与规律的应用同样需要经由科学方法才能实现，因此，为了使物理概念与规律能够顺利应用，就必须借助科学方法。研究显示，获得物理概念与规律的科学方法和应用物理概念与规律的科学方法并非同一类群，在内容上只有少部分交叉。所以，在应用过程中就需要注意对科学方法的甄别与选取。

以牛顿第二定律教学为例，获得牛顿第二定律需要使用控制变量法、实验法、图像法和比例系数法等；而应用牛顿第二定律，则主要使用隔离法和整体法。

借助科学方法应用物理概念与规律具有重要意义。这是因为，这一教学要求实际上是通过对科学方法在不同教学过程中运用的分类，厘清物理概念与规律教学中的两个重要路径，使教学的脉络更加清晰。再者，通过显化物理概念与规律应用过程中的科学方法，凸显了科学方法的枢纽地位，从而完善了物理概念与规律教学的过程的内涵。需要明确的是，这一环节绝不是物理概念和规律的简单应用，更不能理解为解答物理习题。只有通过解决实际物理问题，学生才能真正理解物理概念与规律。因此，在教学的这一阶段，可以通过引入原始物理问题进行教学。所谓原始物理问题，是对物理现象的描述，不仅新颖而且与社会生活紧密相关。以隧道广告为例：

当地铁在漆黑的隧道中稳定运行时，乘客通常会看到窗外动态的广告。如果地铁运行速度稍快或者稍慢，乘客就会看到广告向后或者向前缓慢移动。请解释这一现象。

通过解决这样的问题，物理概念与规律的延伸与应用就摆脱了习题训练的模式化倾向，为学生提供了掌握物理概念与规律的机会。不难发现，在物理概念与规律的应用过程中，起点是知识，过程是方法，终点是应用。

因此，正是依据以科学方法为中心的物理学知能结构图，我们给出了物理概念与规律的教学过程，从而厘清了物理概念与规律教学中长期遗留的问题，对中学物理教学具有重要的启示意义。

研究物理概念与规律教学过程的逻辑内涵，必须回答如下问题：教学过程的理论依据是什么，逻辑顺序是什么，究竟包含哪几项，有没有遗漏，是否存在重复。显然，只有在正确回答这些问题的基础上，才能重构物理概念与规律教学的过程，进而突破传统物理概念与规律关于教学过程的认识。

物理教学过程应当讲求逻辑，这不仅是因为物理学逻辑诠释与彰显的需要，还因为物理教学所独有的教育性与简约性要求。正因为如此，研究物理概念与规律的教学过程，仅从经验层面无法发现存在的逻辑缺失。而只有通过对科学方法为中心的物理学知能结构的深入研究，才能发现物理概念与规律建立和应用的逻辑道路。由此看来，基于科学方法中心的物理学知能结构重构的物理概念与规律教学过程理论，圆满地解决了长期悬而未决的问题。它明确指出，物理概念与规律的教学过程包括四个部分，依次是：① 创设建立物理概念与规律的情境，② 运用科学方法得到物理概念与规律，③ 诠释物理概念与规律的本质，④ 借助科学方法应用物理概念与规律。概而言之，通过达成物理概念与规律教学过程的逻辑自洽与内涵合理，才能为物理概念与规律的教学提供实践指引。

第 5 节　中学物理概念与规律的教学案例与评析

前面我们从理论角度着力探讨了物理概念与物理规律的特点、物理概念与物理规律教学的意义、物理概念与规律的教学要求，以及物理概念与规律的教学过程。然而我们不能仅仅满足于理论层面的研讨，还要向实践层面过渡。为进一步增进上述理论的实践性与可迁移性，我们分别从概念教学、规律教学两个角度各列举了一个初中和一个高中的教学案例，以供各位读者借鉴。

案例 5-1　电压

一、初中电压教学的回顾与反思

在初中物理教学中，“电压”概念的教学可以说是一个“老大难”问题。从 20 世纪五六十年代至今，中学物理教学界进行了逾半个世纪的讨论，主题是电压的引入方式。1952 年之前的教材一直用水压作类比引入电压，1952 年以后，教材又转而用电流做功引入电压，[①]这种教学传统一直绵延至今。

以现行北师大版教材为代表的是一种最为传统的电压引入方式。"水压是形成水流的原因，抽水机则是保持水压的装置。与抽水机类似，电源的作用就是在电源正负极两端保持一定的电压(voltage)，于是电路中就能形成持续的电流。"[②]沪科版、苏科版教材都采用了这种与水压类比的思路。然而对这种方式，有研究指出："把水压和电压对比来讲，容易使学生误认为电压在本质上也是一种力"，[③]且亦有必要"使学生了解电压在力方面的特性，从而理解电压是使电荷移动形成电流的原因"。[④] 这种处理方式的最大问题是，虽然采用了水压类比的方式，但仍然没有给电压下一个明确的定义。

对此，有研究指出："由于'电压'和电场力做功的概念有关，而初中电学教材还没有引入电场的概念，因此一般初中课本对电压都没有明确的叙述或定义，这对学生掌握这一概念是不利的，有不少学生在学了电压这一课题后，仍然模模糊糊，说不出它是什么，更不了解它的物理意义。""在充分阐释了电压的物理意义后，最好能给它下一个简明的定义，如果下定义有困难，至少也要用一句简短的语句来说明它的意义。"[⑤]

对于电压概念的种种定义，有研究认为："有教师把'使导体中的电荷做定向移动的作用'看作是电压的定义，这是不妥当的。""也有人把电压定义为'使导体中产生电流的原因'或'导线里有电流存在的必要条件'，这种定义同样也不甚妥当，但从教学的角度来看，比上述'……作用'稍好一些。"据此，有研究认为："可以暂时把'电压'说成是：产生电力，使导体中形成电流的原因。"[⑥]然而，这同样使用了"原因"这一讲法，事实上仍然没能解决电压的定义问题。

以2013年人教版教材为代表采用的是第二种处理方式。教材不使用任何类比，而是通过以"水果电池"为例，直接点出"电压"："水果在这里扮演了'电源'的角色：它为二极管提供了'电压'，使自由电荷在电路中定向运动起来。"随后又举了干电池、家用电器、输电高压、起电机放电球、电路中小灯泡的亮暗、电鳐等一系列的例子，使学生了解"电路中电流的强弱与电源有关"。"要让一段电路中

① 张同恂．初中物理教材分析和研究[M]．北京：人民教育出版社，1988：164.
② 编写组．物理九年级[M]．北京：北京师范大学出版社，2012：59—65.
③ 张同恂．初中物理教材分析和研究[M]．北京：人民教育出版社，1988：167.
④ 朱正元．试谈电压的教学问题[J]．物理通报．1965(5)，181—186.
⑤ 许国梁，束炳如．中学物理教学法[M]．北京：高等教育出版社，1981：344—351.
⑥ 许国梁，束炳如．中学物理教学法[M]．北京：高等教育出版社，1981：344—351.

有电流，它的两端就要有电压。电源的作用就是给用电器两端提供电压。”①虽然，这种处理方式仅使用了“电压”的术语，但在事实上却回避了电压的概念。

综合以上讨论，我们发现，当前电压概念教学的研究，对于如何引入电压及电压是什么依然未能有效解决。下面我们将基于已有研究进行的新探索就成为本文的研究课题。

二、教学设计与阐释

我们认为，初中电压概念教学需要突破传统教学观点的束缚。这是因为，在以往的电压教学中，一直存在着在初中不宜引入电势概念的观点，于是只能采用水压类比电压的编写方式，并由此导致不能给电压下一个明确的定义。有鉴于此，我们提出一个新的观点，在初中电压教学中通过引入电势概念，并进而解决电压的引入问题。具体来说，即先引入“地势”概念，然后用“地势”类比“电势”，通过引入“电势”概念，从而最终解决电压概念的定义。这种方法的实质是将类比前移，即不是在电压概念的定义上进行比喻，而是在电势概念的引入上进行比喻。以下是电压的教学设计。

1. 引入“地势”铺垫“电势”

地势指地表形态起伏的高低与险峻的态势。包括地表形态的绝对高度和相对高度差或坡度的陡缓程度。为什么要在电势概念建立之前先引入地势？这是因为，电势与地势两者具有高度的相似性。而地势概念作为一个常识，初中学生往往已经具备。对于地势，人们通常规定海平面为海拔零点，这样珠穆朗玛峰的地势高度就为 8844.43 m。再如，我国的地势是西高东低，因此，“河流百川归大海”。

在地势概念的介绍中，主要突出强调“地势”的“高”与“低”，以及“陡峻”“平缓”的程度。进而，教师可向学生指出，地势高处的物体具有更多的势能，而地势陡峻程度越大，该地的物体所受的力的作用也就越大、越难以遏止。这样借助初中生已经熟悉的地势概念，就能顺其自然地在他们头脑中建立起电势的图景。

2. 比喻“地势”引入“电势”

在引入“地势”的基础上，教师可指出：“地势”描述的是地形的高低与陡缓之分。与此相似，电路中也存在着类似“地势”的特征，有高低与陡缓之分。或者说，电势就是电路中的“地势”。比如在电路中，电源的正极电势最高，沿电路降

① 人民教育出版社课程教材研究所，物理课程教材研究开发中心．物理九年级全一册[M].北京：人民教育出版社，2013：55—59.

低，电源的负极电势最低。由此，学生就可以对“电势”有了初步的把握。

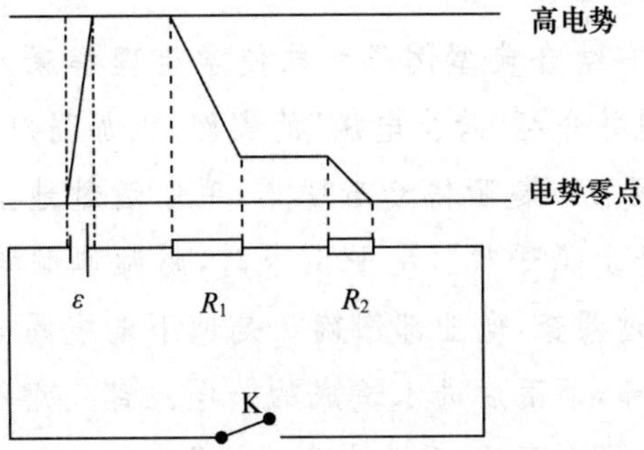

图 5-4　电路中“电势”和“地势”类比

如图 5-4 所示，在闭合电路中，电势的升降与地势的升降有非常相似之处。呈现此图可以使学生对电势与地势的理解形成形象化的联系。

电势是从能量角度描述电路的物理量，但电势不是能量。与地势相类比，某点的地势高，不能说某点的能量高，但如果在该点放置一个质量为 m 的物体，则地势越高，物体所具有的势能越大；同理，在电路中，某点电势高，在该点放置一个电量为 q 的电荷，则该电荷所具有的势能就越大。因此，在这个意义上，电势是描述电路中某点可能使放置于该点的电荷所具有能量高低的物理量。之所以用“可能”二字，是因为当该点不放置电荷时，即使该点的电势不为零，但势能也为零；而在该点放置电荷时，则该电荷就具有了势能。反过来说，当电路中某点的电势为零时，即使在该点放置了电荷，则该电荷的势能也为零。

3. 利用电势定义“电压”

“地势”以及“电势”概念的建立，为电压概念的理解提供了“先行组织者”。在本环节，教师可顺其自然地指出：电路中的电势之差，即电势差，又称电压。

为什么要引入电压（电势差）？这是因为，只有电势是不能在电路中形成电流的，还需要有电势的差值（即电压）才能形成电流。因为只有在存在电压的电路中，电势差（电压）的“陡峻”程度才决定了推动电子作用力的大小，在这个意义上，也可以形象地把电势差（电压）理解为在电路中形成了一个“斜面”，电子就好比斜面上的小球，所以，正是电压“压”或“推动”着电子运动，进而使电路中产生电流。这就像水流的形成一样，如果所有的地方地势都一样高，就不会形成水流。所以，电路中要形成电流就必须有电压。通常的电路常用干电池做电源，干电池的正极电势比负极高 1.5 V，于是就形成了电压，能使电路中的电子受力移动，从而形成电流。

4. 结合生活实例理解电压

由于物理概念只有结合典型例子才能使学生理解深入，因此在第四个教学环节，可以向学生呈现并介绍"跨步电压"的实例，以加强对电压的认识。

2007年，吉林省延吉市赵师傅赶着驴车，毛驴迈过地上一个井盖时，突然倒地不起，没过多久就停止了呼吸。毛驴倒下时，赵师傅顺势用手扶了一下车，结果被电得麻麻的。经过调查，电业部门确认是地下电缆漏电，可能是道路施工时地下低压电缆线被损坏，下雨后进水造成的。电业部门解释说："毛驴之所以被电死，是因为它的前后腿距离远，跨步电压太大"。[①]

以此为例，教师可以向学生解释，当带电设备漏电时，漏电电流流入大地，距漏电点不同的地表面各点呈现不同的电势，电势的高低与离开漏电点距离有关，距离愈远电势愈低。当人两脚同时踩在具有不同电势的地表面两点时，两脚间存在的电势差就称"跨步电压"，由此导致电流经两腿流过，因此跨步就会引起跨步电压触电。

三、研究总结与讨论

1. 重新审视类比在物理教学中的作用与价值

类比不仅在物理教学中能够发挥拓展并联系感性认识、形成物理图景、建构物理模型、进行类比推理的作用，而且是一种颇具物理学特色的思维方式。我们赞同在电压教学中使用类比的策略，但问题在于类比什么？从何处类比？以往教学的局限就在于对电压概念进行类比，但由于电压概念本身是一个"相对"意义上的量，且具有一种空间距离感，因此就有了更多的不确定性，从而使得采用水压类比的效果差强人意。而电势作为对电路中固定点物理特征的描述，具有稳定、确定的特征，因此，采用地势类比电势就显得贴切自然。此外，电压概念本身也不是电磁场理论中最为基本的物理概念，而电势这一概念则显然更为基础。正是缘于此，在上述教学设计中，在"电势"层面加以类比，才更符合电压概念教学的本质。

2. 利用先行组织者实现教学思路的转换与突破

以往教学之所以未能解决电压概念教学的难点，首先是因为始终没能正确引入电势概念。而事实上，电势概念的引入并非仅是知识点的增加，还能作为概

① 董春梅. 只因步子迈得大 40伏电压电死驴[EB/OL]. (2007-08-17). http://www.xwh.cn/news/system/2007/08/17/000050356.shtml.

括性更高的先行组织者，为电压概念的理解提供观念上的固定点，并促进知识的结构化。其次是因为以往的类比直接针对电压概念本身进行，如今来看，缺少了深度的、特别是更为形象化的类比。基于地势-电势-电势差（电压）环环相扣的教学设计，运用地势类比电势，这就在更直观的层次上为理解电压概念打下了基础，从而使先行组织者（地势）很好地起到了电压教学难点突破的作用。

3. 运用生态化的实例促进物理知识的理解与巩固

在高端备课中，运用“跨步电压”这一真实的实例说明电压在生活中的存在和作用，让学生置身于真实情境中去理解物理知识、应用物理知识，有利于更深入地理解电压概念，从而体现了物理教学生态化的思想。对电压概念而言，前述教学过程大量使用了类比、先行组织者等非逻辑或逻辑的教学举措，因此，进一步结合实例理解电压就成为学生学习的重要补充与延伸。这一举措启示我们，物理教学的生态化不仅可以体现在知识的应用过程，也可以被有效地运用于知识的获取过程，从而获得满意的教学效果。

案例 5-2　电动势

一、电动势教学的回顾与反思

电动势一直是高中物理教学的重点和难点，在教学中长期存在争论，争论的主题是要不要引入非静电力，并逐渐形成了三种不同的教学安排。

人教版“甲种本”教材采用的是典型的电压引入方式。在课程设置上省略了非静电力，通过对比不同的电源两端电压不同，从而引出电动势是表征电源特性的物理量：大小等于没有接入外电路时两端的电压，也等于在外电路接通时内外电压之和。[①] 这种教材编排与现行教材的教科版、粤教版、司南版基本相似。然而这种教材编排在逻辑上存在明显偏误。一方面，只在数值上对电动势进行定量表征，而不做定性的描述，学生很难真正理解电动势的概念。另一方面，从电压到电压的逻辑顺序，容易让学生形成“电动势就是电源没有接入外电路时两极间的电压”的思维定势。有学者指出“如果不从本质上对电动势这一概念有所了解，那又怎么能真正弄清两者的区别呢？”[②]

① 张同恂等．高级中学课本．物理（甲种本）第二册[M]．北京：人民教育出版社，1984：205—207.

② 胡恩泽．关于电动势的教学[J]．物理教学，1988 (03)：5—8.

现行人教版教材采用了另一种引入方式。从非静电力做功引入，将电动势与电压分开，只在闭合电路的欧姆定律中引出两者的关系。在课程设置上先从电源、恒定电流讲起，电源保持恒定电流的原因就是电源内部存在“非静电力”，然后给出定义，电动势就是表征电源中非静电力做功能力的物理量。① 这种引入方式虽然用非静电力将电源与电压区别开来，但并没有说明非静电力是如何产生的。在教学设计上与“甲种本”相比，其实就是引入另一种物理量来代替电压，依然没有解决电动势是什么的问题。对于这种教材编排，有学者就一针见血地指出，“非静电力本身是一个学生不易理解的概念，对学生学习形成障碍”。②

第三种教材编排以沪科版教材为代表，以电压引入，然后综合非静电力做功来进行教学。在课程设置上，首先用实验探究电源内部的电压，然后引出符号$\vec{E}$来表示不同电源内外电压恒定这一特性，最后以生活实例类比非静电力做功，赋予符号$\vec{E}$的物理意义。③ 这种教材编排其实是综合了以上两种教学思路，同时也保留了这两种思路存在的问题。

综上所述，我们发现，如何有效进行电动势教学问题依然没有得到很好解决。因此，基于已有的研究进行新的探索，就成为本文的研究课题。

二、“非静电力”本质的研究与诠释

教学实践表明，虽然教材中写道：“电动势等于非静电力将单位正电荷从电源的负极搬运到正极所做的功。”但是学生对于非静电力是怎么产生的、是如何“搬运”正电荷的，一直以来都没有真正理解，导致学生头脑中不能形成电动势的物理图景。而形成这个物理图景的关键，就是理解非静电力产生的来龙去脉。基于此，下面以伏打原电池实验为例，从四个方面诠释非静电力。

1. 插入锌板与铜板，分析原电池微观机制

伏打电池是指将铜板和锌板插入稀硫酸溶液中形成的电池。当锌板和铜板同时插入稀硫酸溶液中，锌板与稀硫酸作用的结果是：锌离子进入稀硫酸溶液中，电子留在锌板内，导致锌板带负电，进入溶液中的锌离子带正电。经过复杂的化学反应，最终溶液中的锌离子受锌板上负电荷的吸引，排列在锌板与溶液的接触面上，形成一层正电荷“薄膜”。由于铜的化学性质没有锌的“活

① 人民教育出版社课程教材研究所，物理课程教材研究开发中心．物理（选修3-1）[M] 北京：人民教育出版社，2007：42—43.

② 吉日嘎拉，马亚鹏．整合多版本教材内容优化电动势概念教学[J]．中学物理教学参考，2013（Z1）：14—16.

③ 束炳如，何润伟等．普通高中课程标准实验教科书．物理（选修3-1）[M]．上海：上海科技教育出版社，2004：79—81.

泼”，铜板与稀硫酸作用的结果是：铜板中的电子进入稀硫酸溶液，导致铜板带正电。与锌板表面发生的化学反应相似，最终溶液中的电子排列在铜板与稀硫酸溶液的接触面上，形成一层电子“薄膜”，如图 5-5 所示。

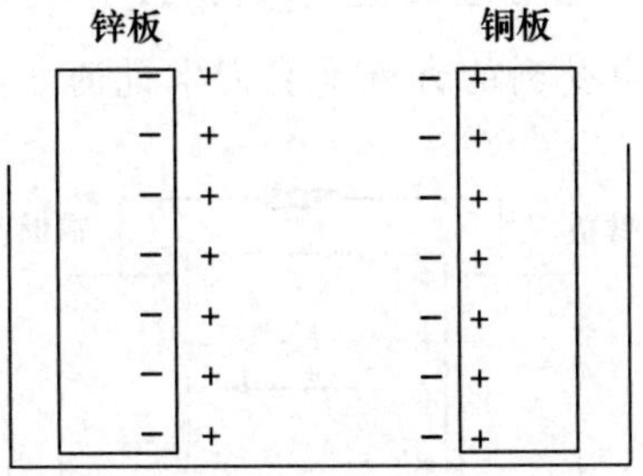

图 5-5　锌铜原电池的示意图

2. 连接铜板和锌板，分析外电路的电子移动

连接锌板和铜板后，则连接锌板与铜板的导线就构成了外电路，虚线框内即为外电路，如图 5-6 所示。由于锌板带负电，锌板电势低，铜板带正电，铜板电势高。因此锌板中的电子受到铜板上“静止的”正电荷产生的静电场的吸引经外电路从锌板流向铜板，结果是：锌板中电子减少，铜板得到电子。

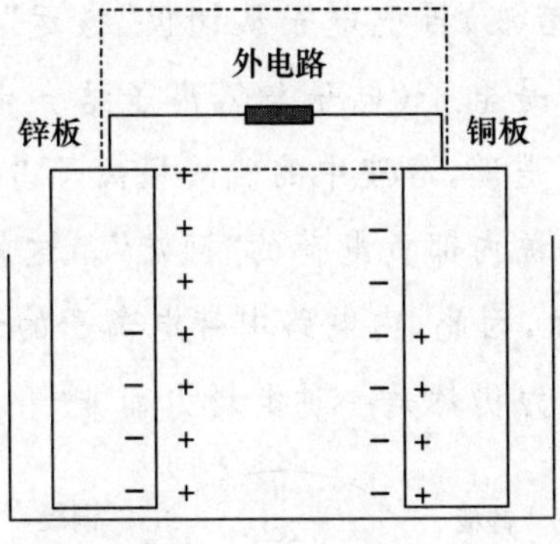

图 5-6　锌铜原电池外电路中电子转移的示意图

3. 连接锌板和铜板，分析内电路离子的移动（非膜）

连接锌板和铜板后，则稀硫酸溶液就构成内电路，虚线框内为外电路，如图 5-7 所示。在内电路中，由于铜板得到电子，铜板电势降低，导致带正电荷的铜板与带负电荷的锌板之间形成的“板电场”变小。因此，由锌板附近带正电荷的“薄膜”锌离子层与铜板附近带负电荷的“薄膜”电子层形成的“膜电场”起主要作用，所以，就

形成了一个等效电场$\vec{E}_{非}$,$\vec{E}_{非}=\vec{E}_{膜}-\vec{E}_{板}$,方向向右。在电场$\vec{E}_{非}$的作用下,稀硫酸溶液中带负电荷的硫酸根离子向锌板移动,在锌板附近与带正电荷的锌离子结合生成硫酸锌($ZnSO_4\downarrow$)。同时,带正电荷的氢离子在电场$\vec{E}_{非}$的作用下向铜板移动,在铜板附近与带负电荷的电子结合生成氢气逸出($H_2\uparrow$)。由于电场$\vec{E}_{非}$不是静电场,所以,带电离子在电场$\vec{E}_{非}$中受到的力就是我们常说的非静电力。

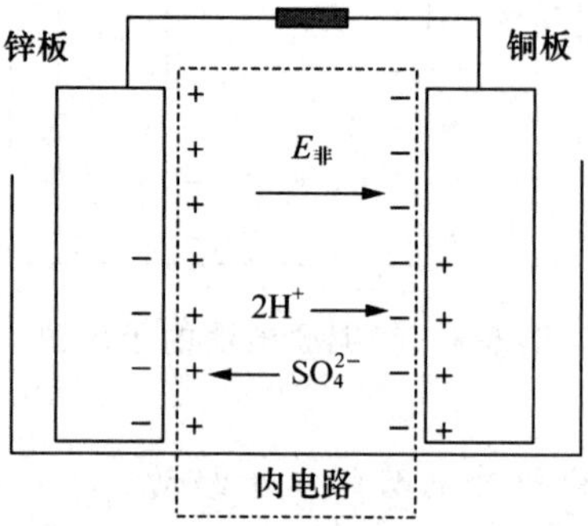

图 5-7　锌铜原电池内电路的等效电场$\vec{E}_{非}$示意图

4. 分析电子和离子,理解非静电力本质

在外电路中,电子由锌板流向铜板形成电流。为了维持电流的恒定,原电池需要经由内电路(稀硫酸溶液)再把电子从铜板"搬运"回锌板。需要指出的是,此时非静电力"搬运"的不是电子(电子与氢离子结合生成氢气逸出),而是带负电荷的硫酸根离子。也就是说,溶液中的硫酸根离子"替代"了电子被从铜板"搬运"到锌板,从而形成了电源内部负电荷的"回流"。这就是非静电力作用的最本质物理图景,如图 5-8 所示,因此,内电路中带电离子的运动实质上是在电场的作用下发生的,所以,非静电力仍然是一种电场力而非"化学力"。

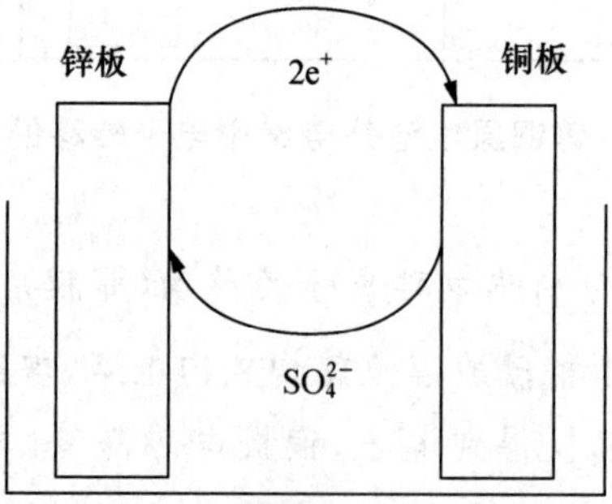

图 5-8　内电路非静电力做功的示意图

三、教学启示

电动势教学对不同引入方式讨论的过程，其实就是物理教学对“度”的权衡历程。具体来说，物理教学的“度”应该围绕三个主题展开，即教材内容的深广度，学生的可接受度以及教师教的程度。

1. 教材内容的深广度

受结构主义影响，我国物理教材编写逐渐形成了“分散难点，螺旋上升”的传统。这种编写方式的特点是，以物理学的基本概念、规律为核心，螺旋式反复、逐层深入，逐渐扩展，直至学生全部掌握为止，这是我国教材编写的优良传统。

然而，从初中到大学的关于电动势内容的教材编写却只体现了“扩展”，却少有“深入”。以人教版初高中教材为例，初中物理教材从电源的作用入手，引出电压的概念。高中选修 1-1 将决定电源两极电压的性质定义为电动势[①]，高中选修 3-1 将产生电动势特性的原因定义为非静电力的作用[②]。即使是大学电磁学，对电源电动势的讲解仍然是“暂且不问非静电力的具体起源”[③]。由此可见，教材对于电动势的处理只有简单的直线式概念累加，却鲜有概念的深化，这与我国优良的教材编写传统明显不相符合。

2. 学生的可接受度

对于学生而言，影响可接受度的除了自身因素外，主要取决于课程的难度。有研究认为，影响课程难度的基本因素至少有三个，即课程广度、课程时间长短以及课程深度。[④] 因此，在课程时间一定，课程广度有限的情况下，课程深度就决定了课程的难度。

最近发展区理论认为，课程难度既不能过于简单，以至于学生一眼就看出来；也不能过难，使学生望而生畏，应该从学生已有的知识经验出发，保持一个“适度”的标准。具体到电动势教学，主要体现在学生能否顺利理解非静电力。有鉴于此，我们在教学设计中突出了建立电动势的“关键点”，弱化了对电偶层等

---

① 人民教育出版社课程教材研究所，物理课程教材研究开发中心．物理(选修 1-1)[M]．北京：人民教育出版社，2007：17.

② 人民教育出版社课程教材研究所，物理课程教材研究开发中心．物理(选修 3-1)[M]．北京：人民教育出版社，2007：42—43.

③ 梁灿彬等．普通物理学教程，电磁学[M]．北京：高等教育出版社，2004：133.

④ 孔凡哲．基础教育新课程中“螺旋式上升”的课程设计和教材编排问题探究[J]．教育研究，2007(05)：62—68.

稀硫酸溶液内部复杂化学作用的分析，转而启发学生运用等效思想与已有的知识建立联系，从而帮助学生逐步建构电动势的物理图景。

3. 教师教的程度

原电池中非静电力的发生是内外电路交互作用的结果，因此，基于层层深入的视角对内外电路分析，就成为学生理解非静电力的关键。此外，内电路电场的分布对于学生来说较为复杂，因此应该忽略对内部电场的细节分析，转而抓住内部电场的主要因素，忽略次要因素，这是掌握非静电力本质的关键。

当然，上述关于电动势的高端备课，严格说来不是完美无缺的。但"过于刻板的定义有使精神被阉割的危险"。[①] 因此，我们认为在中学物理教学研究中，不要过分追求定义的严格。你严格了，学生不懂又有什么用？电动势的教学正是如此！

案例 5-3　欧姆定律

一、问题提出与分析

在初中物理教学中，欧姆定律长期以来都是一个重点、难点。其内涵的抽象性、关系的复杂性等都使教学上的困难异常巨大。有鉴于此，我们进行了系统的梳理。

现行人教版[②]、北师大版[③]等教材都将"欧姆定律"单列一章，先介绍电流、电路、电压、电阻、变阻器等相关概念与仪器，而后在"欧姆定律"一章内则主要安排了(1) 探究电流、电压与电阻的关系；(2) 欧姆定律；(3) 电阻的测量；(4) 欧姆定律的应用等小节。这种章内与章外的安排作为一种"分散难点、螺旋上升"的考量，是适当且必要的。

在教学逻辑上，教材都普遍通过"探究"的方式得出欧姆定律。例如人教版教材先后安排了"探究电流与电压的关系"与"探究电流与电阻的关系"两个实验，分别在确定的电阻与确定的电压下，通过测量多组数据并用图像方式分析，试图归纳另外两个物理量的关系，即：在电阻一定的情况下，通过导体的电

---

① (英)J. D. 贝尔纳，陈体芳译．科学社会的功能[M]．北京：商务印书馆，1982：13.

② 人民教育出版社课程教材研究所，物理课程教材研究开发中心．物理九年级全一册[M]．北京：人民教育出版社，2013：78—79.

③ 编写组．物理九年级[M]．北京：北京师范大学出版社，2012：84—89.

流与导体两端的电压成正比；在电压一定时，电流与电阻成反比。基于这两条结论，从而给出了欧姆定律的表达式："$I=\frac{U}{R}$"。

到目前为止，无论教材编写如何变革，似乎都绕不开"控制变量法"与"比例系数法"的运用，即先由实验数据得出"$I\propto U$"与"$I\propto \frac{1}{R}$"，然后由比例系数法得出"$I=\frac{U}{R}$"。由于学生第一次接触到与某物理量成反比的表达形式，这种表述往往会使学生混淆电流、电压、电阻三个物理量之间的正比、反比关系。学生不理解公式中哪些物理量会发生变化，哪些不会变，在应用过程中往往就会犯错。我们认为，这主要与欧姆定律的教学逻辑与表述方式有关。电阻概念定义的推理方式不同于学生熟悉的顺向逻辑，而是一种"电阻越大、电流越小"的逆向逻辑，这就导致了初中学生的理解困难。另外，在欧姆定律的得出过程中，联合使用控制变量法与比例系数法，这种情况就使整个教学逻辑成了一个"多变量组合"过程，欧姆定律内涵的解释反而被忽略了。

鉴于以上原因，对本节教学就有必要进行深刻而全面的研究。

二、教学设计与阐释

基于上述分析，我们试图对初中欧姆定律做出合乎教学规律的革新。在课程内容上，建议在讲解欧姆定律之前不设置"电阻"一节；在教学逻辑上，采用如前所述的"正向"的思维方式，用"电导"代替"电阻"展开教学；在教学方式上，摒弃传统的控制变量法与比例系数法，而是依据比值定义法展开教学设计。

1. 直接比较通过两导体电流的大小来定义电导

教学的突破口设定为：通过直接比较导体导通电流的大小来定义电导。

取一段铜导线（导体1）与一段镍铬合金导线（导体2），分别接入两直流稳压电源（电压可调），由电流表可显示通过两导体的电流，电压表可显示导体两端的电压。读数如表5-1所示：

表5-1　通过不同导体电流和电压读数

导体	电压/V	电流/A
导体1（铜导线）	2	0.4
导体2（镍铬合金）	8	0.8

显然，通过直接比较流过两导体的电流大小来衡量两导体的导电性并不符合学生日常经验。因为通过铜导线的电流比通过电阻丝的电流更小，似乎表明铜导线比镍铬合金的导电性更差。针对这一困惑，教师可以引导学生分析原因：导致直接比较出现错误的原因是没有选取相同的标准(电压)。于是，解决问题的方法就是在比较时选取相同的标准(即选取相同的电压)。

2. 选取电压为标准继续比较通过两导体电流的大小来定义电导

教师引导学生将电压选为比较的“标准”，继续比较流过两导体电流的大小。这意味着需要利用除法这一数学工具，将流过导体的电流与加在导体两端的电压相除，用除法得到比值“$\frac{I}{U}$”后，就可以有效地进行比较了。按照这一思路，两导体的比值如表5-2所示。

表5-2　通过不同导体的$\frac{I}{U}$比值

导体	$\frac{I}{U}$比值
导体1(铜导线)	0.2
导体2(镍铬合金)	0.1

对照两比值可见，导体1的比值大于导体二的比值，这与学生“铜的导电性强于镍铬合金”的日常经验是一致的，但却与我们的研究思路并不一致(直接用通过导体的电流大小来衡量导体的导电性)。这一比值为什么不同于“比较电流大小”的初衷？比值的含义是什么？由此就需要展开第三步的教学环节。

3. 诠释比值的物理意义

在本环节，选择多组不同的电压-电流数据进行测量、比较，用来解答上述两个问题，并通过量化分析研究比值的内涵与变化趋势，测量与计算结果如表5-3所示。

表5-3　通过不同导体的电压、电流和$\frac{I}{U}$比值汇总表

	导体1(铜导线)			导体2(镍铬合金)		
	电压/V	电流/A	比值/A·V^{-1}	电压/V	电流/A	比值/A·V^{-1}
1	2	0.4	0.2	2	0.2	0.1
2	4	0.8	0.2	4	0.4	0.1

续表

	导体1(铜导线)			导体2(镍铬合金)		
	电压/V	电流/A	比值/$A \cdot V^{-1}$	电压/V	电流/A	比值/$A \cdot V^{-1}$
3	6	1.2	0.2	6	0.6	0.1
4	8	1.6	0.2	8	0.8	0.1
5	10	2.0	0.2	10	1.0	0.1

研究多组数据发现，比值与加在导体两端的电压与通过导体两端的电流均无关系。至此，研究思路发生了重大变化。我们原本是要比较电流大小，结果却出现了一个与电流与电压均无关系的常量。

至此，比值“$\frac{I}{U}$”更深层次的物理意义才被顺利得出，即比值反映的才是导体导通电流性质的强弱，它反映了导体本身的一种属性，我们将其称为导体的“电导”，用字母G表示，公式为$G=\frac{I}{U}$。意思为“所加单位电压时通过某导体电流的大小”。

在这一环节，除了要合乎逻辑地得出电导的表达式外，还需强调电导作为导体本身固有性质的确定性和稳定性，以期在学生心理层面形成必要的“确定感”，进而通过这一突破口，准确把握电导是反映导体导电性能物理量的特点。

在完成以上教学任务后，教师可以说明：由于历史与习惯原因，现在生产生活中表示导体导电属性的是“电阻”，由此教师引入“电阻(R)”的概念，即$R=\frac{1}{G}$，为电导的倒数。并同时说明：电阻反映了导体阻碍电流性质的强弱，同样反映了导体本身的一种属性。

4. 欧姆定律的得出

如前所述，对初中生来说，准确把握电路中的三个基本概念是不容易的，而我们选取“电导→电阻”概念为突破口，意在使学生获取必要的确定性。然而，前述的过程仅仅是通过比值定义法得出电阻这一概念的过程，如何才能由物理概念过渡到物理规律的获得呢？

事实上，将电阻的定义式经过数学变化，即直接得到欧姆定律的表达式：$I=$

$\frac{U}{R}$。相应的文字表述遵从我国教材的常规表述："导体中的电流，跟导体两端的电压成正比，跟导体的电阻成反比。"至此，欧姆定律得出。

这种处理方式可能引起的疑虑是：对电阻定义式数学变形而得到欧姆定律的表达式，是否忽视了物理意义？因为定律中各概念"变"与"不变"的性质、"正比"与"反比"的关系都是复杂的，并且如前所述，学生也总是对此混淆不清。

我们认为，这种数学变形并不会影响对公式物理意义的理解，因为欧姆定律描述的是一种状态关系，而非过程关系。换言之，对于每个"工作点"，$I=\frac{U}{R}$都是成立的，而这与定律文字表述中的"正比""反比"也并不冲突。因为"比例"并不等于连续的比例函数，而仅是一种比例上的对等关系。欧姆定律描述的关系则是离散的，而非连续的。以往教学中，师生往往在有意无意间将辨析文字表述优先于理解数学公式，并将"正比""反比"理解为连续的过程而非状态，诸多困扰由此而生。

三、研究总结与讨论

1. 教学思路的顺向与逆向问题

之所以将电阻换为电导，并以此作为教学的突破口，是因为前述"顺向"与"逆向"思路的区分。初中学生的认知水平绝大多数处于具体运算阶段，根据物理教学心理学的研究，学生在接触陌生知识与情境时，认知水平会退化到更低层次。所以，学生在学习本部分内容的时候，认知水平就容易退化，而体现出前运算阶段的特点。原有讲法采用"电阻越大、电流越小"，这种将"大"与"小"联系起来的逆向逻辑使学生接受起来感到纠结。而我们的教学设计采用"电导越大、电流越大"的正向逻辑，充分显出"正向思维"的特征，从而减少了学生思维的困难。显然，这种处理方式就很好地体现了对学生认知水平的恰当关注。

2. 科学方法教育的问题

欧姆定律高端备课的最大改变在于，它采用比值定义法直接得出了欧姆定律，从而改变了传统教材编写一直采用控制变量与比例系数法的做法，这在初中欧姆定律教学设计中有重要的进展。这样的教学设计不仅符合欧姆定律教学的本质，而且降低了学生的认知负荷，并且突出了电阻的来龙去脉，从而抓住了欧姆定律的核心。因此，这样的教学设计才真正体现出了物理知识教学的本真，体现出了科学方法教育的真谛。

3. 定律物理意义的问题

显然，在由电阻定义式“$R=\frac{U}{I}$”经过数学变换而得到欧姆定律“$I=\frac{U}{R}$”的过程中，体现出了由“不变”到“变化”的认知方式。在$R=\frac{U}{I}$中，R是不变的，U与I虽然变化，但它们是同时变大、同时变小的。而当由$R=\frac{U}{I}$变形为$I=\frac{U}{R}$后，R是可以变的，I和U也不再受“同时变大，同时变小”的约束。换言之，$R=\frac{U}{I}$作为电阻概念的描述是具有特殊性的；而$I=\frac{U}{R}$作为一条物理规律则具有普遍性，其意在描述电路中的电流I与电压U和电阻R两个因素的关系，对不同的电阻、电压都适用。由此，学生的认识就经历了由特殊（电阻不变）到一般（对不同电阻都成立的定律）的一次认知飞跃。

案例 5-4　楞次定律

楞次定律作为高中阶段最为抽象的一个物理规律，长期以来都是物理教学的一个“老大难”问题。为解决这一难题，我们曾立足于物理学的本质与学生的学习规律，系统地研究楞次定律教学的内涵并给出了逻辑脉络清晰的楞次定律高端备课。由于教学研究是一个螺旋式上升的过程，通过楞次定律同课异构实践，我们发现楞次定律高端备课还存在不足，有待进一步改善。有鉴于此，下面对楞次定律的教学设计进一步深化，以飨读者。

一、楞次定律高端备课的遗留问题

为了解决传统教材楞次定律一节存在的“现象多，过程复杂，效果不好”问题，楞次定律高端备课对传统教材编写中涉及的原磁场方向、感应电流方向、线圈绕向、感应电流的磁场方向、磁场的变化方向等众多要素进行了认真梳理，主要从三个方面进行了改进。①

① 邢红军，宁成，胡扬洋．楞次定律教学的高端备课[J].中学物理教学参考，2013，42(04)：18—20.

1. 将“螺线管四组实验”改为“楞次环实验”

螺线管实验能够直接显示感应电流方向，但不能显示感应电流的磁场方向。而楞次环实验能够通过原磁场的方向判断出感应电流的磁场方向，这就弥补了螺线管实验越过感应电流的磁场方向而直接得出感应电流方向的不足。

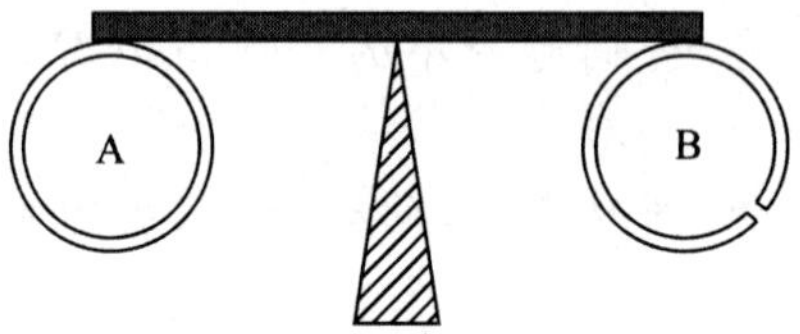

图 5-9　楞次环实验

2. 改进了楞次定律教学逻辑图

传统教材逻辑图把磁通量、电路磁场的方向、感应电流磁场方向、感应电流方向等多个变量同时呈现，这有违教学的简单性原则，不利于学生把握楞次定律的本质。楞次定律高端备课的教学逻辑图则结构明了，符合楞次定律教学的逻辑。

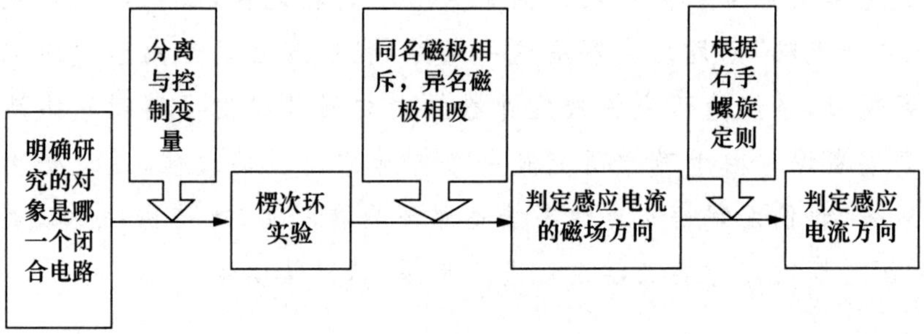

图 5-10　改进的楞次定律教学逻辑图

3. 改进了实验结果记录表

传统教材记录表中同时呈现感应电流方向和感应电流的磁场方向两个变量，使教学陷入复杂之中。改进后的实验记录表，通过控制变量，只记录了原磁场方向与感应电流的磁场方向，使记录结果层次分明。

表 5-4　实验记录表

		实验现象	磁通量	感应电流的磁场方向与原磁场方向
N 极	靠近	排斥	增加	相反
	远离	吸引	减少	相同
S 极	靠近	排斥	增加	相反
	远离	吸引	减少	相同
		来拒去留	增反减同	

显而易见,高端备课基本实现了楞次定律教学设计“现象少,过程简单,效果良好”的改进目的。但通过楞次定律的同课异构,我们进一步进行了深入反思,发现在以下几个方面仍存在不足:① 高端备课教学逻辑图仍显烦冗,需要进一步简化;② 高端备课实验结果记录表中记录了“磁通量”的变化,这一变量记录的必要性值得探讨;③ 高端备课缺少对楞次定律表述以及物理本质的讨论。为了改进这些不足,接下来我们进行了楞次定律高端备课的再研究。

二、楞次定律高端备课再研究

在汲取楞次定律高端备课研究经验的基础上,我们再次进行了如下改进。

由于“楞次环实验”具有实验装置简单、实验现象直观、可以控制和分类变量等优势,我们仍然选用该实验作为本次研究的出发点和突破口,并给出了新的教学逻辑图,如图 5-11 所示。

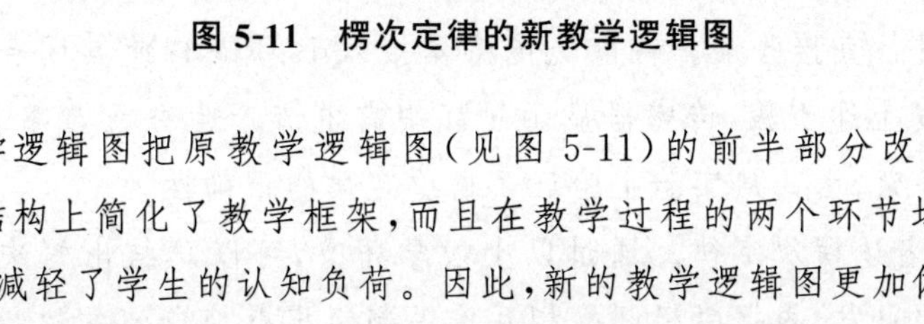

图 5-11　楞次定律的新教学逻辑图

新的教学逻辑图把原教学逻辑图(见图 5-11)的前半部分改为“原磁场方向”,不仅从结构上简化了教学框架,而且在教学过程的两个环节均是由方向判定方向,大大减轻了学生的认知负荷。因此,新的教学逻辑图更加体现了教学的简单性原则，更能揭示楞次定律教学的本质。按照教学逻辑图，我们对楞次定律教学设计进行了优化，教学过程如下：

第一步，由“原磁场方向”判定“感应电流的磁场方向”。实验时，使条形磁铁的N极垂直插入A环，发现A环向远离磁铁方向运动，呈现一种“拒斥”现象；再使条形磁铁的N极垂直并离开A环时，却发现A环向磁铁方向追进运动，仿佛是对磁铁的“挽留”。而对B环却没有这种现象。之后，换用S极并多次实验后发现仍然呈现以上现象，“来拒去留”是对其最为直观形象的描述。根据磁极间相互作用规律，我们不难由原磁场方向判定出感应电流的磁场方向，实验结果记录在表5-5中。

表5-5　新实验结果记录表

原磁场方向		实验现象	感应电流的磁场方向(对比原磁场方向)
N极	靠近	排斥	相反
	远离	吸引	相同
S极	靠近	排斥	相反
	远离	吸引	相同
来拒去留			

对比原高端备课实验记录表(如表5-4所示)，新的实验记录表中没有了“磁通量”这一变量，而是从操作层面就得出了感应电流的磁场方向，这在楞次定律教学设计上是一个很大的进展。

第二步，由“感应电流的磁场方向”判定“感应电流方向”。在分析出感应电流的磁场方向后，根据右手螺旋定则便可以判定出感应电流方向。

第三步，验证楞次定律。上述教学环节主要是在闭合环(A环)中完成的，并没有感应电流存在的直接证据，且非闭合环(B环)仅作为电路是否闭合的一个对比因素出现。在教学过程的第三步，我们利用B环的缺口，对闭合回路中有没有感应电流进行直接验证。将电流传感器接入B环缺口使其闭合，用条形磁铁在B环中重复上述步骤，传感器显示了环中有电流产生并且与第二步判断的感应电流方向一致，由此从实验上验证了楞次定律的正确性。

第四步，表述楞次定律。通过以上教学环节，可以总结出楞次定律的表述：由原磁场方向出发，根据磁极间的相互作用判断出感应电流的磁场方向，再由感应电流的磁场方向,根据右手螺旋定则判断出感应电流方向。

三、楞次定律高端备再研究的反思

反思是对思维过程、思维结果进行再认识的过程,它不仅承接过去更指向未来,是教育研究进阶不可或缺的重要环节。由此,我们给出了楞次定律高端备课再研究的反思。

1. 楞次定律教学逻辑的反思

楞次定律教学涉及的物理量较多,如原磁场方向、感应电流的磁场方向、磁通量、感应电流的方向等,这些物理量给楞次定律的教学设计带来了极大挑战。如何对这些物理量进行合理安排、删繁就简就成了本节课教学设计的关键。回顾楞次定律教学设计的研究历程,我们从教材提供的教学逻辑图出发,先提出了楞次定律高端备课的简化教学逻辑图,后在楞次定律再研究中进一步完善了教学逻辑图。基于教学逻辑图,精简了楞次定律的教学环节,将磁通量这一变量删除,再利用分离与控制变量法将感应电流的方向与感应电流的磁场方向分开呈现,这些改进无不彰显着高端备课逻辑顺畅的设计特点。

2. 楞次定律表述的反思

比较楞次定律的多种表述方式不难发现,所有表述都在试图更加清楚地描述感应电流方向的确定程序或原则,并且都需要借助一个中介物理量才能完成。例如,高中教材的表述:"感应电流具有这样的方向,即感应电流的磁场总要阻碍引起感应电流的磁通量的变化。"① 这种表述的中介量就是"磁通量"。仔细研究发现,该表述主句描述的是"感应电流的方向",而从句中却说的是"磁通量的变化",所以这种表述在逻辑上是不对等的,是存在问题的。正是楞次定律表述的模糊性,给学生的理解造成了很大困扰。

事实上,楞次(H. F. E. Lenz)在1834年发表楞次定律时,"磁通量"这一概念并不存在[磁通量是法拉第(M. Faraday)在1846年提出的],更遑论"磁通量的变化"。楞次是在综合发电机原理和安培力原理的基础上,以"电动机—发电机"原理的形式提出这个定律的。② 他判定感应电流的方向需要以"做相同运动的电动机的电流方向"为中介量。由此看来,无论是教材的表述还是楞

① 人民教育出版社,课程教材研究所,物理课程教材开发中心.普通高中课程标准实验教科书物理选修3-2[M].北京:人民教育出版社,2010:11.

② 王忠亮,封小超.电磁学讨论[M].成都:四川教育出版社,1988:46—48.

次本人的表述，中介量都是必需的，且无法逾越。因此，中介量的选取就成了楞次定律表述是否清晰、是否直观的决定性因素。相较于“磁通量”“做相同运动的电动机的电流方向”，我们选取“感应电流的磁场方向”作为中介量是最恰当的。它不仅贴近由“方向”判定“方向”的表述思路，而且有助于学生掌握判断感应电流方向的操作步骤。

3. 楞次定律物理本质的反思

楞次定律的表述是多样的，不同表述背后所展现的楞次定律的物理本质是什么呢？有研究认为，楞次定律的本质是“产生感应电流的过程必须遵守能量守恒定律”。① 这种观点仅看到了楞次定律的一种性质，并没有抓住楞次定律的实质。我们认为，楞次定律的物理本质是反映了“电磁惯性”。

牛顿第一定律又叫惯性定律，对惯性的描述为：“一切物体总保持匀速直线运动状态或静止状态，除非作用在它上面的力迫使它改变这种状态。”②牛顿第一定律描述的惯性实际上是“力学惯性”，它揭示了一切物体都具有抵抗运动状态变化的本领。同样，惯性在电磁学范畴仍然存在，这种惯性被称作“电磁惯性”。电磁惯性可以表述为：一切闭合环路总保持磁通量不变，除非有外加磁场迫使它改变这种状态。它反映了闭合环路都具有抵抗磁通量变化的本领。③ 因此，从这个角度出发，楞次定律就是“电磁惯性定律”。

思考题

1. 物理概念与规律教学有什么特点？
2. 简述物理概念与规律教学的过程。
3. 物理概念与规律教学的要求有哪些？
4. 楞次定律教学的本质是什么？

---

① 缪钟英. 电磁学问题讨论[M]. 北京：人民教育出版社，2003：495.

② 人民教育出版社，课程教材研究所，物理课程教材开发中心. 普通高中课程标准实验教科书物理必修1[M]. 北京：人民教育出版社，2010：69.

③ 梁昌洪，陈曦. 论电磁惯性[J]. 电气电子教学学报，2011，33(02)：1—3.

第六章　中学物理科学方法教育

科学方法教育，如同物理教学中的其他基本问题一样，总是随着人们对其本质认识的深入而逐步发展。物理教学的历史表明，人们重视科学方法，正是由于它在物理教学中所具有的独特甚至是不可取代的重要作用。特别是 2001 年物理课程改革把“过程与方法”作为课程目标以来，人们对科学方法给予了更多关注。因此，把科学方法教育作为中学物理教学法教科书的内容，可谓恰如其分，正当其时。

第 1 节　科学方法概述

一、科学方法的定义

科学方法是一个宽泛和发展的概念，人们对它的认识还在不断地丰富和发展中。目前对于科学方法的一种定义是，科学方法是人们在认识世界的实践活动中总结出来的正确的思维方式和操作方式，是人类认识世界的有效手段和工具，是获取科学知识的程序或过程。① 另一种定义是：科学方法是指在学习或研究自然科学问题的过程中为发现问题、提出假设、搜集事实、做出解释论证等所遵循的途径和使用的手段，或者说是思维的方法与程序，是人们正确反映研究对象的客观规律的主观手段，是人们进行研究活动得以顺利完成的程序、方式和规则。②

科学方法不仅是物理能力的要素，同时还是物理课程的重要内容。科学方法作为一种基本的研究途径、方式，与物理学的概念、规律等一些知识的东西是相平行的，包含在物理学的范畴之中。可以说，科学方法也是一种知识，而且是一种比概念、定理、定律、公式这类知识更加抽象和隐蔽的知识。因此，作为与物

① 张念宏．中国教育百科全书[M].北京：海洋出版社，1991：245.

② 李珊．科学方法纵横谈[M].郑州：河南人民出版社，2004：14.

理知识相平行的一种知识,科学方法就毋庸置疑地成为物理课程的内容。

二、科学方法的教育功能

在我国,由于受凯洛夫教育学的影响,多年来在教学中比较偏重知识传授而忽视学生的发展。近年来,不少教育工作者在教学中努力体现“传授知识立足于发展能力,寓能力培养于传授知识之中”,在促进学生能力发展方面积累了不少宝贵的经验。但由于对科学方法的重要性认识不够,理论上一直不能突破知识中心的禁锢,教学效果仍然难令人满意。科学方法与科学知识虽然在本质上是统一的,但严格说来,两者又有不同的特点。科学方法与科学知识不同,它所涉及的不是物质世界本身,而是人类认识物质世界的途径与方式,是高度抽象的。科学方法也不直接由科学知识来表达,而是有它自己独特的表达方式,它往往隐藏在知识的背后,支配着知识的获取和应用。因此,它就具有科学知识所不具有的独特认识功能。

1. 导源功能

科学方法的导源功能是指科学方法作为独立存在的理论体系,对科学理论的形成起开源作用。这即是说,科学研究方法一旦形成就会对科学理论的发展起着决定性的作用。未被发现的科学理论犹如地下矿藏,而科学方法就是探矿的钻机。杨振宁教授在对爱因斯坦的研究中发现,在狭义相对论建立以前,物理学的发展是由实验到方程、规律乃至整个理论体系,如经典力学、电磁学、热力学等都是遵循这样的发展途径,这是实验归纳的科学方法。在狭义相对论建立以后,这个过程被倒转过来,物理学家们首先是建立方程、理论框架,然后再回到实验,由实验来验证理论的真伪。如狭义相对论、广义相对论、量子力学、粒子物理学等都是这样,这是实验验证的科学方法。这个倒转意味着物理学研究方法的巨大进步,也标志着人类对自然的探索进入了一个新的更深入的层次。可以说,正是爱因斯坦率先采用的实验验证法改变了 20 世纪物理学的面貌,同时也生动地说明,科学方法对于物理学的发展起到了导源作用。

2. 突破功能

科学方法具有突破功能。科学发展的历史表明,科学任何重大的进展和突破,都是在先进的方法论指导下,使用科学方法突破的。物理学发展史上著名的黑体辐射公式的得出,就很好地说明了科学方法的突破作用。19 世纪,人们由实验得出了平衡时辐射能量按波长分布的曲线。许多人企图用经典物理学来证明这种能量分布规律，推导与实验结果符合的能量分布公式，但都未成功。这个问题在当时甚至被称为物理学的“紫外灾难”。普朗克(M. K. E. L. Planck)在1900年通过假设引入了量子概念，并使用内插法得出了与实验结果符合很好的经验公式。普朗克的工作是近代物理的一个里程碑，其重大突破的关键之处在于，他成功地运用了两个科学方法——假设法与内插法。

3. 中介功能

科学方法作为科学认识活动的中介物，是连接知识和现实的纽带，在科学理论的发展中起了桥梁作用。客观现实中的规律只有通过科学方法的参与，才有可能上升为知识形态，才能把科学认识中的概念、判断、推理与经验事实组织起来，形成逻辑严密的认识体系，进而揭示自然界的事实和知识之间内在的、必然的本质联系。可以说，科学方法是感性认识通向理性认识的桥梁。比如，人类对光的本质的认识和光学理论的产生，就是在光学实验的基础上经过长达两三百年光的波动模型与粒子模型的不断竞争、修正、丰富而逐步完善建立起来的。

4. 建构功能

科学方法是科学知识的脉络，它具有把科学知识联系起来并形成结构的功能。这是因为，科学方法作为基本的研究途径、方式和方法，与自然科学的概念、规律等一些知识的东西是相平行的，包含在自然科学的范畴之中，而且它是一种比概念、定理、定律、公式这类知识更稳定和更广泛的东西，它纵横交错、贯穿于整个知识领域之中，把不同的知识相互联系起来。如果把科学比喻为一条珍珠项链，科学知识是珍珠，那么科学方法就是连接珍珠的细线。缺少了细线的珍珠项链就不能称之为项链，而是变成了一捧散珠。“牵一发而动全身”，这很好地说明了科学方法的建构功能。

第2节　科学方法中心理论

我国科学教育长期存在重视科学知识而忽视科学方法的现象，这种科学教育取向影响了多代学子的成才与发展。当前基础教育课程改革各学科课程标准只有科学知识而无科学方法的状况表明，“知识中心”科学教育观念仍然统治着科学教育活动。为了扭转这种状况，我国科学教育需要从知识中心向方法中心转变，这既是科学教育理论的发展要求，也是科学教育实践的迫切需要。

一、科学知识中心论

长期以来,我国的科学教育一直存在着鲜为注意的重大缺陷——只重视科学知识教育而忽视科学方法教育。我们认为产生这种现象的根本原因在于,科学教育一直禁锢于“知识中心”的教育理念,对于科学知识与科学方法的关系、科学方法的教育功能等科学教育中的重大理论问题缺乏深入的思考,导致科学教育长期处于低水平而踯躅不前。因此,在基础教育课程改革的深化阶段,认真探讨科学教育中存在的问题,切实加强科学方法教育的深入研究,就显得尤为紧迫和重要。

当然,目前科学教育中存在的问题,并不在于根本没有进行科学方法教育,问题在于:第一,不清楚科学方法在科学教育中所具有的特殊意义,甚至可以说是独特的、不可取代的意义,而仅仅将科学方法作为知识教学的引入条件或附庸;第二,科学方法与科学知识常有脱节现象,科学知识本来应当运用科学方法合乎逻辑的推导出来,然而,学生并未能感受到这种逻辑力量;第三,不重视科学方法的巩固,一旦进入概念、规律教学,尤其是进入解题,科学方法往往就被置之不顾了;第四,科学方法的运用非常薄弱,如何帮助学生运用科学方法解决实际问题也未得到深入研究。

其实,早在20世纪30年代,科学学的创始人贝尔纳(J. D. Bernal)就一针见血地指出了科学教育的“先天不足”。贝尔纳认为“科学教育的目的有二:提供已经从自然界获得的系统知识基础,并且有效地传授过去和将来用来探索和检验这种知识的方法。”他指出,不幸的是,科学教育“正在后一个方面失败得最为明显。”科学教育长期以来没有实现传授科学的思维方法和培养创造能力的目的,而且由于这两个目的是相互关联的,结果也就无法使学生“充分了解现有科学知识的全貌。”①

科学方法是人们在认识和改造客观世界的实践活动中总结出来的正确的思维方式和行为方式,是人们认识和改造自然的有效工具。在科学发展史上,作出创造性贡献的科学家,除了具有博大精深的理论知识外,还掌握了先进的科学方法。

科学课程整体上是由科学知识和科学方法组成的,通过科学方法揭示科学知识的获得和应用过程,并对科学知识在科学技术发展中的作用进行解读,有利

① J. D. 贝尔纳. 科学的社会功能[M]. 陈体芳,译. 北京:商务印书馆,1982:340.

于学生了解人类对自然界的认识，扭转传统科学教育由于缺乏科学方法而展现给学生被歪曲的科学世界图像，从而实现学生智力发展与知识体系建构之间的平行和同步。

随着2001年第八次基础教育课程改革的开展，人们的科学教育理念发生了变化，把"过程与方法"作为课程目标写入基础教育课程标准，体现了从知识本位向重视科学方法转变的科学教育思想。然而遗憾的是，重视科学方法的教育思想并未深入下去，而是止步于理念层面不再前行。这表现在基础教育各个学科课程目标中虽然都有"过程与方法"维度，但课程标准中却只有科学知识而没有相应的科学方法。这就使得科学方法教育成为无本之木，无源之水。也就是说，我国科学教育重视科学方法的观念只在表面上实现了转变，但在本质上依然没有发生改变。

二、科学方法中心论

怎样认识科学知识与科学方法的关系？长期以来，科学教育界一直对这个问题进行深入探讨并逐渐形成了知识中心教育观。其中，在本书第五章第4节谈到的物理学的知能结构图就是一种有代表性的观点。这种观点认为，物理知识处于"中心"地位。这里的"中心"，并不是说只强调物理知识而忽视其他，而是说其他要素的落实都要通过物理知识的教与学来进行，而不能另搞一套。①

仔细分析物理学科知能结构图（图5-2），我们发现这一结构既不符合科学发现认识论的基本法则，又不符合物理教育的逻辑顺序。科学发现认识论认为，现象是物理学的根源，在科学发现过程中，物理现象与物理理论并不存在直接关系，物理现象要借助于科学方法的参与才能进一步形成物理理论。同样，物理理论的应用也不是直接完成的，它需要科学方法的介入才能成功解决问题，物理教育同样也是如此。因此，我们建构了基于"科学方法中心"的物理学科知能结构图（见图5-3）。

首先，在物理教育中，从物理现象出发，必须经过科学方法的加工整理才能获得物理知识，科学方法是物理现象通达物理知识的必经之路，既不可或缺，也无法逾越。这一认识途径反映了物理知识的获得过程，可以表示为：物理现象 → 科学方法 → 物理知识。这就是说，科学方法是获取物理知识的重要手段，学生只有掌握了科学方法，才能更快捷地获取物理知识。教学中只有借助于科

① 郑长龙．国际理科课程改革的思考[J].外国教育研究，2002，6，23—31.

学方法，才能使教学活动得以顺利进行。比如牛顿第二定律的建立，就需要应用实验法、控制变量法、图像法、曲线改直法、比例系数法等科学方法。显然，科学方法与物理知识间构成了“源”与“流”的关系。

通过对科学方法的不断了解、积累和熟练，就能使学生形成一种借助于科学方法获取科学知识的心理定势。这样，学生就能够以快捷的速度去获取知识，进而通过在头脑中形成认知结构，深刻地领会和掌握知识，牢固地记住知识。还可以使学生产生一种对问题的敏感性，并能够用科学方法迅速地抓住问题的要害，找出解决问题的途径。这样一种心理定势，就是学生能力的表现。所以掌握科学方法，与学生能力的发展直接有关。① 因此，物理知识只有借助于科学方法才有生命力，才能显示出其内涵、色彩、格调，才能显示出其内在的理由、作用和功能，学生学习过的知识才能真正被活用起来，提高学习效率。

不仅如此，学生要理解物理知识的内容，同样离不开科学方法。比如，许多物理量是通过比值法来定义的，如 $\rho=m/V$ 这种定义方法只给出了物理概念之间的量的关系，没有明确这些概念中有哪些因果关系。只有进一步从本质上弄清比值定义法的内涵，才能使学生真正明白密度只决定于物质本身固有特性的性质。不把握好这一点，就容易产生“物质的密度与质量成正比，与体积成反比”的错误理解，这是初学物理的学生常犯的一个错误。只有了解了不同科学方法的本质区别与联系，了解了这些方法得以使用的条件，才能弄清物理知识的内涵以及不同层次知识之间的关系，从而形成知识的网络，达到对知识的真正理解。②

其次，科学方法还是物理知识应用的重要手段，是实现科学知识智力价值的桥梁。进一步说，从物理知识出发，必须通过科学方法的中介才能解决实际问题。这一认识途径反映了物理知识的应用过程，可以表示为：物理知识 → 科学方法 → 延伸与应用。仍以牛顿第二定律为例，在应用该定律解决实际问题时，就需要用到整体法、隔离法、正交分解法、图像法等科学方法。

物理教育中的知识应用认识途径表明，物理的概念、定律等知识，是人们赖以进行科学思维的基本细胞，没有物理知识，所谓智能活动就成为没有内容的空壳，是不可能存在的。但是，只有知识还不行，还必须有一定的方法或途径，使这些知识与物理的问题相互沟通，对知识进行选择、组合、运用，才能解决问题，形成智力活动。因此，教学中学生如果没有学会通过科学方法在自己的头脑中把

① 高凌飚，在物理教学中应重视科学方法教育[J]. 物理教师，1992，4：1—4.

② 高凌飚，在物理教学中应重视科学方法教育[J]. 物理教师，1992，4：1—4.

大量的知识编织成一个层次清晰、逻辑严密的结构或网络，就无法不断接收、容纳新的信息，就无法不断完善自己的知识系统。借助于科学方法，当学生解决实际问题时，各种各样的认知策略才能够迅速检索而无须搜肠刮肚地对照做过的题型，才有可能在处理前一个步骤时就在大脑中预感下一个步骤，根本无须暗暗回忆各种题型再思量其意义。即使学生进行创造性活动，也能凭直觉而非经验去探索正确的解决途径。

最后，科学方法作为科学的思维方式和行为方式，还蕴含着能力价值。学生一旦将科学方法内化为自己的思维方式和行为方式，就能很好地促进能力的发展。浙江省教育厅教研室从 1989 年开始，积极推动广大教师结合教学实践，开展科学方法教育的研究。经过多年的探索，他们得到的结论是："方法是通向能力的桥梁，能力既依赖于知识，更依赖于方法。在某种意义上，方法本身是能力的一部分。能力培养可以从强化方法教育入手。"①上海市总结多年课程改革经验得出的结论是："能力与方法是密切联系的。一般地说，人们完成某方面任务能力的强弱，是与掌握方法的自觉程度与熟练程度密切相关的。可以认为，方法是能力的'核心'，是对能力起决定性作用的因素。"②这充分说明了科学方法在物理教育中处于中心地位。

综上所述，把知识本身作为教学目标，还是把知识作为工具和手段以掌握科学方法作为教学目标，这体现了两种完全不同的教育思想和教育结果。按照现代教育观，作为人类认识结果的知识固然重要，但探求结果的科学方法更加重要。因此，现代教育更关心怎样使传授知识的过程成为掌握科学方法、开发学生智慧的过程。③ 因此，从知识中心向方法中心转变，是物理教育理论与实践发展的必由之路。

三、科学方法的教育方式与实施

采取何种方式进行科学方法教育，与人们对科学方法属性的定位密切相关，对科学方法属性的认识不同，选取的教育方式就存在差异。对物理科学方法教育方式进行梳理，我们发现大致可分为以下三种教育方式。

1. 隐性教育方式——重在渗透

所谓隐性教育方式，就是在科学方法教育过程中，隐蔽地发挥科学方法的导

① 浙江省教育学会中学物理教学分会，高中物理方法教育研究[M]. 杭州：浙江教育出版社，1995，2.

② 张民生．中学物理教育学[M]. 上海：上海教育出版社，1999：140.

③ 袁振国．反思科学教育[J]. 中小学教育，1999，12，2—4.

向作用，使学生受到科学方法的熏陶，一般在教学过程中不出现科学方法的名称，也不对科学方法的内容进行解释。其主要特点是通过知识教学渗透科学方法，也就是在知识教学过程中，同时渗透研究问题的方法，或按照研究问题的方法、思路展开知识教学，使科学方法教育和知识教学有机结合在一起，以达到整体优化的目的。[①] 在这种教育方式指导下，物理教学中出现了许多科学方法教育的具体途径，比如结合物理概念、规律进行科学方法教育，通过物理学史渗透科学方法教育，挖掘物理实验中的科学方法因素等。可以说，科学方法隐性教育方式的提出，客观上促进了物理科学方法教育的推广。

2. 隐性-显性教育方式——追求“融合”

隐性-显性教育方式不同于隐性教育方式，其最大特点就是渗透科学方法之后追求显化，追求多个角度、多个层面的融合。“融合”在这里有多层含义，一是方法与知识的融合，知识在方法的操作下得出，方法在知识的推导中得以体现，科学方法教育要与知识教学相结合；二是科学方法之间的融合，任何一个定律或者理论的得出都是多个科学方法共同作用的结果，各个环节的科学方法要相互照应，不同层面的科学方法之间也要相互支撑；第三层意思就是隐性和显性各有所长，在教学中需要将两者融合起来，在不同阶段采取不同的教育方式，发挥各自的优势，使学生能够真正理解科学方法。教学实践中，隐性-显性教育方式主要有两种：一种是隐性为主，显性为辅，显性教育的关键是隐性渗透，只有在教学过程中把隐性教育的文章做深、做透，才能在最后显性教育时水到渠成、顺理成章，才能使学生真正理解其实质；[②]另一种是将科学方法教育分为隐性化学习阶段和显性化教学阶段，前一阶段学生运用了所要学习的特定方法，但学生处于无意识状态，后一阶段引导学生发现该方法的表现形式及相应的运用条件，并结合自己的实际运用经历，增强对科学方法的理解，使学生处于有意识状态。[③] 隐性-显性教育方式，试图将科学方法的渗透和明了结合起来，既重视引导学生做好准备和铺垫，又强调讲清楚科学方法的内涵、意义、特点和步骤，应当承认，这在一定程度上促进了学生对科学方法的理解和掌握。

3. 显性教育方式——强调“明了”

所谓显性教育，是指在进行科学方法教育时，明确指出这种科学方法的名

① 周国强. 物理方法教育与物理教材改革[J]. 课程·教材·教法，1996(6)：10—14.

② 刘力. 新课程理念下的物理教学论[M]. 北京：科学出版社，2007：187.

③ 陈刚，舒信隆. 新编物理教学论[M]. 上海：华东师范大学出版社，2006：101.

称，传授有关该方法的知识，揭示方法的形式，挖掘方法的内涵，说明方法的使用条件。也就是说，教学中教师公开进行科学方法教育，学生有意识地接受科学方法训练方法教育的形式是外显的，所以称为显性教育方式。[①] 科学方法的显性教育明显区别于隐性教育。隐性教育重视渗透，显性教育强调明了。显性教育针对以往科学方法教育中存在的模糊、随意等弊端，旗帜鲜明地要求科学方法的名称、形式、内涵、条件、步骤等都必须明确地传授给学生。这种教育方式认为进行真正的科学方法教育，就必须按照方法教学和方法训练的要求，在教学内容与方式、教学准备与条件、学习发生与熟练等方面开展明确、系统、细致的教学，让学生一开始就明确学习任务、清楚学习过程，围绕方法内容展开学习，在练习和应用中不断加深对科学方法的理解和认识。

如何在物理教育中实施科学方法显化教育？我们提出如下建议。

1. 物理课程标准应当把科学方法作为课程内容

物理课程标准是编写教材的指导性文件。在制定物理课程标准中，除了要考虑物理学的基本概念、基本规律、基本实验以外，还应当把科学方法作为课程内容之一，把科学方法放到重要的地位。这既是物理教育规律的必然要求，同时也是物理课程标准制定中课程目的与课程内容相互对应的逻辑体现。

科学方法虽然与物理知识相互依存，但又有一定程度的相对独立性。科学方法与物理的概念、规律等科学知识一样具有独立的体系。因此，科学方法有客观实在性，毋庸置疑应成为物理课程内容。

科学方法教育既需要潜移默化地熏陶，又需要进行着意训练。在当前物理教育普遍忽视科学方法的情形下，尤其应当给予科学方法以特别的重视，在制定知识教学目标的同时，制定出相应的科学方法教育目标。要明确不同阶段科学方法教育的重点、难点，对于不同的科学方法，提出不同的要求并结合学生的认知水平和具体的教学内容制定出可操作的培养计划。

2. 物理教材编写应当显化科学方法

物理教材作为一个教学基本内容的书面材料系统，对于安排教学过程以形成学生的认知结构、能力结构和品格结构，具有知识载体、教学指导和实用参考的作用。可以说，物理教材体系以什么为核心，在最基础的层次上决定着物理教育的质量。

① 邢红军．高中物理科学方法教育[M]．北京：中国科学技术出版社，2015：61．

受到科学知识中心论的影响，长期以来我国的物理教材通常对物理知识采用显性处理，而对物理知识的内在关系和科学方法采用隐性处理，即不在课文中写明。这种处理方式的出发点是让学生在学习过程中自己去感悟，但实际上由于科学方法的隐蔽性特点，很多教师尚且不能充分了解教材中科学方法的全貌，更遑论处于学习阶段的学生。因此，物理教材的隐性处理方式就造成了科学方法教育放任自流的局面，从而影响了科学方法教育的效果。

物理教材编写显化科学方法，并不是说脱离开具体的物理知识而只讲方法，而是说应当强调、突出科学方法，按照科学方法所展示的路子去编写教材。采用科学方法的显化方式来编写教材，逻辑明确，脉络清晰，容易使学生在学习中建立良好的认知结构，并形成有序的知识结构。这样培养出来的学生往往具有很强的分析问题和解决问题的能力，这正是核心素养教育所追求的目标。

3. 按照科学方法的逻辑设计教学程序

我们目前的物理教学，往往是从传授知识的角度来设计教学的程序。这样做虽然也能使学生从中学到一些科学的方法，但学生对科学方法的理解往往是表面的、肤浅的并且是零星的、不连续的，收效甚微。

如果按照科学方法的逻辑去组织教材，安排教学进程，即把方法教育作为物理教学活动的核心，则情况就大不一样。比如，欧姆定律的教学可以这样设计：如何研究问题(实验法)→如何实验(控制变量法)→如何分析实验数据(图像法)→如何得出定律的表达式(经验公式法)。显然，科学方法贯穿于整个教学的过程。

这样来进行欧姆定律的教学，把科学方法体现在知识的认知过程中，按照学生的认知模式进行教学，使学生清楚地了解到教学的过程，进而引导学生去经历这一过程，从而使学生真正领略到科学方法和物理知识的内涵，并得到能力的提高。

4. 让学生应用科学方法解决实际物理问题

在物理教育中进行科学方法教育，必须结合实际问题进行。这是因为，科学方法的真正掌握，必须要在探索和发现之中进行，这正是科学方法与物理知识的不同之处。

物理知识既可以运用接受学习模式教学，又可以运用发现学习模式进行教学，而科学方法必须运用发现学习模式才能使学生真正掌握。学生不亲自经历运用科学方法进行发现的探索，就很难发现科学方法的关键与要素，更难于体会科学方法某些可以意会、难以言传的奥妙之处。而这种探索的过程，正是学生将科学方法内化为自己认知图式的过程。一旦学生完成这一过程，科学方法便成为学生认知结构中的“信息”单元，就可以随时调用，从而得到能力的发展。因此，为了使学生掌握科学方法，在物理教育中，必须创设良好的认知情境，让学生主动地观察、讨论、思考、实验，并对学生的探索进行指导，使学生沿着科学的思路与方法去探索，从而在不知不觉之中掌握其中所运用的科学方法。

第3节　科学方法的分类

为什么基础教育课程改革中各学科课程标准均未将科学方法纳入其中？我们认为，造成这一现象的根本原因在于：目前学科教育界始终没有从理论上弄清楚科学方法的分类，从而导致不能确定科学方法的内容。

一、科学方法已有的分类

有研究在解读物理课程标准时就曾提出：物理课程中经常涉及的物理方法有：观察方法、实验方法；比较与分类方法、分析与综合方法、抽象与概括方法、归纳与演绎方法；类比方法、理想化方法、对称方法；数学方法；公理化方法、假设方法等。① 显然，分析与综合属于思维方法，而实验则属于物理方法。这就将不同类型的科学方法混在了一起。

当然，目前科学方法研究中已经有了不同的分类方式。例如，有一种分类方式把科学方法分为实验观察方法、逻辑思维方法、数学方法以及非常规方法。②这种分类方式全面，但依据不够扎实。例如，逻辑思维方法中理想化和假说法与其他逻辑思维方法是不在同一个层面上的。另一种分类方式把科学方法分为两个层次，第一个层次有观察实验法、思维方法及数学方法，第二个层次是对第一个层次中的思维方法的具体化。③ 这种分类方式的长处是层次分明，而且明确了各层次之间的关系；但不足之处在于，把数学方法和观察实验法与思维方法排在了同一层面，这是不妥的。总之，已有的科学方法分类方式的共同不足之处是缺乏明确的分类标准，这就使得科学方法的界定混乱，从而给各学科在课程标准中纳入科学方法造成了无法逾越的障碍。

---

① 廖伯琴，等. 中学物理课程改革的目标与实施[M]. 北京：高等教育出版社，2003：53.
② 张宪魁. 物理科学方法教育[M]. 青岛：青岛海洋大学出版社，2000：30—31.
③ 张民生. 中学物理教育学[M]. 上海：上海教育出版社，1999：32.

二、基于心理学的分类

在明确了科学方法分类的重要性之后，对科学方法进行合理分类就成为在课程标准中纳入科学方法的关键环节。我们认为，与其他教育工作一样，科学方法分类也要遵守教育性原则，即无论任何领域的内容、方法、结构，一旦被引入教育领域，都应尊重教育的规律、服从教育的目标，经过“教育性”这个筛子的过滤，从而彰显其教育功能。所以，已有的依据科学方法内部的特点加以分类的方式不宜采用，科学方法的分类需要采取教育性的分类方式。基于以上研究，我们从科学方法的来源出发，对科学方法进行了思维方法和学科方法的第一级分类。其中，前者是主观的，是大脑的功能，需要训练才能使学生形成与掌握；后者是客观的，不是大脑的功能，需要传授才能使学生习得与掌握。

把科学方法分为思维方法和学科方法，与心理学的研究结果是一致的。心理学的研究认为，方法可以分为强认知方法(strong cognitive methods)与弱认知方法(weak cognitive methods)。强认知方法是特定专业领域的独特认知方法，往往与专业知识紧密结合，不容易区分；弱认知方法是可以被运用到各种问题解决过程中的一般策略和方法。[①] 显然，学科方法就是强认知方法。例如，地理学的调查法、历史学的文献法。这类科学方法指的是某学科所特有的、充分体现学科特点的方法，可迁移性弱。思维方法就是弱认知方法。例如，分析综合、抽象概括。这类科学方法是大脑的功能，贯穿于各门学科之中，可迁移性强。可见，这种科学方法的分类方式不仅来源清晰，而且与教育方式在逻辑上是自洽的。它有效避免了将思维方法与学科方法混为一体的分类方式，使科学方法教育内容的研究豁然开朗。[②]

科学方法的第一级分类解决了科学方法中思维方法与学科方法的混淆问题，而要在课程标准中纳入科学方法还需要对其进行第二级分类。根据课堂教学过程与科学方法使用的时空条件，学科方法又可分为获得知识的方法和应用知识的方法；思维方法依据其性质，又可分为逻辑思维方法与非逻辑思维方法两种。按照这一研究思路，我们得到了系统化的科学方法分类结构体系(如图6-1所示)。

这种分类不仅使科学方法教育内容进一步明确，并且使科学方法内容的显化顺理成章。

---

① 邓铸．问题解决的表征态理论与实证研究[D]．南京：南京师范大学，2009：108—109.

② 陈清梅，邢红军，李正福．论物理课程改革背景下的科学方法教育[J]．课程・教材・教法，2009，(8)：52—56.

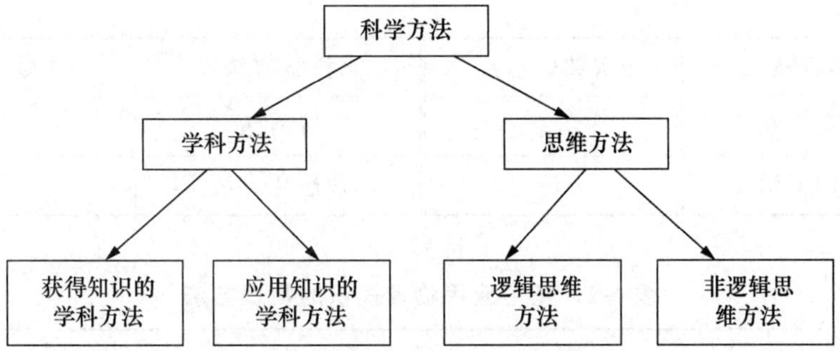

图 6-1　科学方法分类结构体系图

第 4 节　科学方法的教育内容

物理科学方法的教育内容，即科学方法教什么的问题。这是物理科学方法教育的核心问题。因为如果不解决科学方法的教育内容，科学方法教育就成为无米之炊。在解决了科学方法的分类问题后，就可以把物理课程标准中的科学方法显化，从而确定科学方法的教育内容。

一、物理科学方法的教育内容

在《初中物理教材的选择与分析》一书中，乔际平先生提出了科学方法教育内容选取的新思路。即按照与物理知识相对应的原则选取科学方法教育内容。我们汲取了乔际平先生“对应”思想的合理内核，进一步发展了这个思想。按照这个原则，依据初、高中物理课程标准，以模块为单元，随着物理知识体系的展开，把其中隐藏的主要科学方法明朗化、显性化，从而提出科学方法教育的内容。然后再对各种方法的出现进行频度分析，这样就使得科学方法教育与物理知识教育密切联系起来，使得物理教育工作者在科学方法教育中有据可依，同时也使得科学方法教育的内容在一定程度上达到相对统一。

1. 初中物理科学方法的教育内容

表 6-1　初中获得知识的物理方法

科学方法	次数(＞1)	科学方法	次数(＞1)
直接定义法	30	控制变量法	5
实验归纳法	14	演绎推理法	3

续表

科学方法	次数(>1)	科学方法	次数(>1)
比值定义法	11	等效法	3
乘积定义法	5	理想化方法	2

表 6-2　初中应用物理知识的物理方法

科学方法	次数(>1)	科学方法	次数(>1)
隔离法	14	等效法	6
比例法	9	作图法	5
整体法	8	极值法	3
控制变量法	8	对称法	3
图像法	8	理想模型法	3
假设法	7	类比推理法	2
转换法	6		

2. 高中物理科学方法的教育内容

表 6-3　高中获得知识的物理方法(选修十必修)

科学方法	次数(>1)	科学方法	次数(>1)
实验归纳法	73	等效法	12
理想模型法	52	图形图像法	12
演绎推理法	51	控制变量法	8
分类法	23	乘积定义法	7
比值定义法	18	观察法	6
类比法	16	比例系数法	3
实验验证法	14	理想化实验	2
直接定义法	12		

表 6-4　高中应用物理知识的物理方法(选修+必修)

科学方法	次数(>1)	科学方法	次数(>1)
图像法	20	微元法	3
讨论法	17	三角形法	3
等效法	13	三角函数法	3
数学法	11	叠加法	3
假设法	9	曲线改直法	2
正交分解法	7	符号判断法	2
类比法	6	整体法	2
极端假设法	4	隔离法	2
判别式法	4		

上述四个表中的物理方法是初高中科学方法教育内容的主要部分。显然，在物理教学过程中应该着重加强这些学科方法的教育。由于在实践中不同学者对物理方法内涵的理解存在着差异，因此有必要对一些主要的物理学科方法的内涵进行确切的说明。

3. 物理科学方法内涵的说明

(1) 比值定义法

所谓比值定义法，就是用两个或多个物理量的比值来定义物理概念的方法。在这里，比较的关键是选取相同的标准。因为只有选取相同的标准，才能使比较的结果有意义。所以，比值定义法采用两个或多个物理量相比，就是在比较时选取相同标准的一个基本手段。[①]

(2) 理想化方法

理想化方法是物理学研究的重要方法之一。它是依据所研究问题的需要，把实际研究对象及其状态、行为等进行合理抽象，突出主要因素，忽略次要因素，用以建立物理概念的方法。

理想化方法的本质不是近似，它的本质是科学抽象。中学物理教学中理想化方法比较多地应用于建立理想化模型。理想化模型是从客观原型中抽象出来的。经过科学的抽象得到的理想化模型在客观世界中是不存在的(指它的实

① 邢红军．按照比值定义法的本质改进高中物理概念的编写[J]．物理教师，2004(4)：5—7.

体),但是却又是处处存在的(指它的应用)。如,在研究公共汽车做直线运动所遵循的规律时,就把它的体积忽略,认为体积是零。此时,我们就把公共汽车当作一个理想化的质点了。

(3) 演绎推理法

演绎推理法就是从已知的规律或理论出发,对某些特定的物理现象、过程进行演绎推理,从而得出在一定范围内的新结论,最后通过实验验证形成规律。采用这种方法发现的规律,一般叫作定理或原理,如能量的转化和守恒等。

(4) 等效法

等效方法是根据等效原理发展起来的一种科学方法,在保证某些特定方法效果相同的前提下,用理想的、熟悉的、简单的事物代替实际的、陌生的、复杂的事物进行研究,使研究变得简单。换句话说,是在保证物理效果相同的前提下,绕过解决复杂问题所遇到的障碍,对问题或问题的部分要素进行变换,通过变换把相对不熟悉的、比较复杂的、现有知识难解决的问题,转化成较熟悉的、更为简单的用已有知识便于解决的问题的研究方法。

(5) 隔离法

隔离法是指对物理情境中的某些研究对象或某些过程从系统或全过程中隔离出来进行研究的方法。常用隔离法的情况有两种:其一是为了寻求系统中某一个物体的各相关物理量的关系,将某个物体从系统中隔离出来;其二是为了寻求全运动过程中的某一个运动过程中相关物理量的关系,将某个运动过程隔离出来。

(6) 假设法

假设法是指有些题目提供的物理信息不够完整,这时可以通过假设添加一些条件,然后经过推理,对不可能的情况进行归谬,从而明确物理过程,进而帮助解题。例如,经常用假设法判断物体受不受静摩擦力。正是由于题目没有直接给出受力具体情况,也即通过题目弄不清物理过程,因此,需要通过假设来为题目增添条件来帮助解题。

二、思维方法的教育内容

随着我国基础教育课程改革的深化,中小学生思维能力培养已逐渐成为全社会共同关注的问题。因此,贯彻落实中小学思维教学目标,就有必要深入开展思维教学研究。

我们尝试提出的思维方法教育内容，包括分析、综合、抽象、概括、比较、判断、假设、推理、直觉、想象。下面分别进行解读。

（1）分析——把整体分解为部分、把复杂事物分解为简单要素、把过程分解为片段、把动态作为静态来研究的一种思维方式。如中学化学教学中的元素分析、语文教学中的语篇分析等，无不处处体现分析的应用。

（2）综合——把研究对象各个部分、各个方面和各种因素结合起来、动态地考察研究对象的一种思维方式，是与分析相反的一种思维过程。综合不是简单地将部分进行叠加，把各种因素予以堆砌，而是按照事物各个部分、要素间本质的、有机的联系，从整体和动态发展的观点呈现事物的本质及其规律。如物理教学中的“整体法”等。

（3）抽象——对研究对象进行去粗取精、去伪存真、由此及彼、由表及里的改造和加工过程，去除研究对象的伪装和假象，抛开研究对象的偶然现象，忽略研究对象的表面特征，抓住研究对象的本质特征，从而获得研究对象普遍的、本质认识的思维方式。如数学抽象、化学抽象、生物学抽象，以及人文教育中的艺术抽象，都是抽象思维的表现。

（4）概括——把研究对象已经区分出来的一般的、共同的属性、特征结合起来，或者把许多具有某些共同特征的不同研究对象结合起来。也就是把个别研究对象的本质属性推及为同类研究对象的本质属性。这个过程，也就是思维由个别通向一般的过程。数学概念、物理概念、地理学概念等任何概念的获得，都是概括思维的产物。

（5）比较——是确定研究对象之间差异点和共同点的思维方式。通过比较，找出表面上差异极大的研究对象之间的本质上的共同点，找出表面上极为相似的研究对象之间的差异点。对于基础教育而言，只要存在不同的种类与范畴，就存在比较思维。

（6）判断——是肯定或否定研究对象及其属性的思考，它借助肯定或否定的形式反映研究对象及其属性之间的一些个别关系。因此，判断赋予人的思想以完整的形式，并能直接表达命题的真伪。要获得正确的判断，必须遵守逻辑规律，包括同一律、矛盾律和排中律。作为一种基本的思维方法，中小学各学科的学习都需要命题判断作为基础。

（7）假设——是从实际资料出发，对所研究的对象提出一种带有推测和假定意义的理论形式。假设包含两种成分：一是已知事实和理论，二是推测和假定。

前者是已知的知识,后者是推得的知识。中小学物理、化学、生物、地理教学中的探究过程都大量运用假设思维。

(8) 推理——是根据一个判断或一些判断得出另一个新判断的思维形式。根据思维形式的不同,可将推理分为归纳推理、演绎推理和类比推理。归纳推理是由一些个别的、特殊的判断推出一般判断的思维方式,也就是从个别的或者只具有一定程度的一般性知识导出一般的或者一般性更大的知识的推理;演绎推理是由一般性的判断推出个别判断的推理,即从一般的原理、结论出发,导出新的结论的一种思维形式;类比推理是根据两个(或两类)对象在某些属性上相似进而推出它们在另一个属性上也可能相似的一种推理。如数学、物理教学中的公式推导,都需要推理的介入。

(9) 直觉——是指对一个问题未经逐步分析,仅依据内因的感知迅速地对问题答案作出判断,猜想、设想,或者在对疑难百思不得其解之中,突然对问题有"灵感"和"顿悟",或者对未来事物结果的"预感"和"预言"。在科学研究中,直觉往往是科学发展的重要导引,中小学教学也就不可缺少直觉思维。

(10) 想象——是根据现有知识和事实,发挥高度的抽象和联想能力,超脱现实条件,设想未知的变化过程,描绘事物的奇妙远景,提出一种人们所向往的目标和理想的思维方式。在中小学教学中,无论是科学学科的想象力,还是人文学科的想象力都是异常重要的。

物理思维方法的教育内容并不限于此,但以上十种思维方法是最基本、最重要的。在教学中把这些思维方法落实到位,就抓住了思维方法教育的"牛鼻子"。

第5节 科学方法的教学案例

在前面几节,我们从理论上探讨了科学方法教育的价值,以及科学方法的分类和教育内容。在此基础上,本节我们给出"密度"概念教学案例,供学习者参考。

案例 密度

一、教学案例

密度作为初中物理引入最早、抽象程度较高的概念,一直以来都是传统教学的重点和难点。研究发现，现行教材未能合乎逻辑地得出密度概念。我们认为造成这种现象是，教材没能解决为什么要用两个量相比来定义密度这一核心问题。因此，由“比值一定”导出密度概念，就必然导致逻辑上倒果为因的错误，由此引发的教学偏向也就可想而知。对此，我们认为，只有依据比值定义法的内涵，才能展现本节课的教学过程并合乎情理地表达密度教学的逻辑。以下是我们设计的“密度”概念教学的四个环节。

1. 有心栽花花不成：直接比较两个不同物体的质量

事实上，权衡、掂量不同的物体是人们对经典物理世界最朴素、最本原的感知，[①]因此，在明确质量这一描述物体量化属性的物理量之后，如何比较不同物体的质量就是一个需要解决的问题了，而密度概念的教学就应立足于“比较”物体“谁轻”“谁重”这种本原的、朴素的动机。所以我们提出，教材应该将长期以来用作引入密度的“鉴别物质”思路转变为“权衡轻重”的思路。这既与学生日常经验的认知倾向相一致，又符合比值定义法的核心思想与本质内涵。所以，密度概念引入的后续操作都应在这一思想引领下展开。据此，可以引导学生提出：通过直接比较两个不同物体的质量来判断物体的“轻”“重”，从而得出密度的表达式。根据作文起、承、转、合的章法，这一教学环节由直接比较物体轻重发端，谓之“起”。

选择一小块铁（质量 $m_1=39.5\times10^{-3}$ kg，体积 $V_1=5.0\times10^{-6}$ m^3）与一大块石头（质量 $m_2=357.5\times10^{-3}$ kg，体积 $V_2=130.0\times10^{-3}$ m^3）进行比较（如图 6-2 所示）。结果发现，直接比较无法得出符合学生日常经验的结论。因为石头比铁更重！针对这一困惑和认知冲突，教师可以引导学生分析原因：导致直接比较出现错误的原因，是因为没有选取相同的比较标准。于是，解决问题的方法就是在比较时选取相同的标准。

图 6-2　铁块和石头

① 曹则贤．物理学咬文嚼字之十一：质量与质量的起源[J]．物理，2008，37(5)：355—358.

2. 栽花不成选标准：选取相同的标准继续比较不同物体的质量

据此，需要将物体的体积变成一样，即选择同样体积的铁块和石块，这意味着将体积选作了标准。然而这并非要对物体采取切割、弥补等手段，而是利用除法这一数学工具，把质量与体积相除，使体积这一标准化为“$1m^3$”。用除法得到比值$\frac{m}{V}$后，就可以有效地进行比较了。这一比值的形式也与公式$\rho=m/V$顺理成章地初步建立了联系。

按照这一思路，得到铁块的比值$\frac{m_1}{V_1}=7.9\times10^3 kg\cdot m^{-3}$，石块的比值$\frac{m_2}{V_2}=2.75\times10^3 kg\cdot m^{-3}$。结果发现，虽然比值的大小契合了学生的日常经验(铁比石头重)，却与我们的研究思路并不一致(直接用物体的质量大小来衡量物质的轻重)。这一比值为什么不同于“权衡物体轻重”的初衷？比值的含义是什么？由此就需要展开第三步的教学环节。这一环节我们谓之“承”。

3. 无心插柳柳成荫：诠释比值的物理意义

在本环节，我们选择多组不同的铁块与石块进行测量、比较，用来解答上述两个问题，并通过量化分析研究比值的内涵与变化趋势，测量与计算结果如表6-5所示。

表6-5　数据测量与计算

	铁块			石块		
	质量/kg	体积/m^3	比值/$kg\cdot m^{-3}$	质量/kg	体积/m^3	比值/$kg\cdot m^{-3}$
1	39.5×10^{-3}	5.0×10^{-6}	7.9×10^3	357.5×10^{-3}	130.0×10^{-6}	2.75×10^3
2	117.7×10^{-3}	14.9×10^{-6}	7.9×10^3	96.3×10^{-3}	35.0×10^{-6}	2.75×10^3
3	162.74×10^{-3}	20.6×10^{-6}	7.9×10^3	14.0×10^{-3}	5.1×10^{-6}	2.75×10^3

研究多组数据发现，比值同物体的质量和体积均无关系。至此，研究思路发生了重大变化！因为我们原本是要比较质量大小，结果却出现了一个与质量无关的常量。如果说，第二环节是“有心栽花花不开”，那么第三环节就可谓“无心插柳柳成荫”。这一步的教学经历了研究结论从“有心栽花”到“无心插柳”的微妙变化。这一环节我们谓之“转”。

至此，比值$\frac{m}{V}$更深层次的物理意义才被顺利得出，即比值是物质的疏密程度。它把物体量的差异进一步抽象到了致密度(density)这一更深刻、更抽象的层次上,[①]它反映了物质本身的一种属性,我们将其称为物质的"密度"。在这一环节结束之后才引出"密度"这一名词,也正符合了精妙逻辑要求。

4. 世事洞明皆学问:联系学生的生活经验理解比值定义法

比值定义法不是一整套机械的操作,而是有核心思想的驱动与思维方法的调控。具体而言,比值法不是抽象的,而是有深刻的物理内涵。所以,第四个教学环节就要联系学生的生活经验,增加对比值定义法的认识,使学生对科学方法的认识更加丰满。

实际上,比值定义法有着广泛的日常经验基础,人们认为其抽象,是因为不理解这一方法的本质内涵,即只知道比,而不知道为什么要比。而"比较要选取相同的标准",这种思想与学生已有的经验是高度一致的,教师可以进一步举这样的例子:小明的爸爸下班,走到小区门口,买了4斤2两橘子,花了16.38元。小明的妈妈也下班,走到小区门口买了5.7斤橘子,花了21.09元。问小明的爸爸和妈妈谁买的橘子更便宜?在这里,学生很容易理解,比较选取相同的标准就是一斤橘子的价钱。奥苏贝尔认为有意义学习就是符号代表的新知识与学习者认知结构中已有的适当观念建立了非任意的和实质性的联系,[②]显然,这种举例与奥苏贝尔的理论具有一致性。

除的概念非常抽象,而这一环节的教学意义在于,它很好地表达了密度概念是用学生已经拥有的"比较要选取相同标准"的思想来解决这一问题的,从而使学生获得成功的体验。因此,该教学环节就绝非是画蛇添足,而是锦上添花。这一教学环节我们谓之"合"。

二、教学启示

以上教学案例不仅要明确做什么、如何做,还要基于深度的理论思考,在教学中论证为什么要这样做。物理教育家乔际平先生曾指出:物理教学法只回答了教学过程中"是什么"的问题,而没有从根本上清楚明确地回答物理教学中的"为什么"的问题,而物理教学论则要对物理教学过程中的各种问题作出"为什么"的回答。[③] 从这个意义上讲,密度概念教学的高端备课事实上是从物理教学

① 曹则贤. 物理学咬文嚼字之十一:质量与质量的起源[J]. 物理,2008,37(5):355—358

② 陈琦,刘德儒. 当代教育心理学[M]. 北京:北京师范大学出版社,2007:165.

③ 乔际平,等. 物理教育学[M]. 南昌:江西教育出版社,1992:3.

论的视角诠释了密度概念引入的教学逻辑。正是基于这种视角，我们展开了密度概念教学的四个逻辑步骤（如表6-6所示）。

表6-6 密度教学设计的逻辑步骤

序号	教学逻辑	教学环节	教学操作
1	起	有心栽花花不成	直接比较两个不同物体的质量
2	承	栽花不开选标准	选取相同标准继续比较两不同物体的质量
3	转	无心插柳柳成荫	比值与质量无关，反映了物质的固有属性
4	合	世事洞明皆学问	联系学生的生活经验理解比值定义法

纵览密度概念的起、承、转、合四个教学逻辑环节，我们得到了三点启示。

1. 深入理解物理教学的逻辑

物理教学对逻辑性有着特殊的要求，课程的模块、探究的步骤都无法代替物理教学逻辑的作用。这种教学逻辑要求教师不仅要讲出“是什么”，还要讲出“为什么”，即每一个教学环节和行为都应有整体考量下的充分依据，这样才能使教学环环相扣、逐步深入。在密度概念的教学中，只有厘清比值定义与密度之间的逻辑关系，才能使教学有序深入、渐入佳境。否则学生只能掌握密度的表面特征，而不了解其来龙去脉，始终在现象上打转而不能深入到本质。

2. 充分显化物理教学中的科学方法

显化教育的意义不仅在于科学方法的应用价值，还因为科学方法独特的价值、内涵与逻辑。这些都显示了科学方法独立于知识的表达体系，也显示了科学方法作为表达并落实教学逻辑的主线与关键。在密度概念教学中，学生大多都有关于密度的前概念，但是经由科学方法得出的定量概念还未建立。正是在充分洞察并显化比值定义法内涵与操作的基础上，物理高端备课才使整个密度教学环节清晰、豁然开朗，学生的思维发展才找到了系统化的逻辑通道。

3. 洞察并联系学生的朴素认识

密度教学由于面对的是初学物理的学生，所以特别需要关注学生的前概念和朴素认识。因此，初中物理教学就需要对学生给予一种特殊的关照，这种特殊的关照是指，通过体察入微的教学设计，从而在教学过程中使学生确证自己在教学中的主体地位。而教学“权衡轻重”“无心插柳”等环节都在潜移默化中彰显了这一关照，并在第四环节联系“买橘子”的日常经验中给予解释。第四环节看似冗余，实则体现了关注学生的教学理念，其核心内涵在于要让学生感受到密度概念是与自己的经验相一致，并且比值定义法的逻辑也是基于自己的知识和自己的努力思考而“想通”的。由此，学生的主体地位得以确立，并最终使整个高端备课的教学达到水到渠成之境界。

思考题

1. 科学方法的教育价值是什么？
2. 科学方法中心论的提出有什么意义？
3. 科学方法分类的依据是什么？
4. 物理方法的教育内容有哪些？
5. 思维方法的教育内容有哪些？
6. 本章中密度教学案例的设计与初中物理教材有什么本质不同？

第七章　中学物理实验教学研究

在我国物理教育发展中，实验教学始终是一个薄弱环节，究其原因，主要还是受中国传统文化中一些根深蒂固观念的影响。在中国古代，长期占统治地位的儒家文化视科学技术为“奇技淫巧”，孔子就曾说过“君子耻于器”。这种思想尤其歧视那些动手操作的人，直至今天，社会上还存在着这种倾向。

一般而言，在物理实验教学研究中，操作层面的研究居多，而理论层面的研究稍显不足。因此，在实验教学研究领域从理论角度进行深入研究，就显得尤为重要。

第1节　物理实验的作用与意义

物理学发展的历史表明，以伽利略首创实验、物理思维和数学演绎三者巧妙结合的科学方法为标志，物理学才真正从古代与中世纪自然哲学过渡到经典物理学。将观察与实验、物理思维和数学工具结合起来的方法，一直到今天还显示出其强大的生命力。也正是从伽利略开始，物理实验才真正成为物理学的基础。

与世界发达国家相比较，我国物理学的研究水平不高、发展规模不大。原因之一在于我国物理学的实验基础还不够牢固，实验人才的成长与培养还比较缓慢，大中学校的物理实验教学长期以来未受到应有的重视而相对薄弱，以至于实验物质条件不足，实验教学人员匮乏等。要从根本上改变这一状况，加强实验教学，就需要我们为实验教学的基础地位而大声疾呼，并进一步确立实验在物理教学中的应有地位。

什么是物理实验？物理实验是人们根据研究和学习的目的，利用物理仪器和设备，人为地控制或模拟物理现象，排除各种偶然、次要因素的干扰，突出主要因素，在有利的条件下重复地去研究物理现象及其规律的活动。在物理学研究中，物理实验是建立和检验物理理论的基础和有力武器，是物理学工作者的一种重要研究方法。在物理教学中，物理实验是教师教学的一种重要手段，是学生学习物理知识的一种基本方法和途径。

综上所述,物理实验在物理教学中的意义,可以归纳为:实验既是物理教学的手段(途径),又是物理教学的目的(内容),如图 7-1 所示。

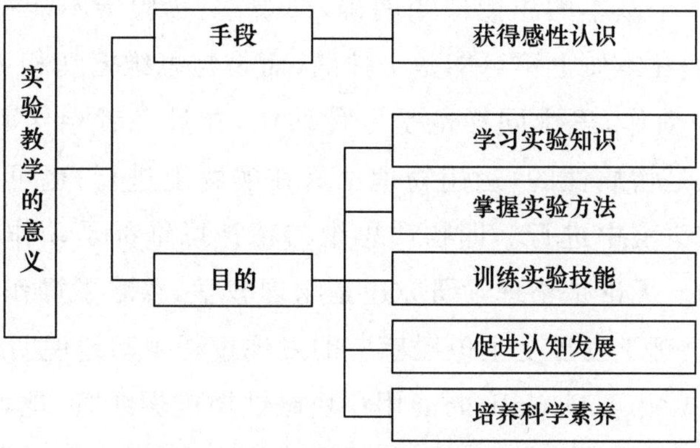

图 7-1　物理实验在物理教学中的意义

这告诉我们,在物理教学中,必须树立"物理教学应当以实验为基础"的基本观点。

一、实验教学能为学生有效地学习物理提供符合认识规律的环境

在学习物理过程中,要形成物理概念和认识物理规律,首先必须要有一定的感性认识。这种感性认识可以来源于学生的生活环境,也可以来源于实验提供的物理事实。通常,从生活中得到的感性材料多来自复杂的运动形态,力、热、电、光现象交织在一起,本质、非本质的因素交融在一起。因此,仅仅通过这种途径来使学生建立概念和认识规律有时会遇到很大困难。运用实验则可以提供精心选择的、简化和纯化的素材,使学生对物理事实获得明确、具体的认识。例如,人们生活在空气的海洋里,却很难感受到大气压强的作用。做一个覆杯实验或马德堡半球模拟实验,大气压存在的物理事实就活生生地展现在学生眼前,使他们能轻松地理解并掌握这个概念。又如,学生对物体所受静摩擦力的方向常常难以辨认,主要原因是进行抽象思维活动时,头脑中缺少直观的印象。如果运用实验,将有助于学生形成印象,克服学习中的难点。

二、实验教学有助于培养学生手脑并用的能力

实验是手脑并用的实践活动。学生通过理解实验原理、观察实验现象、操作

实验仪器和分析实验结果等活动,使观察能力、操作能力和思维能力都得到初步的锻炼。在实验过程中,为了进行深入的思维活动,学生必须认真观察,而要认真观察,就必须有思维的指导。同样,为了顺利地动手操作,也必须有思维的指导。在这里,有一个基本的思想应当明确,即观察、实验绝不能视为一种孤立的过程或事件,它们在本质上不可能是中性的,而是与思维密切相关的。实验操作过程固然是一种动作,思维同样也是一种动作,并且二者相伴而行,密不可分。思维动作既可以是物质性的,运用物理工具在实物上进行,也可以是精神性的,运用符号工具在头脑中进行。即物质思维与精神思维都是动作,在这个意义上知与行是统一的。无论是物理学研究还是物理教学,忽略了操作与思维的关系,都将事倍功半,物理学发展史上电磁感应的发现过程生动地说明了这一点。

1825 年,科拉顿(J. D. Colladon)用一块磁铁插进螺线管,他希望从一只与线圈串联的灵敏电流计中看到指针的偏转,从而能产生电流,但他担心磁铁会对电流计的偏转产生干扰,于是他把螺线管与电流计分别放置在两个房间里,用长导线把螺线管与电流计连接起来。由于没有助手,当他把磁铁插进线圈后,再跑去观察电流计,这时已错过了看到指针偏转的机会,从而与这一伟大的发现擦肩而过,究其原因就是没有将操作与思维结合起来。由此可知,物理实验是一种综合能力的训练。实验教学应当强调动手能力的训练,但不应当把它仅仅看作是单纯的操作训练与技能训练,而必须从实践与思维、动手与动脑的相互联系与相互结合的角度,认识实验对培养学生动手能力与思维能力的作用。

三、实验教学有助于训练学生掌握科学方法

实验不仅是科学的知识,同时还是一种基本的科学方法。因此,在实验教学中,教师除了要教给学生有关的实验原理、操作技能等实验知识外,还要有意识地向学生指出实验中蕴含的科学方法,从而在对学生进行科学知识教育的同时,进行科学方法教育。

一般来说,科学实验与教学实验的基本方法大致可以分为如下四类。

1. 实验验证法

这是一种推理判断在前,实验验证在后的研究方法。物理学家们常常在已知物理理论的基础上,经过推理,作出假设和预言,建立新的物理理论,而后通过实验的检验,从而判定理论的真伪。这种方法在物理学的发展中以狭义相对论的建立为标志,在近代物理学的发展中占有重要的地位。

杨振宁教授在对爱因斯坦的研究中发现，在狭义相对论建立以前，物理学的发展是通过实验得到方程，进而发现物理规律，甚至建立理论体系，如经典力学、电磁学、热力学等理论都是遵循这样的途径发展而来；在狭义相对论建立以后，这个过程被倒转过来，物理学家们首先是建立方程、理论框架，然后再回到实验室，由实验来验证理论的真伪性，如狭义相对论、广义相对论、量子力学、粒子物理学等都是这样。从方法论的角度看，这个倒转意味着物理学研究方法的巨大进步，也标志着人类对自然的探索进入了一个新的更深入的层次。例如，李政道和杨振宁提出了在弱相互作用下宇称不守恒的理论。该理论是否成立？1957年，吴健雄用实验验证了这一理论。为此，李政道与杨振宁迅速获得了1957年的诺贝尔物理学奖。

目前在实验教学中，普遍采用的是验证性实验。其目的是在验证学生所学知识的同时，让学生懂得科学"演绎"的方法，以便把学生的认识能力推向更高的水平。

然而遗憾的是，在教学中采用验证性实验，往往没有突出其真实的教学目的。例如，这类实验一般是在学过理论之后进行的，由于学生对于所学物理知识的正确性确信无疑，因而缺乏再进行实验验证的愿望，尤其是经过作业练习之后，在理论知识较为巩固的情况下，再做验证性实验，更会觉得没有必要，有的学生为了完成实验任务，甚至于根据理论知识拼凑数据，以至于使实验流于形式。因此，近年来，人们越来越注意改进验证性实验的教学方法，注意按照科学实验中的验证性实验的本来面目，把验证性实验与理论教学有机地结合起来，以使学生真正从验证性实验中学到科学的物理实验方法。

2. 实验归纳法

这是一种由个别到一般的实验方法。物理学家常常根据研究目的，人为地控制条件，从大量的实验事实中找出普遍特征，形成规律。例如，理想气体三定律，法拉第电磁感应定律，都是从大量的实验中归纳出来的。

实验归纳的方法形成于17世纪中叶，在当时，主要有两类科学家，他们分别崇尚不同的方法论。一类主要从事实验，崇尚实验归纳方法，如帕斯卡(B. Pascal)、玻意耳，马略特(E. Mariotte)和胡克(R. Hooke)；另一类以笛卡尔(R. Descartes)、费马(P. de Fermat)、莱布尼茨(G. W. Leibniz)为代表，他们崇尚理性演绎。即使是科学巨匠牛顿，在科学方法上，也是以培根的实验归纳方法为基础，又吸收了笛卡尔的数学演绎体系，才形成比较全面的科学方法论的基础。

实验归纳法，也是物理教学中常用的实验方法。例如，在欧姆定律的教学中，需要通过学生分组实验，采用控制变量的方法，分别测出电流强度与电压的关系和电流强度与电阻的关系，然后才能归纳出欧姆定律的表达式。

3. 理想实验法

理想实验是在人们头脑中想象所进行的实验。它以真实的科学实验为基础，以科学事实为依据，运用逻辑推理和理论分析的方法，突出主要因素，排除次要因素，进而在思想上构成理想过程，用来得出理想条件下物理规律的实验方法。理想实验的方法始于伽利略(G. Galilei)，对此，爱因斯坦评价道："伽利略的发现以及他所应用的科学推理方法，是人类思想史上最伟大的成就之一，标志着物理学的开端。"

理想实验在物理学的研究中有着重要的作用。例如，爱因斯坦建立狭义相对论时设计了关于同时性的相对性实验；在建立广义相对论时，设计了在自由下落的升降机里一束光因受引力作用发生弯曲的实验。这两个实验都是理想实验，它们既以真实实验为基础，又高于真实实验，并更深刻地反映物理现象的本质，揭示物理规律的内在联系，在推动物理学的发展过程中，起着重要的作用。

理想实验在中学物理教学中也常常用到。例如，在研究电场强度时，设想在电场中放置不会引起电场改变的点电荷，考察它在各点的 F/q 值；在研究电势时，考察点电荷在各点的 W/q 值。这些也都属于理想实验。在物理教学中运用理想实验，不仅可以培养学生的推理能力，而且还能发展学生的想象能力。因此，理想实验具有不可忽视的科学意义与教育价值。

4. 实验探索法

实验探索法是指采用实验的方法去探索未知物理规律的方法。这种方法的特点是实验在前，结论在后。

物理学发展史上不乏通过实验探索物理规律的例子。库仑发现库仑定律、奥斯特(H. C. Orsted)发现电流的磁效应、法拉第发现电磁感应定律等，无一不是通过实验探索法而发现的。

由于历史的原因，目前在中学物理教学中，普遍采用的验证性实验，探索性实验并未在实验教学中占有应有的地位。

四、实验教学能促进学生认知水平的发展

皮亚杰将儿童的认知发展水平划分为四个发展阶段，即感知运算(0～2 岁)、前

运算(2～7岁)、具体运算(7～11岁)和形式运算(11～15岁)四个阶段。儿童的智慧发展就是在同化和顺应的过程中获得认知阶段的进化。在较初级的阶段,儿童主要通过身体的接触和物质手段与环境进行相互作用,以后逐渐发展到较高级阶段,并脱离物质实体而表现为精神活动或动作,即抽象的逻辑运算。按照这一理论,“动作是一切知识的源泉,而且以逻辑和数学为最高形式的智力活动本身(即智力运算)也是真正的动作,运算性精神动作是从物质动作中产生转化而来的。”[①]

因此,对于中学生,必须给予他们充分的活动机会,使他们有足够的与环境直接相互作用的机会,以促进其认知水平的发展。这样,物理实验就是一种极好的活动形式。学生在物理实验中,不仅可以学到物理知识,而且在与物理现象的相互接触中,有了充分的活动机会,手脑并用的机会。尤其在实验中面临新的问题与情景时,他们往往需要进行认知上的同化与顺应,需要进行假想、推理等从而探索物理现象的本质规律,因而在这一过程中,物理实验对学生认知水平发展就起到了积极的促进作用。

五、实验教学能培养学生的科学态度和科学精神

实验既是科学知识又是科学方法。因此,进行物理实验就要求有科学的态度和精神。所谓科学态度和科学精神,包括思想解放、尊重事实、审慎从事、勇于探究等,这正与中学物理教学的要求相一致。

在演示实验中,教师全神贯注地操作实验,学生被实验现象所吸引,会为实验的成功与失败而惊喜和焦急,这无疑会潜移默化地影响着学生对实验的态度,对于他们科学态度与科学精神的养成有着直接的影响。

物理学发展史上物理学家们大无畏的科学态度与科学精神也常常能够对学生产生很好的影响。比如,第二次世界大战期间,美国的“曼哈顿工程计划”的实验装置是:在导轨上放两个半球形铀块,用两把螺丝刀在导轨上将两个半球形铀块对合起来,使之刚好达到临界质量,观察链式反应,并根据情形及时将铀块分开,以免发生核爆炸。承担这一试验任务的是年轻的加拿大物理学家斯罗廷(L. A. Slotin)。在将近一年的时间里,他多次进行实验,每次都顺利完成。

1946年5月,斯罗廷在一次实验中偶然失手,螺丝刀滑掉了。接着,两个半球形铀块滑到了一起,达到了临界体积,顿时整个房间闪烁着可怕的眩光,周围的人呆若木鸡,一场无可挽救的核爆炸眼看就要发生。此时,斯罗廷以惊人的勇

---

① 雷永生,等.皮亚杰发生认识论述评[M].北京:人民出版社,1987:117.

气用双手掰开了临界质量,从而避免了一场核灾难。斯罗廷由于受到了致命的核辐射,九天后献出了年轻的生命。斯罗廷的这种挺身而出、敢于为科学献身的精神给予学生正向的教育与引导。

总之,通过实验培养学生的科学态度和科学精神,将有利于学生科学世界观的形成,其意义是深远的。可以说,科学态度与科学精神的培养,既是智育任务,又是德育任务,同时,也体现了科学性与思想性相统一的教学原则。

六、实验教学能够激发学生学习物理的兴趣

兴趣是产生学习动机的重要条件,学生对物理学产生兴趣,才会积极主动地学习,而物理实验在激发学生学习兴趣方面可以扮演重要的角色。

通过三棱镜将一束太阳光折射成七色光,可以使无数初入物理学殿堂大门的中学生如痴如醉,这不正是物理实验无可比拟的魅力与价值吗?

物理实验之所以能够激发人们的兴趣,其原因还在于实验本身所具有的无穷魅力。物理实验作为一种特殊形式的知识载体,它本身就具有直观、生动、形象和有趣的特点。许多物理学家为探索物理规律所进行的长达几十年的艰苦劳动,其动力正是来源于实验本身的魅力。

比如开普勒(J. Kepler)对于第谷(Tycho Brahe)天文观测的数据非常感兴趣,他认为在这些数据中一定隐藏着美妙的物理规律与数学关系。为此,他进行了艰苦的探索。当他最终发现开普勒三定律之后,他写道:"这正是我十六年以前就强烈希望要探求的东西……为此目的,我参加了第谷的工作……现在我终于揭露出它的真相,认识到这一真理,这是超出我最美好的期望的……我不顾一切热诚满腔为了神圣的理想,人们原谅我就高兴,人们发怒我会忍让。大局已定,这本书已写好了,是现代还是后世的人或者一百年后才会有人读,就像上帝等了六千年才有人礼赞一样,这我就管不着了。"科学探索成功后的喜悦感溢于言表,感人至深。

在物理实验教学中,教师要注意因势利导,使学生的兴趣逐步由直接兴趣发展为间接兴趣,从暂时性兴趣转化为持久兴趣。许多物理学家,当他们对物理学的发展做出巨大贡献而闻名于世的时候,常常会情不自禁地回忆起将他们引入物理学殿堂之门的生动实验。可见实验的趣味性对于一个人的成长确实起着重要的作用。①

---

① 邢红军. 物理教学论[M]. 北京:北京大学出版社,2015:189.

第2节　演示实验教学

演示实验是中学物理教学中经常采用的实验类型，在中学物理实验教学中占据较大的比例。教师在物理教学过程中，既可以利用现有的实验仪器进行实验演示，也可以利用自制实验教具进行实验演示。同时，演示实验可以极大地将学生的注意力吸引到课堂当中，相比于学生分组实验，演示实验的教学效率更高；演示实验可以将抽象的物理概念直观地展现在学生面前，既可以作为教学的引入手段，也可以作为探究概念、规律的教学手段。

一、演示实验的基本要求

1. 要有明确的目的

课堂教学不同阶段采用的演示实验具有不同的教学目的，教师应根据不同的教学阶段，选取恰当的演示实验运用于教学中。

在教学的导入阶段运用演示实验，应当在激发学生学习兴趣的基础上，为后续教学环节进行铺垫。例如，在进行浮力教学时，可供选择的演示实验有很多，最简单的是将乒乓球按压入水后，观察乒乓球的运动状态；或者利用橡皮膜观察液体压强的大小，继而探究浮力的产生原因。

上述演示浮力的实验，具有不同的目的。第一个实验虽然简单，但是可以引导学生通过观察，直观地认识浮力的方向。第二个实验能够让学生清晰地观察到，在水平方向上橡皮膜的形变程度是一致的，而上下两侧橡皮膜的形变程度差异明显，从而降低学生理解浮力产生原因的学习难度。

因此，教师在选择演示实验时，应当结合本节课的教学内容，不能脱离教学内容，为了实验而进行实验。应当在服务课堂教学整体安排的基础上，充分发挥演示实验的特点，从而达到让学生更好地理解、掌握知识的目的。

2. 实验现象要明显、直观

演示实验是教师在课堂上操作，学生在座位上观察实验现象的教学活动。为了能够让学生更为清楚地理解物理知识，观察实验现象，教师在演示时，应当尽可能做到实验现象清晰、明显与直观。

为了达成上述目的，必须将实验装置“放大”。所谓的“放大”，不仅是指将实验器材做得足够大，而且还要将实验现象放大。这是因为，教师虽然在讲台上进行演示，但是必须要让后排的学生看清楚教师的实验操作。例如，在演示凸透镜成像时，常见的教具尺寸有限，导致光屏上的像很小，演示的效果就会大打折扣。改进的措施是，将光学元件放大。例如，使用直径为 30 cm、焦距为 1 m的大尺寸凸透镜进行实验，学生将会对光学仪器摆放位置记忆深刻，对于现象的观察也会变得轻而易举，进而提升演示实验的教学效果。

除此之外，演示实验的教学器材应尽量简单，避免无关因素对学生的干扰，突出实验现象与过程。有些教师认为只有利用复杂、精密的仪器进行演示实验，演示效果才会好，这其实是一种错误的观点。麦克斯韦(J. C. Maxwell)曾经说过："这些实验的教育价值，往往与仪器的复杂性成正比，学生用自制的仪器虽然经常出毛病，但他却会比用仔细调整好的仪器学到更多的东西。仔细调整好的仪器学生易于依赖，而不敢拆成零件。"这很好地说明了简单仪器特有的价值。例如，流速与压强的演示实验，通过漏斗向下猛烈吹气，当空气流速加快时，漏斗中的乒乓球能够悬停在空中一定时间而不会下落。由于这一实验能够很好地让学生认识到流速与压强的定性关系，既突出了实验现象，又能够有效激发学生学习物理的兴趣。

3. 要确保实验安全、成功

演示实验的目的，是通过让学生观察实验现象获得感性认识，进而理解物理现象背后的物理本质。因此，教师在进行演示实验时，应当确保实验一次成功。如果教师的演示失败，就会导致学生对实验结论产生怀疑，进而影响学生对知识的理解。如果教师的操作不规范，甚至出现错误操作行为，就会在不知不觉中使学生学到的是错误的操作技能，这就会对实验教学造成不良影响。因此，教师进行演示时，应当注意实验操作的规范性，确保实验成功以及实验安全。

实验演示成功的关键首先是掌握正确的实验原理，由于实验是手脑并用的实践活动，因此，实验成功的前提是教师必须从理论上弄清楚实验的原理，才能使实验演示万无一失。比如，水的低压沸腾实验，许多学生都做不成功。其实，做成功这个实验的关键有两点：一是烧瓶里的水尽量多，不仅要把烧瓶的球形部分充满，其瓶颈部分也只能留有 5cm 左右的空气，这样当使用唧筒式①抽气机抽气时，烧瓶中空气的压强就比较容易降低；二是水温尽量高。对于这个实验，《中学物理教学法实验》这本教材上说烧瓶中放 1/3 的水②，这是不准确的。如果这

① 也叫泵动式。——编辑注

② 李桂福. 中学物理教学法实验[M]. 北京：北京师范大学出版社. 1993：97.

样做的话，当水温是60℃或70℃时，使用唧筒式抽气机抽气根本不可能做成功这个实验。

其次，正确的操作技能也是确保实验成功的关键因素。比如，平行板电容器演示实验。在演示平行板电容器的电容与两板间距离的关系与相对面积以及两板间电介质的关系时，很多学生操作后没有实验现象出现。究其原因，这个实验成功的关键就是一个字——“快”，即拉动两个金属板的动作或抽出介质板的动作要快，动作慢就不会有实验现象产生。

最后，教师在进行演示实验时，务必注意实验安全，避免出现安全事故。为此，教师应当严格按照实验室安全规章制度以及实验操作规范操作实验。对于危险性较大的实验，应当反复检查，严格操作。比如，曾经有教师在调节激光器时直接用眼睛对着激光器调节，导致发生视网膜脱落的实验事故。显然，这些事故的发生都是不遵守实验操作规范的结果，应当引以为戒。

4. 演示实验要具有启发性

演示实验的目的是通过教师操作与学生观察，为学生提供感性认识，为进一步掌握物理概念，理解物理规律奠定基础。因此，演示实验应当具有启发学生思维的功能。

首先，演示实验应当具有趣味性，通过展现超乎学生想象的实验现象，进而吸引学生的注意力，并引导学生对实验现象进行初步分析。例如牛顿摆实验。教师将一颗钢球抬起一定高度后释放，在撞击其余静止的小球之后，第一颗小球将会静止，而另一侧的钢球将会弹起。若释放两颗钢球，则另一侧将会弹起两颗钢球，而其余中间的钢球依然保持静止状态。这一实验虽然操作简单，但现象却十分明显。对于刚刚接触碰撞的中学生来讲，这一实验现象已经出乎学生的意料之外。因此，通过观察实验现象，就会激发学生的探究欲望，启发学生的思维，进而展开进一步的思考。

5. 要配合讲解、指导

在演示实验之前，学生要明确观察目的，做好观察准备；在实验演示过程中，要突出观察现象，排除次要因素干扰，教给学生观察的方法，并进行思维训练，指导学生透过表面现象把握物理本质。例如，在初中探究相同液体内部，不同深度下液体压强的大小的实验，学生应当理解液体压强是无法直接测量的。因此，需要借助U形管液体压强计进行间接测量。在实验过程中，教师应当先向学生阐明液体压强计的工作原理，即通过橡皮膜的形变，使U形管两侧液面产生高度差，通过观察U形管两侧液面的高度差，间接测量出探头位置处的液体压强的大小。为了便于学生理解，教师可以让学生亲自按压探头处的橡皮膜，感受橡皮膜处压强大小不同时两侧液面高度差的不同。

第3节　学生分组实验

学生分组实验是学生在教师的指导下，在实验室里分组进行实验的教学形式。它要求学生自己动手使用仪器、观察测量、记录数据、处理数据、得出实验结论，是学生在教师指导下独立进行实验操作的活动，也是学生形成技能、训练思维、培养科学态度与科学精神的重要环节。在实验过程中，教师要善于启发学生的主动性和积极性，要求学生对实验的每个步骤、每个环节都认真思考，以培养他们的思维能力、实验能力以及分析问题、解决问题的能力。

一、学生分组实验的阶段

1. 准备阶段

准备阶段的主要任务是让学生明确实验目的，理解实验原理与方法，认识实验仪器，做好操作与记录的准备。在准备阶段，教师要引导学生认真阅读实验教材，并根据实验的重点难点、成败关键、在原理上或实验技能上可能遇到的困难、实验中可能发生的错误以及不恰当的方法、可能发生的故障等提出一些问题帮助学生思考，使学生认真理解实验方案。同时，让学生了解实验科学设计的方法。

2. 操作阶段

操作阶段是把实验的理论方案变为实践操作的阶段。在这个阶段中，学生的主要任务是：安装调试仪器，控制实验条件变化，观察测量，记录数据，并排除可能出现的故障。教师的主要活动是：进行指导，巡视检查，严格要求学生遵守操作规则和程序，了解学生在实验中遇到的困难和问题，启发学生思考，培养学生以思维为指导、手脑并用、有条不紊以及认真细心观察的良好习惯，并注意避免可能出现的事故和协助学生排除故障。

操作阶段一般可以分为三步。

第一步，安装调试。仪器的安装与使用都要满足一定的条件。例如，底座是否处于水平，电路连接是否正确，仪表是否需要重新调零，电子仪器的预热、辉度、聚焦的调节等。

第二步，观察操作。严格按照规程操作，否则不仅可能出现实验误差，使实验失败，还可能损坏仪器，甚至造成人身事故。例如，温度计不能当搅拌器用，不允许用导线短接电源试探，不允许用手触摸光学镜头，读数应根据仪表的精密度、准确度和被测对象来确定有效数字等。

第三步，拆除、整理仪器。按顺序拆除仪器，养成实验结束认真清理仪器、打扫卫生的良好习惯。

3. 总结阶段

总结阶段要求学生处理数据，分析结果，完成实验报告。在这个阶段，教师要引导学生发挥思维的能动作用，学习数据处理方法，了解影响实验结果的因素。对结果不理想的实验，要分析是误差还是错误，属于错误的要改进或重做，属于误差的要分析原因，提高认识。要禁止为得到理想的结果而弄虚作假，甚至拼凑数据的不良做法。要教育学生尊重事实，培养学生实事求是的科学态度和科学精神。

学生分组实验是以学生活动为主的实验，在整个实验教学过程中，教师讲授不应过于具体，也不可指导过多，更不能包办代替。要创造条件使学生有更多动手动脑的机会，启发诱导，使学生充分发挥自己的聪明才智和操作技能。

二、学生实验操作评价

长期以来，如何对物理实验操作能力进行有效评定，一直是物理教育界关注的重点课题。纸笔测验难以对物理实验操作能力进行有效考查，就需要寻找合适的评价指标，以促进学生物理实验操作能力的发展。因此，对物理实验操作评价指标展开系统的理论研究，能够给物理实验教学的发展以有益的启示。

1. 物理实验操作测验评价指标的构建

为了准确考察物理实验操作能力，需要借助于物理实验。但如何对实验操作步骤赋分，就需要有一把作为标准的“尺子”来丈量。而这把“尺子”，就是物理实验操作评价指标。考虑到评价指标的层次性，我们将物理实验操作评价指标的构建分为一级指标和二级指标分别加以建构。

（1）一级指标的构建

物理实验操作评价的一级指标，应当结合物理实验的特点，遵循简单、易行、可测量的原则，按照实验操作的步骤顺序，对实验步骤进行合理取舍，抓住物理实验的核心要素进行构建。按照这种思路，经过系统的理论研究，我们建构了物理实验操作评价的一级评价指标。如表 7-1 所示。

表 7-1　物理实验操作测验的一级评价指标

一级指标	定　义
A. 识别与选取	将文字与原理图转译为对应的实物图像，选取恰当实验装置
B. 安装与调试	组装与连接实验仪器，并进行实验装置的预调节测验
C. 操作与观测	安全、合理地利用实验装置进行可调控的实验操作，选择合理的方式进行观察与读数
D. 记录与处理	正确记录数据，能够判断实验数据的可信度并给出实验结论

（2）二级指标的构建

依据物理实验操作的具体步骤，有必要进一步将各项一级指标进行细化，这就需要建构二级指标。为确保二级指标构建的合理性，通过研读物理课程标准，分析中学物理教材中所规定的必做物理实验，同时结合已有文献，确定出二级指标，如表 7-2 所示。

表 7-2　物理实验操作测验的二级评价指标

一级指标	二级指标
A. 识别与选取	A1. 根据实验目的与原理图正确辨识实验设备与仪器
	A2. 根据测量精度选取测量仪器的量程
B. 安装与调试	B1. 根据实验目的与要求，正确、合理的连接或组装仪器
	B2. 对实验仪器与实验装置进行预备性调试
C. 操作与观测	C1. 按照合理的实验步骤与正确的操作规范，熟练、有序的调节
	C2. 在实验中能合理的控制条件
	C3. 能按照操作规范对实验现象进行观察、测量与读数
	C4. 在实验中能够采用合理的实验方法有效减小实验误差
	C5. 能够发现实验中可能存在的问题，并排除简单的实验故障
	C6. 能进行安全操作，并且注意保护实验仪器
D. 记录与处理	D1. 合理设计表格
	D2. 科学记录数据
	D3. 恰当处理实验数据
	D4. 依据实验数据得出实验结论

2. 物理实验操作考试评价指标的权重分析

二级评价指标的建构只是物理实验操作评价指标建构的第一步。接下来，对以上分级方法进行了信效度分析发现，该评价指标具有良好的信效度。随后，采用调查问卷所获取的数据，借助层次分析法对各项评价指标的权重进行确定，最终得出物理实验操作评价各项指标的分值分配，如表 7-3 所示。

表 7-3　物理实验操作评价各项指标的分值

一级指标/分值(百分制)	二级指标/分值(百分制)
A. 识别与选取：9 分	A1：6.5 分
	A2：2.5 分
B. 安装与调试：14 分	B1：11 分
	B2：3 分
C. 操作与观测：38.5 分	C1：8.5 分
	C2：8.5 分
	C3：12 分
	C4：2.5 分
	C5：3.5 分
	C6：3.5 分
D. 记录与处理：38.5 分	D1：2.5 分
	D2：6 分
	D3：12 分
	D4：18 分

至此，物理实验操作评价评价指标的理论建构完毕。评价指标经过信效度检验与权重确定后，就成为一个标准的物理实验操作测验评价指标，可以用来指导物理实验操作的评价。显然，这样一个标准化的物理实验操作评价指标，具有重要的理论价值与实践价值。[①]

① 邢红军，靳萱．中学物理实验操作评价研究[J]．物理教师，2018，39(08)：50—55.

第4节 学生课外实验

自从布卢姆的教育目标被引进国内以来，许多物理教育工作者一直把教育目标作为物理实验教学的理论基础加以研究。然而，高中物理探索性实验教育目标的研究工作却很少见到。鉴于此，我们借鉴美国匹兹堡大学克劳佛尔(L. E. Klopfer)的理科教学目标，制定了高中物理探索性实验的教育目标，以期对高中物理探索性实验的研究有所帮助。该目标重点放在学生参与实验探究过程中的行为范畴方面，以顺应当前物理教育强调向探究方向发展的趋势。因此，目标的设计不仅包括了学生在探究过程中的认知行为，同时包括实验操作技能以及学生对待探索的态度等。因此，这个探索的教育目标实际上是将布卢姆《教育目标分类学》中的认知领域、动作技能领域以及情感领域的目标融于一体。这是因为，在实际的探索活动中，我们很难把学生的活动或者行为单纯地归于某一个领域(例如认知领域)，学生的任何一项活动往往同时包括几个领域的行为。布卢姆及其合作者在制定情感领域的目标时也坦率地承认了这一点。因此，我们认为，制订出学生探究活动的行为目标较单纯地制定成某一个领域的教育目标更切实可行。

一、学生课外物理实验目标

A. 观察与测量

A1. 对事物和现象的观察；

A2. 选择合适的测量工具；

A3. 对事物及其现象变化进行测量；

A4. 估算和精确度。

B. 发现问题并寻求解决问题的方法

B1. 认清问题；

B2. 提出一个假设；

B3. 选择适当的实验检验假设；

B4. 拟定实验步骤；

B5. 进行实验操作。

C. 解释数据并作出概括

C1. 实验数据的处理；

C2. 以图像的形式表示数据；

C3. 对实验数据和观测资料的解释；

C4. 外推和内推；

C5. 依据实验数据评价一个被检验的假设；

C6. 依据发现的关系通过计算法或比例法作出相应的归纳。

D. 设计、检验和修改一种物理模型

D1. 对物理模型必要性的认识；

D2. 系统地提出一个能够包容已知现象和原理的物理模型；

D3. 依据物理模型说明各种关系；

D4. 从一种物理模型推导出新假设；

D5. 解释并评价物理模型的检验结果；

D6. 修改、完善或扩充物理模型。

E. 兴趣和态度

E1. 把实验探究视为乐趣；

E2. 发展学生对实验和实验探究的兴趣；

E3. 把实验探究作为思想方法；

E4. 采取科学的态度。

以上五个层次是对学生在实验探索中的行为要求。这五个层次的次序不是任意安排的，它代表了学生在探究过程中所必经的而且是日益复杂的步骤。这五个层次提出在实验探究过程中，有关学生行为的一个分类。它虽然不是进行探索的固定程序，但是以上亚层次中的许多行为要求，在探索过程中随处可见。然而这并不是说在任何一个探索过程中都会出现所有规定的行为，或者说它们一定按照亚层次规定的次序出现。

二、学生课外实验的设计范例

为了检验制定的物理课外实验教育目标的合理性与可行性，我们选取参加全国中学生物理竞赛某省赛区二试（实验）的 49 名学生作为被试者，把“探索浮体稳定性”的实验作为竞赛的第一题做了测试。希望通过测试来考查教育目标的合理性与可行性。

1. 学生课外实验教育目标的具体化

在实验设计中，根据教育目标着重考查学生有关知识、技能和能力方面的要求是：① 测量物体重心的方法；② 实验数据的合理选取及读数（包括估读和有效数字)；③ 用作图法处理实验数据；④ 浮心的测量方法；⑤ 建立物理模型，求出表达式的能力；⑥ 外推法。

此外，作为一个课外探索性实验，它还应具有较好的探究性，能使学生在探究过程中发生认知冲突，从而在探究活动中使学生的物质动作内化到头脑中成为精神动作，进而建构起良好的认知结构。实验设计中我们力图贯彻这一思想，题目如下：

探索浮体的稳定性

【实验器材】平底试管一只，1000 mL 烧杯一个，轻质试管塞一个，细线一根，直尺一把，坐标纸一张，砝码若干个，铅笔。

【实验目的】探索装有砝码的试管浮在水面时的稳定性。

【实验要求】

(一) 从理论上说明装入适量砝码的试管在水中处于稳定平衡的条件(2 分)

答案：物体的重心在浮心以下。

(二) 探索装有砝码的试管的重心(20 分)

(1) 先将一个砝码装入试管，用管塞顶住砝码，测出整个试管的重心位置。然后逐渐增加砝码(每次增加的砝码个数可以任意选取)，测出管中砝码的高度和与之对应的整个试管的重心位置(以试管下端为零位)，把数据写在下面(10 分)。

答案：将装有砝码的试管用细线套住，把试管吊起，移动线套的位置，使试管处于水平，分别用直尺量出重心位置到管底的高度和砝码上端到管底的高度，数据如表 7-4。

表 7-4 砝码高度与重心高度数据表 (单位：cm)

砝码高度	9.55	8.18	6.74	5.30	4.15	3.43	2.98
重心高度	5.00	4.43	3.85	3.30	3.00	2.80	2.70
砝码高度	2.48	2.00	1.52	1.08	0.60	0.10	
重心高度	2.70	2.80	2.90	3.19	3.90	5.33	

(2) 对已有的实验数据加以处理，找出试管重心的最低位置(5 分)

答案：以砝码高度为横坐标，以重心高度为纵坐标，在直角坐标系内作出重心高度随砝码高度变化的曲线。

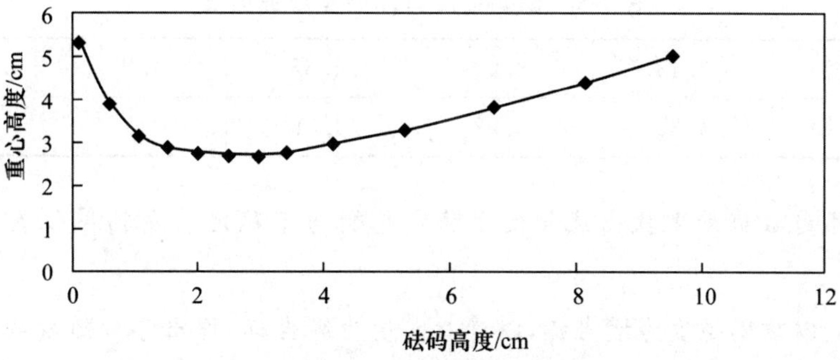

图 7-2　重心高度随砝码高度的变化

(3) 用数学式表达出物体重心的变化规律。

答案：设空试管本身的质量为 m，它的重心离管底的距离为 h，砝码的密度为 ρ，横截面积为 S。当砝码的高度为 x 时，空试管和砝码两者合重心的位置为 y，则根据力矩平衡原理，可得：

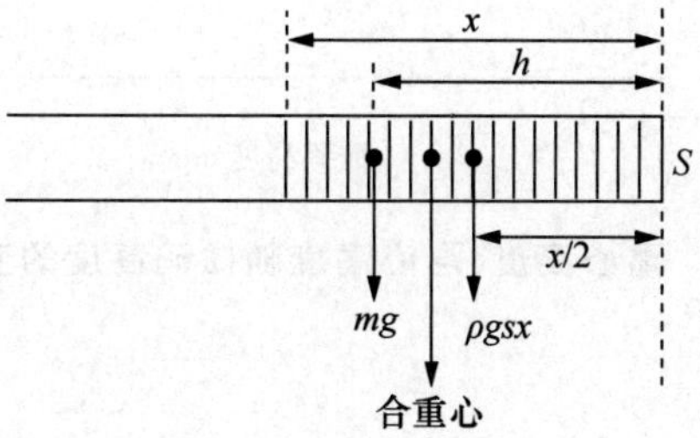

图 7-3

$$mg(h-y)=\rho gSx\left(y-\frac{x}{2}\right)$$

整理得：

$$y=\frac{2mh+S\rho x^2}{2m+2S\rho x}$$

(三) 探索试管浮在水面时稳定与不稳定平衡的临界位置(9 分)

(1) 用实验的方法测出试管的浮心随砝码高度变化的数据，把数据写在下面(4 分)。

答案：先向试管中装入适量的砝码(6 个)，待试管处于稳定平衡后，记下试管浸入水面的位置，然后用直尺量出试管浸入水中的高度，算出浮心的高度，测出与之对应的砝码高度。数据如表 7-5。

表 7-5　砝码高度与浮心高度数据表　(单位：cm)

砝码高度	3.43	3.90	4.35	4.85	5.30
浮心高度	3.30	3.92	4.36	4.97	5.40

(2) 通过数据处理找出试管处于稳定平衡与不稳定平衡临界位置的砝码高度(5 分)。

答案：以砝码高度为横坐标，以浮心高度为纵坐标，作出浮心随砝码高度变化的直线。在图 7-4 中延长浮心随砝码高度变化的直线并与重心曲线相交，交点所对应的横坐标值，即为试管处于临界平衡位置时的砝码高度。求得：$x=2.9$ cm。

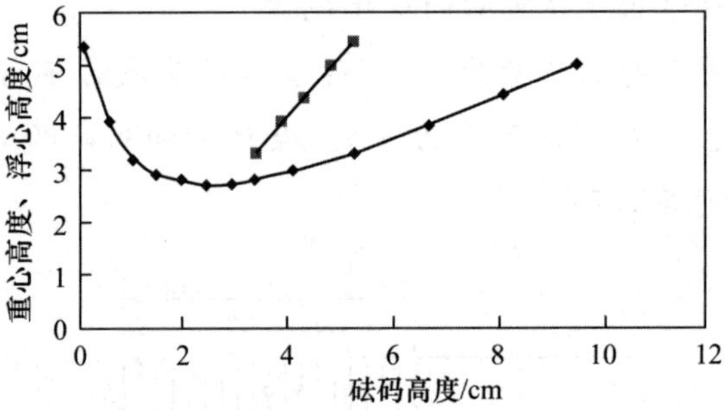

图 7-4　重心高度、浮心高度随砝码高度的变化图

2. 测试结果的统计分析

首先，将被试的分数由高至低排列如表 7-6。

表 7-6　被试分数

28	27	26	25	24	24	23	22	21	21	20					
20	20	19	19	19	18	18	18	18	17	16					
16	16	15	15	14	14	14	14	13	12	12					
11	11	11	10	9	9	8	7	6	6	4	3	2	2	2	1

其次，计算实验的难度和区分度。

$$X=14.69, X_{满}=30$$

$$P=1-X/X_{满}=1-\frac{14.69}{30}=0.51$$

一般认为，难度值在 0.3～0.7 范围内为适中，难度值在 0.7～0.9 范围内为较难，难度值在0.3～0.1范围内为较易，所以题目难度的平均值应在0.5左右为宜。本题难度为$P=0.51$，说明实验的难度适宜。

为了计算区分度，我们从前述的分数排列中取出27%的高分数作为高分组(H)，再取出27%的低分数作为低分组(L)。这样，高、低分组各取13名。

高分组(H)28，27，26，25，24，24，23，22，21，21，20，20，20。

低分组(L)10，9，9，8，7，6，6，4，3，2，2，2，1。

根据计算区分度的公式

$$D=\frac{X_{\text{H}}-X_{\text{L}}}{X_{\text{满}}}$$

式中X_{H}和X_{L}分别是高分组和低分组某个题目的平均分，$X_{\text{满}}$是该题的满分

$$X_{\text{H}}=23.14\quad X_{\text{L}}=5.31$$

$$D=\frac{X_{\text{H}}-X_{\text{L}}}{X_{\text{满}}}=\frac{23.15-5.31}{30}=0.59$$

而本实验的区分度$D=0.59$，说明实验具有很好的区分度。

由此可知，我们制订的高中物理探索性实验教育目标不仅是合理的，而且是可行的。①

思考题

1. 物理实验在物理教学中有什么价值和作用？
2. 物理演示实验的教育功能与教育价值有哪些？
3. 中学物理学生分组实验包括哪几个阶段？
4. 中学物理课外实验的教育目标有哪些？

① 邢红军，物理教学论[M]. 北京：北京大学出版社，2015. 208.

第八章　原始物理问题教学

原始物理问题，是指自然界及社会生活、生产中客观存在且未被加工的物理问题，具有超越传统习题的教育价值。中学物理教学中适当融入原始物理问题将成为未来物理教育的趋势。因此，认识原始物理问题的教育价值，了解原始物理问题的表征理论，编制合理的原始物理问题测量工具就成为中学物理教师必备的专业知识。

第1节　原始物理问题的教育价值

一、原始物理问题的理论渊源

我国物理教育的有效性如何？杨振宁认为，“中国过去几十年念物理的养成了念死书的习惯。整个社会环境，家长的态度，报纸的宣传都一贯向这个方向引导。其结果是培养了许多非常努力，训练得很好，知识非常扎实的学生，可是他们的知识是片面的，而且倾向于向死的方向走。这是很有害的。”①

为什么中国学物理的学生都养成了念死书的习惯？杨振宁教授分别从教学方法和学习方法两个方面进行了深入分析。

对于我国的物理教学方法，杨振宁教授指出，“中国现在的教学方法，同我在西南联大时仍是一样的，要求学生样样学，而且教的很多、很细，是一种‘填鸭式’的教学方法。这种方法教出来的学生，到美国去，考试时一比较，马上就能让美国学生输得一塌糊涂。但是，这种教学方法的最大弊病在于，它把一个年轻人维持在小孩子的状态，老师要他怎么学，他就怎么学。”②

对于我国学生学习物理的方法，杨振宁教授同样提出了尖锐的批评。“美国

---

① 杨振宁．读书教学再十年[M].台北：时报文化出版企业股份有限公司，1995：8.

② 杨振宁．杨振宁文集[M].上海：华东师范大学出版社，1998：839.

学物理的方法与中国学物理的方法不一样。中国学物理的方法是演绎法，先有许多定理，然后进行推演，美国对物理的了解是从现象出发，倒过来的，物理定理是从现象归纳出来的，是归纳法。演绎法是学考试的人用的方法，归纳法是做学问用的办法。”①

事实正是如此，在没有物理环境的情况下学习物理是困难的。许多学生经过多年苦读，记忆了大量的物理概念、物理规律，做了许多物理习题，却不能有效地提高物理水平。他们在面临物理问题时不能迅速判断，稍一动笔就错误百出；在理解物理问题时，也是除了简单的分析外，不能准确地表达自己的思想，不能完整地解决物理问题。许多人学习物理的过程实际上如同开了中药铺子，物理概念、物理规律都被分离放置在柜上的小匣子里，不能形成一个有机的整体。而物理学是有生命的，把无生命的部件拼凑起来模仿生命，效果自然可以想象。许多同学靠加倍的努力来摆脱困境，其结果只是在药柜上开了更多的匣子。

出现这种现象的原因何在？杨振宁教授认为，“很多学生在物理学习中形成一种印象，以为物理学就是一些演算。演算是物理学的一部分，但不是最重要的部分，物理学最重要的部分是与现象有关的。绝大部分物理学是从现象中来的，现象是物理学的根源。一个人不与现象接触不一定不能做重要的工作，但是他容易误入形式主义的歧途，他对物理学的了解不会是切中要害的。”②

杨振宁教授关于“现象是物理学根源”的观点是真正的大师眼光。他以自己深厚的物理学养，作文启人心智，涉笔指点迷津。然而，把这种抽象的物理教育思想转变为可操作的物理教育方式也并非是一件简单的事情，这需要创造性的工作。

从杨振宁教授的基本思想出发，我们认为：在物理教育中，与演算对应的具有可操作性的物理教育方式是物理习题教学，而与物理现象对应的具有可操作性的物理教育方式则应当是原始物理问题教学。简言之，解决我国物理教育低效能的根本措施就是要在物理教育中打破习题教学一统天下的传统局面，通过引进原始物理问题来逐步取代物理习题，从而达到提高物理教育效能的目的。

所谓原始物理问题，是指自然界及社会生活、生产中客观存在且未被加工的物理问题。而物理习题则是指从实际问题中经人为抽象加工出来的物理问题。

---

① 杨振宁．杨振宁文集[M].上海：华东师范大学出版社，1998：467.

② 杨振宁．读书教学再十年[M].台北：时报文化出版企业股份有限公司，1995：9.

两者的关系如图 8-1 所示。[①]

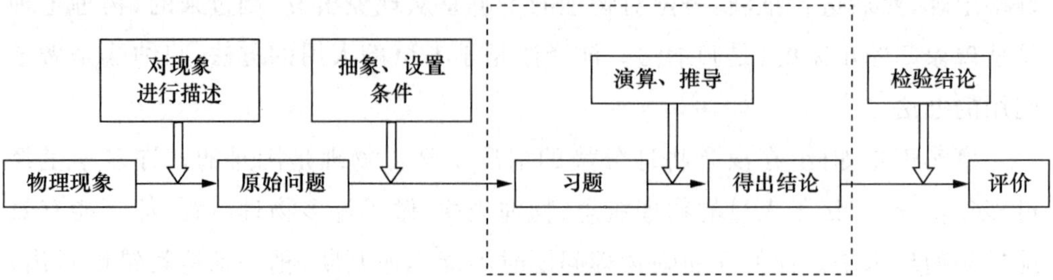

图 8-1

值得注意的是，长期以来，我国的物理教育基本上局限在图 8-1 所示的虚线框内。因此，传统的物理教学就在原始物理问题与物理习题之间形成了一条鸿沟，致使很多学生只知道根据已知条件去解题，遇到实际问题则常常束手无策。

其实，早在 1983 年，赵凯华先生就已觉察到这个问题。他指出："在我们的教学中，同一问题，既可以把原始的物理问题提交给学生，也可以由教师把物理问题分解或抽象成一定的数学模型后再提交给学生。习惯于解后一类问题的学生，在遇到前一类问题时，往往会不知所措。"[②]应当说，明确提出原始物理问题与物理习题之间的区别是有着相当重要的理论意义与现实意义的。

遗憾的是，这种物理教育思想并未彻底贯彻下去。对于如何教导学生学好物理学，赵凯华先生认为："我们反对'题海战术'，反对针对某类考试或题库的应试教育。但是做题毕竟是学生学习过程中比较主动的环节，学习物理，不做习题是不行的。但做习题不在于多，而在于精。"[③]显然，这又回到传统物理教育的道路上了。

进入 21 世纪，我国的物理教育改革呈现出前所未有的蓬勃局面，涌现出许多新的物理教育思想和理论。在这些思想和理论的指导下，中学物理教育界进行了大规模的课程改革，通过物理教学大纲或课程标准，编写出了许多风格迥异的物理教材，从而促进了物理教育的发展。

然而，仔细考察这些物理教材后，我们发现许多物理教材的编写虽然在指导思想、编写体系及内容的选择与组织上下了很大功夫，但到最后却仍然沿袭了传

① 于克明．谈"原始问题"与能力培养[J].大学物理，1997，5：44.
② 林纯镇、吴崇试编译．我国赴美物理研究生考试历届试题集解(1980—1984)[M].北京：高等教育出版社，1985：代序．
③ 赵凯华．物理教育与科学素质培养[J].大学物理，1995，8：6.

统的习题教学模式,依然未能跳出脱离物理现象的窠臼,从而走上了“新瓶装旧酒”的老路。

物理习题模式不仅影响着物理教材的编写,而且也根深蒂固地反映在物理高考的命题指导思想上。比如,物理高考命题委员会就认为:“我们主张要做题,但并不赞成搞题海战。因为题海战盲目追求解题的数量,不重视解题的质量,使学生根本来不及对习题以及与习题有关的问题进行思考。”①

由此可见,在我国物理教育飞速发展的今天,检讨和改革我国物理教育理论与实践中存在的问题,似乎势在必行。

二、原始物理问题的教育价值

在物理教育中运用原始物理问题进行教学,具有以下教育价值。

1. 契合学生的直接经验和间接经验

现代教学论认为,教学过程中必须处理好学生获取直接经验与获取间接经验的关系,防止出现忽视系统知识传授或忽视直接经验积累的倾向。而在传统的物理教学过程中,往往只强调了图 8-1 中所示的虚线部分,这的确促进了学生间接经验的积累,但却略去了由实际问题到抽象问题的过程,而该过程对于学生直接经验的获取,恰恰是至关重要的。因为原始物理问题与物理习题的最大区别在于:原始物理问题的呈现形式是对物理情景的描述,没有物理习题中常常有的已知量、未知量,需要学生自己去抽象,自己去设置。因此,从本质上说,物理习题教学是学生运用间接经验知识解决间接经验问题,而原始物理问题教学则是学生运用间接经验知识解决直接经验问题。

由于原始物理问题具有客观真实性,学生在运用原始物理问题进行学习的过程中,通过与实际问题亲自“握手”,可以获得大量的感性认识。在将实际问题转化为抽象问题的过程中,学生补回了传统教学中缺失的一环。通过对原始物理问题进行梳理和加工,从而完成知识的外化建构。

原始物理问题与物理习题还有相似之处,这就是原始物理问题经过抽象之后可以成为物理习题。原始物理问题的这一特点,使得它在一定程度上具备使学生高效地完成间接经验知识内化的功能。因此,通过运用原始物理问题进行教学,就较好地实现了学生直接经验与间接经验的契合。

---

① 教育部考试中心. 高考物理能力考察与题型设计[M]. 北京:高等教育出版社,1997:258.

2. 促进科学方法教育

近年来物理教育发展的一个重要取向是，强调科学方法在学生学习物理中的作用。比如，全日制义务教育物理课程标准就把“过程和方法”作为课程的目标之一，使其和“知识与技能”“情感、态度和价值观”并列，[①]这进一步体现了人们的物理教育理念有了新的发展。

科学方法与科学知识在本质上是统一的。但严格说来，两者又有不同的特点。科学方法与科学知识不同，它所涉及的不是物质世界本身，而是人类认识物质世界的途径与方式，是高度抽象的。科学方法也不直接由学科的知识内容来表达，而是有它自己独特的表达方式，它往往隐藏在知识的背后，支配着知识的获取和应用。正是因为科学方法的这些特点，使得科学方法既不易学习，又不易掌握。而原始物理问题则恰好为科学方法教育搭建了一个理想的平台。由于原始物理问题贴近现实生活，客观而真实地反映了我们这个日新月异的时代，因此，在原始物理问题教学中，学生就可以在教师的指导下，首先运用分析、综合、抽象、概括等科学方法将原始物理问题转化为物理习题，然后再运用假设、类比、等效模型、近似等科学方法去进一步解决问题。

通过对原始物理问题的不断了解、积累和熟悉，就能使学生形成一种借助科学方法获取科学知识的心理定势。这样，学生就能够以快捷的速度去获取知识，进而通过在头脑中形成认知结构，深刻地领会和掌握知识，牢固地记住知识。还可以使学生产生一种对问题的敏感性，并能够用科学方法迅速地抓住问题的要害，找出解决问题的途径。

3. 培养学生的创造性思维

传统的物理习题教学，往往与物理现象相脱离，使学生处在模型和模块的包围之中，满脑子的小球、轻杆、木块、斜面……却往往不问其生活源头，感受不到物理现象真实与鲜活的一面，久而久之便桎梏了创造性思维的发展。

而原始物理问题由于具有生态性和开放性等特点，就决定了原始物理问题的解决过程必然是探索和创造的过程。面对一个信息庞杂、客观真实的原始物理问题，学生找不到可以拿来仿效的原型，也没有既成的经验可以作为指导，只能通过独立思考，不断尝试，对问题进行探索。当学生远离他们熟悉的物理习题后，他们的思维将脱离线性的平衡状态而进入非线性的耗散结构状态。

---

① 中华人民共和国教育部．全日制义务教育物理课程标准(实验稿)[M]．北京：北京师范大学出版社，2001：6．

现代科学的研究认为，人的思维生理基础是人的大脑。人脑有大约 140 亿个神经元，[①]靠其突触相互连接而形成无数条通路。这些通路构成了人类后天学习结果无限多样性的生理基础。因此，人脑不仅是一个生物系统，同时又是一个耗散结构系统。

耗散结构理论是比利时科学家普里戈金(I. Prigogine)于 1969 年提出的。普里戈金区分了两种类型的结构，即平衡结构和耗散结构。平衡结构不与外界进行任何能量或物资的交换就能维持，因此，它是一种“死”的结构。而耗散结构则是一种“活”的结构，它需要与外界不断进行能量和物质的交换，才能维持其有序状态。普里戈金指出，对于一个与外界有能量和物质交换的开放系统，在到达远离平衡态的非线性区时，一旦系统的某个参量到达一定的阈值，系统就有可能发生突变，由原来无序的混乱状态转变到一种在空间、时间或功能上有序的新状态。这种在远离平衡态的非线性区形成的新的稳定的有序结构，由于需要不断耗散能量才得以维持，所以称为耗散结构。根据平衡结构和耗散结构的特征，我们认为物理习题是一种“死”的结构，而原始物理问题则是一种“活”的结构。

根据耗散结构理论，非平衡是有序之源。我们的思维之所以不断深化，是因为在大脑的认知过程中，原来图式结构的平衡状态被外来的刺激所打破，发生了“同化”或更深刻的“顺应”作用，使原来的图式得到充实或改革，达到新的水平和新的平衡。物理习题和原始物理问题的区别就在于，前者很难打破学生思维中的平衡状态，而后者则刺激学生的思维，使之远离平衡状态，从而能够达到培养学生创造性思维的目的。

4. *推进物理学科高考的改革*

在我们目前的高考中，物理学科采用的仍然是物理习题考察方式。对于这种考察方式，高考物理命题委员会认为：“由于高考的规模、形式及社会、经济等因素的影响，目前的高考无法有效地考查学生所应具备的全部能力，其中有些对测定和评价学生的基本素质和未来发展潜质是相当重要的。”[②]为了了解学生在这些方面的能力水平，高考物理命题委员会曾于 20 世纪 90 年代在重庆市和山东省的 16 所生源较好的中学，进行过高考物理科研知识与能力水平测试。这些测试包括用文字对物理问题进行论证和解释等形式。考试结果的得分率很低(平均得分率只有 0.29)且测试结果与平时成绩的相关度几乎为零(−0.06)。由

① 李秉德，李定仁．教学论[M].北京：人民教育出版社，1991：280.

② 教育部考试中心．高考物理能力考察与题型设计[M].北京：高等教育出版社，1997：90.

于平时成绩与高考是密切相关的，这也在一定程度上说明，目前的高考确实没有将学生在这些方面的能力更有效地考察出来。①

高考物理命题委员会认为："测试的这一结果恰好揭露了高考命题中的一个矛盾。如果希望将学生的真正能力水平考出来，达到较好的区分学生的目的，应该多用一些考核能力很有效的题目。但用这样的题目考试的结果，会使平均成绩下降，这会对中学物理教学的现状造成冲击。影响如何，值得研究。"②这在相当程度上反映了高考物理命题委员会投鼠忌器的两难心理。

我们认为，物理学科高考改革的方向就是要逐渐用原始物理问题来取代物理习题对学生进行考查。这不仅能将学生的真正能力水平考察出来，从而区分不同能力水平的学生，而且真正能发挥高考对中学物理教学的引导作用。

这是因为，物理概念和规律只有在原始物理问题中才有生命力，通过一定数量的原始物理问题训练，当学生在解决实际物理问题时，就能够迅速地检索各种各样解决问题的策略而无须搜肠刮肚地对照做过的题型，才有可能在处理前一个步骤时就能在大脑中预感下一个步骤，根本无须暗暗回忆各种题型再思量其意义。

即使学生在进行创造性活动时，也能凭直觉而非经验去探索到正确的解决途径。所以，正是在这个意义上，我们认为原始物理问题教学不仅能使学生学到物理知识、技能和科学方法，而且也能很好地培养学生的能力。

三、习题与原始问题的比较

长期以来，我国物理教育一直存在着把"习题"误当作"问题"的倾向。研究表明：许多物理问题教学的研究实质上是习题教学的研究，这种情况到目前为止，可以说基本上没有改变。许多物理教育理论工作者在问题教学的各个方面做了一些工作，然而，还应当清楚地认识到，整个问题教学的理论，至今未能得到很好的解决。

在国内，数学教育家张奠宙认识到这个问题，他指出："问题不等于考题，尤其不等于目前中国的升学考题。用'问题'来补充、改造和影响考题，以便进一步改革中国的数学教育，这可能是一个有效的突破口。"③

① 教育部考试中心．高考物理能力考察与题型设计[M]．北京：高等教育出版社，1997：91.
② 教育部考试中心．高考物理能力考察与题型设计[M]．北京：高等教育出版社，1997：92.
③ 张奠宙．数学教育经纬[M]．南京：江苏教育出版社，2003：302.

基于此，我们认为，必须对问题和习题进行明确区分。为避免歧义，我们把问题称为原始问题，而与问题对应的称为习题。

所谓原始物理问题，是指自然界及社会生活、生产中未被抽象加工的典型物理现象。它具有以下特点：

(1) 是对现象的描述，没有对现象做任何程度的抽象；

(2) 基本是文字的描述，通常没有任何已知条件，其中隐含的变量、常量等需要学生自己去设置；

(3) 没有任何示意图，解决问题所需要的图像需要学生自己来画出；

(4) 对学生来说不是常规的，不能靠简单的模仿来解决；

(5) 来自真实生活情境；

(6) 具有趣味和魅力，能引起学生的思考和向学生提出智力挑战；

(7) 不一定有唯一的答案，各种不同水平的学生都可以由浅入深地作出回答；

(8) 解决它需要伴以个人或小组的活动。

典型的原始物理问题，如："一些人认为婴儿由成人抱着坐在汽车里是很安全的。现在请你估计一下，在一切发生在很短时间的撞车中，需要多大的力才能抱住婴儿。"

而物理习题则是把现象进行抽象、简化、分解，经人为加工出来的物理作业。它具有以下特点：

(1) 不是对现象的描述，而是对现象高度的抽象；

(2) 虽然也是文字的描述，但所有已知条件都已给出，不需要学生自己去设置；

(3) 凡是解题所需要的图像都已画出，不需要学生自己来画出；

(4) 对学生来说是常规的，靠简单的模仿即可解决；

(5) 少部分来自真实生活情境，大部分没有真实生活情境；

(6) 缺乏趣味和魅力，主要用来训练学生掌握知识；

(7) 有唯一的答案；

(8) 个人解决，不需要小组活动。

典型的习题，如："婴儿由成人抱着坐在汽车里也是很不安全的。请计算：在一切发生在 0.1 s 的撞车中，若撞车前车速为 60 km/h，那么你需要多大的力才能抱住一个 10 kg 的婴儿。"

显然，习题虽然在形式上联系了现象，但却提供了完美而详细的数据，实际上并没有给学生提供真实的问题情境，因此使得在培养学生分析和解决问题的能力上大打折扣。原始问题则是把每个已知量镶嵌在真实的现象中而不是直接给出，需要学生根据面临的情境，通过假设、抽象等手段获得所需的变量及数据，再构造出理想的模型，经过一层层的“剥开”过程，最终使结论“破茧而出”。

第2节　原始物理问题的表征理论

自20世纪80年代，人们开始以物理学科知识为例讨论有关问题解决理论。由于问题解决研究的趋向表现在以信息加工心理学为理论基础，崇尚精确的实验设计，严格控制的实验方法，认为问题解决过程中心理现象的联系是线性的和决定性的，所以，尚有很多问题没有得到解决。比如，信息加工理论在知识贫乏领域问题解决中具有较高的效度，但在知识丰富领域问题解决中效度不高等，都值得进一步研究。本节给出的自组织表征理论将为物理问题解决的理论建构提供新的视野，为物理教育研究提供有益的启示。

一、自组织表征理论

通常，人们认为问题表征是根据问题所提供的信息和自身已有的知识经验，发现问题结构，构建问题空间的过程，也就是把外部物理刺激转变为内部心理符号的过程。概括起来，表征是贯穿问题解决的一个动态过程，它涵盖了从呈现问题到解决问题的全过程。

麦克德莫特(J. McDermott)和拉金(J. H. Larkin)曾提出物理问题解决的表征理论。[①] 他们认为问题解决通常有四个步骤：第一步是关于问题陈述的文字表征；第二步为朴素表征，包含问题所提及的物体，相互的空间关系以及整个问题情景的概括；第三步为物理表征，该表征中含有理想化的物体以及相应的物理概念，该步骤与解决问题的方法有关；第四步为数学表征，即将物理表征的各物理量用方程的形式表现出来。

在国内，邓铸提出了物理问题解决的表征态理论(Representative State The-

① J. McDermott, J. H. Larkin: Re-representing textbook physics problems. In: Proceedings of the 2nd National Conference of the Canadian Society for Computational Studies of Inteligence[M]. Toronto: University of Toronto Press, 1978: 156—164.

ory)，认为问题解决是问题表征状态不断变化的过程。问题的表征态就是在问题解决过程中，问题解决者的内部知识与外部信息相互作用导致的问题存在状态。问题呈现给被试时，最初的状态是外部信息与内部信息相分离，这是一种无表征状态；最后问题被解决时，就是内外信息相互作用实现了问题的完全表征。因此，物理问题的解决是一个问题表征状态不断变化的过程，这种变化经历了六个表征状态，包括：无表征状态、外部表征状态、初级内部表征状态、低级范畴性表征状态、高级范畴性表征状态和符号化表征状态。这些表征状态未必按照某种确定的顺序出现，而是形成多种不同的变化模式。这一理论是四步骤表征理论的发展，但存在着内涵含糊的问题，需要进一步完善。①

基于此，我们以协同学为理论基础，采用生态心理学的研究取向，把问题解决的因果联系从单一性向多样性过渡，从确定性向不确定性过渡，从线性向非线性过渡，从知识贫乏领域向知识丰富领域过渡，认为问题解决是问题解决者对问题表征状态的自组织过程，而且具有非线性、突变性和自我组织性的特征。

依据协同学理论，我们提出了物理问题解决的自组织表征理论(Self Organization Representative Theory，简称SORT)。我们认为：问题解决是一个连续与突变相结合、独立与关联相结合、控制与自发相结合、协同与竞争相结合、必然与偶然相结合的过程。包括以下几个方面。

第一，问题解决中的连续与突变。在问题解决过程中，如果大脑系统未进入临界区域，控制参量的改变引起系统状态的平滑(量的)的改变，控制参量控制着系统。当控制参量达到临界值时，控制参量的稍许改变就会引起系统发生性质上的突变。此时，临界区域控制参量的“控制”作用失效。

第二，问题解决中的独立与关联。在问题解决过程中，各个子系统既存在着无规则的独立运动，又存在着有序的关联运动。在外界控制参量处于某一范围，子系统的独立运动占主导地位时，系统处于无序状态，表明此时问题尚未得到解决；而当子系统之间的关联能量大于子系统的独立运动能量时，子系统的独立运动便受到束缚，它要服从由关联形成的协同运动。

第三，问题解决中的控制与自发。在问题解决过程中，大脑系统未进入临界区域，控制参量控制着系统。当控制参量达到临界值时，系统内的子系统自我排列、自我组织，正是通过这些大量子系统的协同作用才导致了序参量的产生。也

① 邓铸．问题解决的表征态理论与实证研究[D]．南京：南京师范大学，2002：107．

就是说，子系统的协同作用导致了序参量的产生，而所产生的序参量又反过来支配着子系统的行为。这种“鸡”与“蛋”式关系的交叉、发展、放大，形成了最后的有序结构。这就是协同学的使役过程。

第四，问题解决中的协同与竞争。具有自组织结构的系统，其协同作用是通过内部各个子系统之间的相互影响和相互作用，各个序参量之间的相互协同和相互竞争来实现的。在临界点附近，有时系统同时具有几个序参量，每个序参量对应于一种宏观有序结构。如果它们的衰减速度相同，处于势均力敌的状态，彼此便自动协调，共同形成某一有序结构；但是，随着外界控制参量的变化，序参量之间的竞争将被激化；当控制参量达到临界值时，某一序参量将会取胜，其他序参量便会迅速衰减乃至消失，最后出现一个由阻尼系数小的序参量单独主宰系统演变的局面，形成相应的有序结构。

第五，问题解决中的必然与偶然。在问题解决过程中，只要控制参量达到临界值，便会发生相变，这说明在一定外界条件下系统转变的必然性。另一方面，相变过程中代表序参量的涨落出现，像其他涨落一样具有一定的偶然性，描述这种偶然性采用的是随机理论。相变是偶然性和必然性的结合，所以，问题解决同样是偶然性和必然性的结合。

与其他问题表征理论相比，SORT 不仅是一种具有更高生态解释效度的理论，而且具有真实的理论基础——协同学。由于协同学被看作是最先进的自组织理论，因此，可以把大脑作为协同系统(synergetic system)，认为大脑是通过自组织作用的。① 同时，SORT 与问题解决的信息加工理论有着基本的差异。信息加工理论认为，大脑作为以算法为基础的编程计算机而运作时，信息输入是序贯过程，而 SORT 的信息输入则是并行过程，这种理论可以(也可以不)引用算法。信息加工理论认为整个系统以确定性方式工作，而 SORT 则认为大脑的活动是由确定性事件和偶然性事件共同确定的。进一步的基本差别还表现在对稳定性的看法上。在信息加工理论中，假定大脑处于稳定状态，而 SORT 则认为大脑处于不稳定状态。

二、自组织表征理论的表征层次

在当代认知心理学发展中，生态化的研究已经成为一种范型。这一范型亦演变成一场认知研究的生态学运动，直接导致认知心理学开始重新关注更

① H. 哈肯. 大脑工作原理——脑活动、行为和认知的协同学研究[M]. 郭治安，等，译. 上海：上海科技教育出版社，2000：6.

具现实性的认知现象，使研究尽可能贴近人们的实际生活，减少研究情境的人为性。

SORT较好地解决了上述表征理论在知识丰富领域效度不高的问题，因为SORT的研究对象不是习题而是原始物理问题。依据SORT的理论内涵，我们进一步提出了SORT的表征层次，分别是：抽象表征、图像表征、赋值表征、物理表征、方法表征和数学表征。

1. 抽象表征

抽象表征是原始问题解决中决定舍弃什么，保留什么的过程；是抓住主要因素，忽略次要因素，把原型转变为模型的过程。在这一过程中，理想化方法是普遍使用的方法。从物理现象中抽象出理想客体并在思维中模拟、操作的过程，需要通过想象，运用直觉与逻辑思维，把客体运动过程简化、纯化使其升华为一种理想状态，使其能更本质、更生动地反映原始问题的性质。这一表征阶段往往表现出思维的协同与竞争。

2. 图像表征

图像表征是学生解决问题过程中画出草图的过程，往往需要形象思维的参与。图像表征是原始问题特有的表征，需要学生自己来完成。而习题解答则不需要学生来完成，因为在大多数情况下，习题已经把解答所需要的图像给出了。

3. 赋值表征

赋值表征指根据解决问题的要求，设置所需要的物理量，包括常量和变量，有时甚至需要设置一些中间变量，即在问题解决的中间过程出现，但在最后的结果中却不再出现。

4. 物理表征

物理表征是确定解决问题需要使用的物理概念和规律并加以运用。物理表征往往表现出关联性，即需要把原始问题解决与先前学习的物理概念和规律联系起来。

5. 方法表征

方法表征是把解决问题时需要运用的科学方法(包括思维方法与物理方法)确定下来并运用之。方法表征同样往往表现出一定的关联性。

6. 数学表征

数学表征指在问题解决过程中进行推导时所运用的数学步骤，包括列方程、解方程，进行必要的数学变换。

综上所述,原始问题解决的表征层次可以用图 8-2 概括。

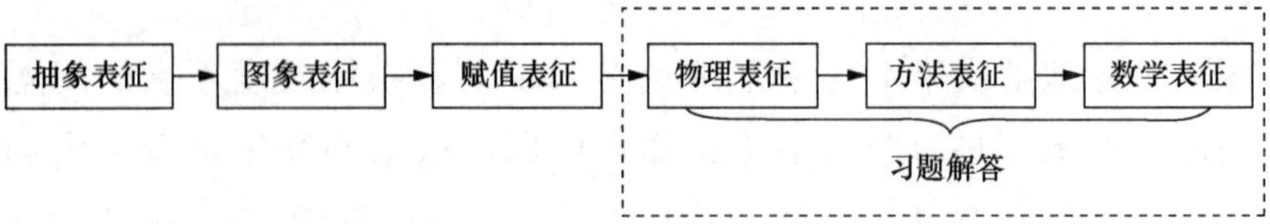

图 8-2

由图 8-2 可见,原始问题的表征包括六个层次。其中,虚线框内是习题解答的三个表征层次。研究发现,表征层次不一定是依次出现的,学生在解答问题中会在不同的表征层次之间来回往复。① 也就是说,表征是动态的。

第 3 节　初中原始物理问题测量工具

一、测量工具的评分标准

一个优秀的测量工具必须要有合理的评分标准。目前,国内已有的创造性测验工具评分大多是按步骤给分,这种评分标准的优点是能够较为深入地考查学生的能力,不足是评分具有主观性,评分不够客观。而国外的测量工具如LCTSR(Lawson'Classroom Test of Scientific Reasoning)等往往提供的是客观题。客观题虽然评分准确,但缺乏主观题的优点,不能真正将需要测量的东西测量出来。同时,客观题还存在着猜测性,即使学生完全不会作答,理论上也存在着一定正确概率。显然,只有将主观试题的优点与客观试题的优点结合起来,才能够避免两种试题的缺点。基于此,我们提出了“主观试题客观评分”的观点,从而使主观试题的评价标准回归客观化。

按照上述思想,我们以物理问题解决的自组织表征理论为依据,按照抽象、图像、赋值、物理、方法、数学六种表征,拟定了原始物理问题的评分标准。评分标准如下:完成一个表征得到 1 分,若未能答出或未能完全答出某一表征,则不给分,即每个表征的评分是二分法计分制,或者是 1 分或者是 0 分。这样,就将主观试题的评分变成了客观评分。由于每个问题的解决均包含六个表征,故每个题目的满分是 6 分。

① 任红艳．化学问题解决及其教学的研究[D].南京:南京师范大学,2005:39.

按照上述编制原则与评分标准，我们编制了初中原始物理问题的测量工具，经多次测试和修改，最终形成了正式的原始物理问题测量工具。

1. 抬箱上楼问题

两个人一前一后抬着一个质量均匀的木箱走楼梯上楼，是前面的人更费力，还是后面的人费力？请运用所学的物理知识推导出相关表达式进行解释。

表　征	评分标准
1. 抽象表征	把箱子抽象成杠杆模型
2. 赋值表征	设前面的人施力为 F_1，后面的人施力为 F_2，箱子重力作用线距两个作用点的距离分别为 l_1，l_2
3. 图像表征	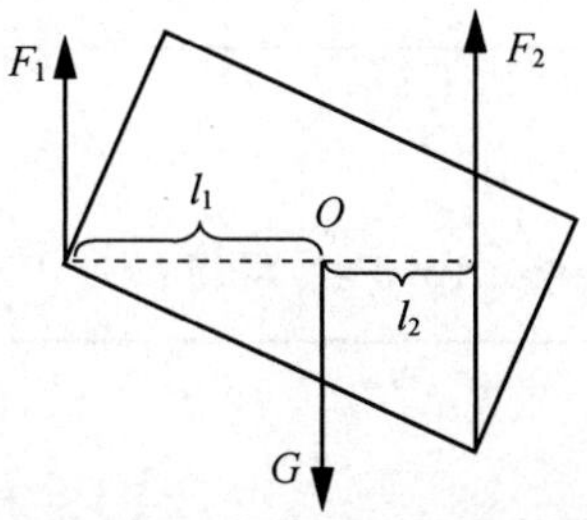
4. 方法表征	正确分析木箱受到的力及重力作用点与作用线
5. 物理表征	杠杆平衡原理：$F_1 \times l_1 = F_2 \times l_2$
6. 数学表征	$\frac{F_1}{F_2}=\frac{l_1}{l_2}$ 由于 $l_1 > l_2$，所以，$F_1 < F_2$，后面的人更费力

2. 估算大气层的重量

地球周围被一层很厚的空气包围着，一直延伸到几千千米的高空，这个空气层叫大气层。在大气层里，空气的密度是随高度的变化而变化的，越靠近地面越稠密，越到高空越稀薄。请推导出一个表达地球大气层重量的表达式，用来估算地球大气层的重量。

表　征	评分标准
1. 抽象表征	把地球抽象成一个球体，将大气层抽象成裹在球体外面的球壳
2. 赋值表征	设地球半径为 R，表面积为 S，地球表面处的大气压强为 p，大气层的重量为 G

续表

表　征	评分标准
3. 图像表征	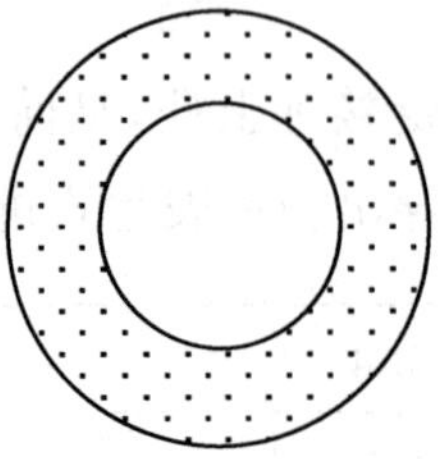
4. 方法表征	运用等效法，把地球表面受到的大气压力等效为大气层的重量
5. 物理表征	压强公式 $p=\dfrac{F}{S}$
6. 数学表征	球体表面积 $S = 4\pi R^2$ $G=F=pS=4\pi R^2 p$ 代入数据 $R=6.4\times10^8$ m，$p=1\times10^5$ Pa　可得：$G=5\times10^{19}$ N

3. 压力锅气压的大小

压力锅的原理是利用橡皮圈密封锅盖增加锅内压力，达到升高锅内水温的目的。锅盖中间有一个小孔，在小孔上套有一个金属压力锤。当锅内气压达到一定大小时，锅内蒸汽就会顶起压力锤排放蒸汽，从而使锅内气压维持一定大小。请推导出一个压力锅内气压大小的表达式。

表　征	评分标准
1. 抽象表征	选择压力锤作为研究对象
2. 赋值表征	设 p_0 为大气压强，p 为压力锅内压强，d 为排气孔直径，M 为压力锤质量
3. 图像表征	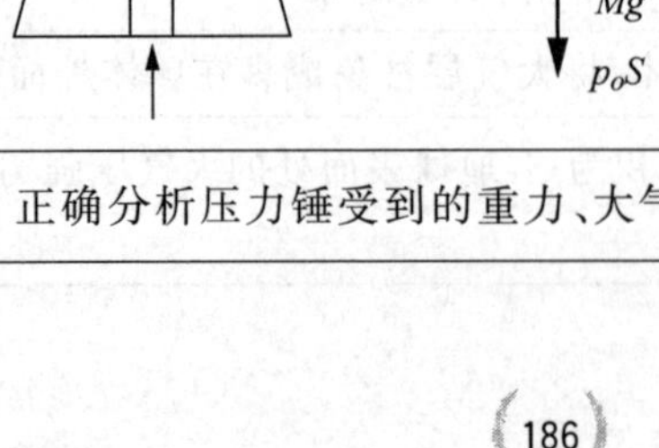
4. 方法表征	正确分析压力锤受到的重力、大气压力和锅内蒸汽的压力

续表

表　　征	评分标准
5. 物理表征	压力锤受力平衡，合力为零；压强公式 $p=\frac{F}{S}$
6. 数学表征	$pS=p_0S+Mg$ $p=p_0+\frac{Mg}{S}=p_0+\frac{Mg}{\pi R^2}=p_0+\frac{4Mg}{\pi D^2}$

4. 游泳池里的小船

在一个游泳池里漂着一艘小船，船上载满了石块，如果把石块全部扔到水池里，问游泳池里的水面如何变化？请推导出一个表达式加以说明。

表　　征	评分标准
1. 抽象表征	考虑船的体积，不能将船抽象为质点；考虑石块的体积，不能将石块抽象为质点
2. 赋值表征	设船的重力为 $G_{船}$，石块的重力为 $G_{石}$，体积为 $V_{石}$，密度为 $\rho_{石}$，水的密度为 $\rho_{水}$。石块入水前，船浸入水中的体积为 $V_{排}$，石块入水后，船浸入水中的体积为 V_x
3. 图像表征	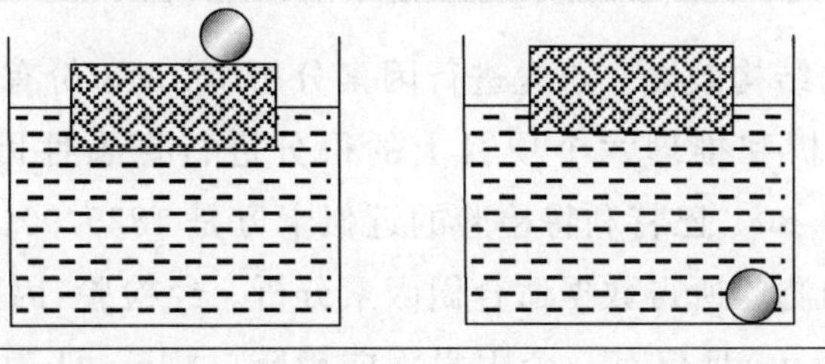
4. 方法表征	正确分析石块入水前，船及石块受到的重力和浮力 正确分析石块入水后，船及石块受到的重力和浮力
5. 物理表征	重力与浮力平衡（$F=G$）；浮力公式 $F=\rho gV_{排}$
6. 数学表征	石块入水前：$F_{浮力}=G_{石头}+G_{船}$，$\rho_{水}gV_{排}=G_{石头}+G_{船}$ $V_{排}=\frac{G_{石}+G_{船}}{\rho_{水}g}$ 石块入水后：$G_{船}=\rho_{水}gV_x$，$V_x=\frac{G_{船}}{\rho_{水}g}V_{石}=\frac{G_{石}}{\rho_{石}g}$ $V_x+V_{石}=\frac{G_{船}}{\rho_{水}g}+\frac{G_{石}}{\rho_{石}g}<V_{排}$ 因此，水面下降

二、测量工具的统计检验

采用随机抽样方法，选取初三学生325人，运用初中原始物理问题测量工具进行测试，剔除无效试卷，得到有效试卷318份，选用统计软件SPSS10.0进行分析。以下为统计结果。

首先计算量表的难度$\boldsymbol{P}=0.8$，一般认为难度值在0.7～0.9题目较难，结果显示量表难度较大；其次，计算量表的区分度，$D=0.5866$。美国伊贝尔认为区分度达到0.4以上为优秀，说明初中原始物理问题测量工具属于优秀，能很好地区分不同能力水平的学生。

再次，计算量表的信度。计算可得量表的科隆巴赫系数（Cron-bach α 系数）为0.922，表明测验中的各题目具有较高的内部一致性。在此基础上，我们又计算了当某一项目被删除后的Cron-bach α 系数，结果显示，各Cron-bach α 系数均小于项目未删除时的值，如表8-1所示。显然，在学生解答初中原始物理问题的过程中，每个表征都是必要的。

表8-1　某一项目被删除后项目的Cron-bach α 系数

抽象表征	图像表征	赋值表征	物理表征	方法表征	数学表征
0.755	0.785	0.766	0.774	0.771	0.797

最后计算量表的结构效度。首先进行因素分析，对318份有效试卷在抽象、形象、假设、判断、分析和推理六个项目上的得分进行探索性因素分析。其中KMO值为0.876>0.800，巴特利特检验的近似卡方是1835.901，对应的p值$p=0.000<0.01$，说明测验所得数据适合做因素分析。经检验，因素负荷从0.680到0.948（如表8-2所示）且仅有一个因素不能旋转。Kline认为，对于一种单一因素能力的测验项目进行因素分析时，各测验项目均应落于一个因素上，并要求因素负荷要大于0.3。[①] 由此可知，初中原始物理问题量表具有很好的结构效度。

表8-2　原始物理问题六个项目的因素负荷

因素负荷					
抽象	形象	假设	判断	分析	推理
0.886	0.68	0.948	0.91	0.928	0.801

① 胡卫平．青少年科学创造力的发展与培养[M]．北京：北京师范大学出版社，2003：64—65.

三、测量工具的编制意义

1. 为测量工具的编制提供了新的思路

在初中原始物理问题测量工具的编制中，我们致力于评分标准的客观化，在参考各种评分标准的基础上，最终将原始物理问题表征理论与客观评分的思想相结合，发展出了“主观试题客观评分化”的评分标准，从而既保留了主观试题能够真正测量出学生物理问题解决能力的特点，又排除了人为因素对主观试题评分的干扰，这在物理问题解决测量工具的编制研究中具有新的进展。

虽然本研究提出的评价标准只是物理问题解决研究的“一小步”，但是评价标准背后蕴含的“主观试题评分客观化”的观念却为物理问题解决测量工具的研究翻开了新的篇章。其意义在于，不仅为原始物理问题测量工具制订了客观、公正的评价标准，而且也为相关测量工具的编制提供了可借鉴的思路。

2. 为鉴别学生的物理能力提供了方法

基于对测验数据的分析，我们发现，初中原始物理问题测量工具具有较高的难度和很好的区分度，且题目与真实情境联系紧密，有很强的趣味性及开放性，能够激发学生的求知欲。更为重要的是，初中原始物理问题测量工具还具有较高的信度和效度，这就使得它能够有效鉴别学生解决物理问题的能力，避免了采用客观试题不能有效测量学生物理问题解决能力的问题，为鉴别学生的物理问题解决能力提供了有效的方法

3. 为促进学生的思维发展提供了启示

通过对原始物理问题的六个表征进行深入分析，我们发现，每一个表征的背后都对应着相应的思维形式，如表 8-3。

表 8-3　表征层次与思维形式的对应关系

表征层次	思维形式	含义解释
抽象	抽象	把生活中的原型抽象为模型
图像	形象	绘制辅助理解的物理图像
赋值	假设	根据解题的需要，自行设置有关的物理量
物理	概括	选取与解决问题相关的物理概念、规律及公式
方法	模型	运用科学方法分析问题
数学	推理	对问题进行演算、推导

由表 8-3 可知,原始物理问题的解决过程实际上就是学生思维活动的过程。通过解决原始物理问题,学生不仅可以学会如何进行抽象表征、图像表征、赋值表征、物理表征、方法表征以及数学表征,而且还能够使学生学会如何运用抽象、形象、假设、概括、模型和推理等思维形式去解决问题。在这个意义上,原始物理问题兼具促进学生物理问题表征能力发展与物理思维能力发展的双重作用,从而进一步凸显出了原始物理问题教学所蕴含的重要教育价值。

第 4 节　高中原始物理问题测量工具

在物理教育中对中学生进行物理能力测量,是物理教育评价的重要组成部分。由于“现象是物理学的根源”,因此,物理能力测量就需要与物理现象密切结合起来,测量工具也就不能局限于被抽象的物理情境——习题,而必须上升到物理问题的层面,我们认为这是物理能力测量中非常值得重视的问题。基于此,我们编制了原始物理问题测量工具并进行了抽样测量。

一、原始物理问题测量工具

[**指导语**] 今天,我们将考察你一种重要的能力——解决原始物理问题的能力。本测量工具共有 5 个题目,每个问题从不同方面考察你解决原始物理问题的能力。本次测量的题目不是通常考试采用的习题,而是原始物理问题。由于它是对物理现象的描述,因此问题中通常不出现物理量,解答问题所需要的物理量由你自己来设置。当然,所设置的物理量要能够测量并且合理。

注意事项:

1.　在答题之前,请将自己的姓名、性别、年级、学校写在答题纸上;

2.　请自行作答,不要讨论,保持教室安静;

3.　如有看不懂的地方,请提出,在场的老师会及时解答。

以上由监考教师在考试开始之前通读。

全卷满分为 100 分,测试时间为 120 分钟。

姓名:　性别:　　班级:　　学校:　　得分:

---

1. “瓦萨”舰翻倒(20 分)

1682 年 8 月 10 日,瑞典的斯德哥尔摩,有一艘当时最大的主力舰“瓦萨”号,正在举行首航仪式，只因一阵微风吹来，就使它翻倒沉没了！这是为什么呢？几百年来一直是个谜。1961年4月24日，这艘在海底沉睡了几百年的古战舰终于被打捞起来了，沉船之谜被揭开。请你利用所学的物理知识定量地解释"瓦萨"号翻倒之谜。

2. 篮球落地(20分)

一篮球自某一高度自由下落，撞到地面后又弹起，上升到一高度后又自由下落，以后又弹起，下落，一次又一次直至篮球静止。请画出在整个过程中篮球的加速度随时间的变化图线，并定量地解释每一段图线为什么是这样画的。

3. 电风扇阴影(20分)

一台双叶电扇顺时针转动，在日光灯的照射下，出现了稳定的四个扇叶互相垂直的阴影，则这时电扇的转速是多少？若出现了双叶片阴影缓慢地逆时针转动，这时电扇的转速略大(小)于多少？

4. 飞机的感应电动势(20分)

一架飞机由东向西飞行，请根据所学的物理知识导出这架飞机上的感应电动势的表达式。要注明每个字母所代表的物理意义。

5. 轮船减摇(20分)

轮船航行的时候，会受到周期性的波浪的冲击而向各个方向摆动，如果这个冲击力的频率与船体摆动的固有频率接近，就会使轮船的摆动加剧，一旦达到共振状态就有使轮船倾覆的危险，这时候可以改变轮船的航行方向和航行速率，使波浪冲击的频率远离轮船摇摆的固有频率，避免共振的发生。

请推导出一个表达式，说明改变轮船的航向和航速，就能使波浪冲击的频率远离轮船摇摆的固有频率，最终达到使轮船摇摆减轻的目的。

二、测量工具的统计分析

为了考察原始物理问题测量工具的有效性，我们运用SPSS10.0软件，首先计算了原始物理问题测量工具的难度。难度 $P=0.68$。一般认为，难度在0.3～0.7之间为适中，本测量工具的难度为0.68，说明题目的难度适度。

其次，计算原始物理问题测量工具的区分度，区分度 $D=0.52$。美国伊贝尔提出了对试题评价的区分度指标，认为区分度达到0.4以上即为优秀。本原始物理问题测量工具的区分度 $D=0.52$，说明是一个优秀的测量工具。

再次，计算原始物理问题测量工具的信度。Cron-bach α 系数为0.882，表明原始物理问题测量工具具有较高的内部一致性。

最后,计算原始物理问题测量工具的结构效度。我们在学生的物理想象、物理思维、物理运算、物理知识运用和科学方法运用5个项目上的得分进行了探索性因素分析,结果仅获得一个因素而且不能旋转,因素负荷从0.582到0.850。一般认为,对于一种单一因素能力的测验项目进行因素分析,各测验项目应落在一个因素上,且因素负荷应大于0.3。由此可见,原始物理问题测量工具具有较好的结构效度。

三、原始物理问题测量工具编制的意义

物理能力测量在一定意义上属于心理测量的范畴,具有较强的物理学专业性与心理学专业性。心理学家陈立教授曾经在《我对测验的看法》一文中,论述了心理测验中许多值得重视的问题,提醒人们注意测量的专业性与复杂性,防止误用和滥用心理测量。① 正如陈立教授所言,目前有些物理能力测量研究,在理论上把知识与能力相对立,在实践上把现象与抽象相混淆,已经在物理能力测量的理论与实践两方面都产生了复杂的不良影响。因此,在物理能力测量理论上辨明真伪,在测量实践上区分良莠,不仅对物理教育评价的研究具有重要启示,而且对物理能力测量的发展具有重要意义。

我们认为,物理能力测量的重要取向是生态化取向。其中,最为重要的是,测量工具应当是生态化的。对此,心理学家舍米德特(F. L. Schmidt)指出:"心理学家潜心于数据的统计与结果分析,而对课题的提出及问卷本身是否有意义以及在现实生活中的作用如何似乎不太关心,那么这些数据究竟想表达什么意思,究竟又能表达什么意思,不免令人生疑"。② 这里,舍米德特表达了一个极其重要的思想,那就是:如果测量工具在现实生活中的作用及其意义不大,由此而得到的数据及结论也意义不大。把舍米德特的思想引申到物理能力测量的研究上,我们认为,物理能力测量工具中的问题应当是对现象的描述而不是对现象的抽象。因为只要给出了已知条件,就表明已经对现象进行了抽象,这样的问题就已经不是生态化的问题了。

长期以来,在物理能力测量研究中,人们一直致力寻找一种能够真实测量中学生物理能力的工具,但测量工具往往囿于习题的范畴。比如,全国高考物理命

---

① 陈立.平话心理科学向何处去[J].心理科学,1997(20),5:385—389.

② Schmidt F. L. What Do Data Really Mean? [J]. *American Psychologist*,1992,47(10):1172—1175.

题委员会曾进行过“高考物理能力要求研究测试”，题目之一为：

已知长为 L 的直导线通有电流 I 时，在方向垂直于导线的磁场中受到的安培力为 $F=IBL$，其中 B 为磁感应强度，试由此公式导出单个运动电荷在磁场中受到的洛伦兹力 f 的表达式。要注明每个字母所代表的物理量。

显然，上题虽然在形式上联系了现象，但却提供了完美而详细的数据，实际上并没有给学生提供真实的问题情境，因此使得物理能力测量的效度不高。而我们编制的原始物理问题“飞机的感应电动势”，虽然在考察的知识内容上与上题基本一致，但在形式上则是把每个物理量镶嵌在真实的现象中而不直接给出，需要学生根据面临的情境，通过假设、抽象等手段获得，再构造出理想的模型，经过一层层的“剥开”过程，最终使结论“破茧而出”。这就使得原始物理问题测量工具对于中学生的物理能力测量具有较高的生态效度。

尽管如此，全国高考物理命题委员会进行的物理能力测试研究仍然值得肯定。在 1994 年和 1995 年的两次“高考物理能力要求研究测试”试题中，就包括了少部分论证题，要求学生对某些物理现象和物理原理的实际应用、某些熟知的结论进行解释或证明，这在一定意义上体现了物理能力测量研究的生态化思想。

在物理能力测量研究中，我们致力于物理能力测量的生态学研究，尝试在生态学取向的方法论基础上形成对物理能力测量的新认识，以回到物理现象、关注原始问题、回归真实世界的方式重新思考和理解物理能力测量，形成了运用生态学理论与原始物理问题测量中学生物理能力的思想，编制了原始物理问题测量工具，对于物理能力测量进行了生态化研究，希望对物理能力测量研究以有益的启示。

本节编制的原始物理问题测量工具只是物理能力测量研究中的“一小步”，但在物理能力测量的观念上却是“一大步”。其意义在于，不仅把物理能力测量工具的编制从习题拓展到原始问题，体现了生态化的研究取向，而且为改变我国基础物理教育领域长期存在的“题海战术”现象，提供了一种新的思路和有益的启示。

第 5 节　原始物理问题教学案例

一位曾参加过第一届全国中学生物理竞赛的学生曾谈到，“平常讲参照物时都说，火车开动时，车站上的树木、房屋向后退。在这次来参加竞赛途中乘火车时，我观察到一个现象：火车行驶在空旷的田野时，看到远处的树林、山脉好像不是向后退，而是也向前走了，而近处的树木则是向后退的”。我们对这个问题非常感兴趣，经过深入的思考，终于找到了问题的答案并给出了定量的解释。

实际上，远处的树林、山脉更像是一个质点，如果远处的物体不是一个质点，而是具有一定长度的物体（比如和铁轨垂直的一条公路或一行树），情况会是什么样呢？这时，我们会发现，观察的现象发生了一些变化。在行驶中的火车上向外看，你就会发现一个更加奇怪的现象。本来和铁轨垂直的一条公路或一行树却在你的眼前转动起来，而且先向一个方向转动，过一会又向另一个方向转动，这是什么原因呢？有人认为这是由于相对运动的结果，但是按运动的相对性原理，当火车以速度 v 沿平直的铁轨前进时，原先静止在大地上的一切物体都以速度 $-v$ 相对于车厢中的观察者运动，因此公路的相对运动是平动而不是转动。如何解释这个现象呢？

原来，一个物体看上去的大小和其真实大小往往不一样。视觉大小由物体在人的视觉中所张开的视角大小所决定，因此，同一个物体离得越远，看上去就越小，这就是视觉形象中“近大远小”的特点。同样，物体运动的视速度和其真实速度也不同。一只小鸟以 10 m/s 的速度在你的眼前掠过，你会觉得它飞得很快，而一架飞机以 100 m/s 的速度在高空飞行，看上去却飞得很慢。人在行驶的火车上观察，远处的树林、山脉相对于人的真实运动是平动，但视运动却不同。真实运动是由物体在单位时间所走过的路程决定的，也就是物理学上定义的线速度；而视运动的快慢却由物体在单位时间内转过的视角所决定，也就是物理学上定义的角速度。需要强调指出的是，对这个现象的解释，人们往往忽略了视速度就是角速度这个至关重要的问题。因此，人眼既能看到线速度的变化，也能看到角速度的变化。明白了这个道理，下面的讨论就简单多了。

为了讨论方便起见，我们取火车上的观察者为参考系的原点，以铁轨为 x 轴，设火车相对大地的速度为 v，沿 x 轴正向，则远处的树林（A）垂直于 x 轴以相对速度 $-v$ 向 x 轴负方向平动，在 t 时刻，远处的树林（A）在铁轨上的位置为 $x(t)$，设 OA 与 x 轴的夹角为 θ，远处的树林（A）到铁轨上的距离为 d，OA 的距离为 R，从 A 点作一条垂直于 OA 的直线，然后把速度 v 向这条垂线投影，得 v 在垂线上的速度为 v_1，如图 8-3 所示：

则 $v_1 = v\sin\theta$ (8-1)

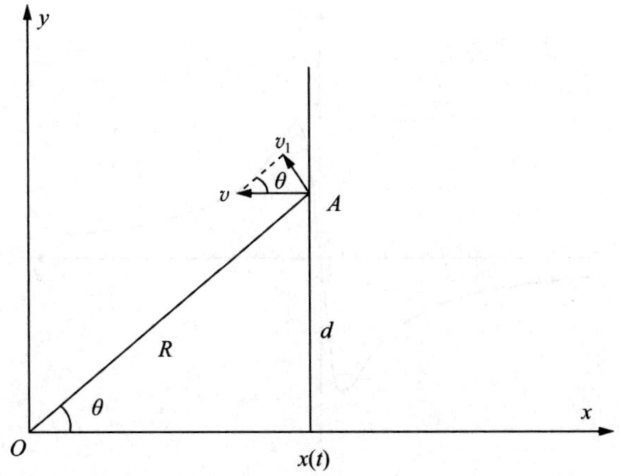

图 8-3

设人观察远处树林(A)的视速度为 u，

根据线速度与角速度的关系，得 $v_1 = uR$　　(8-2)

于是有 $u = \frac{v_1}{R} = \frac{v\sin\theta}{R} = \frac{dv}{d^2 + x^2}$　　(8-3)

(8-3) 式就是人在行驶的火车上观察远处的树林时视速度的表达式。

讨论两种情况：

1. 若 d 不变，则 u 随 x 的变化情况如图 8-4：

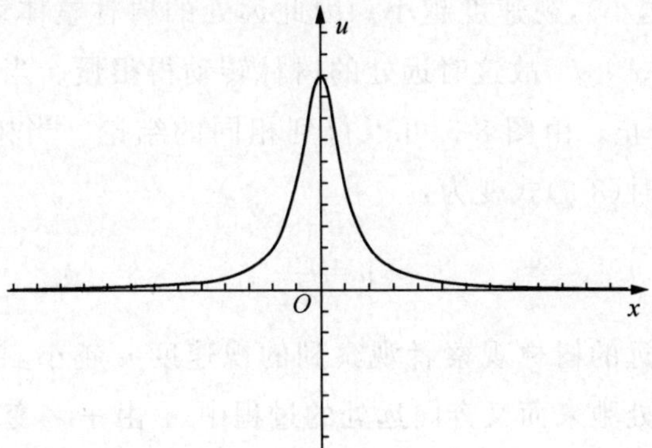

图 8-4

显然，当 d 不变时，u 随 x 的变化情况是先变大再变小。

2. 若 x 不变，则 u 随 d 的变化情况如图 8-5：

显然，当 x 不变时，u 随 d 的变化情况比较复杂。首先，随着 d 变小，u 逐渐

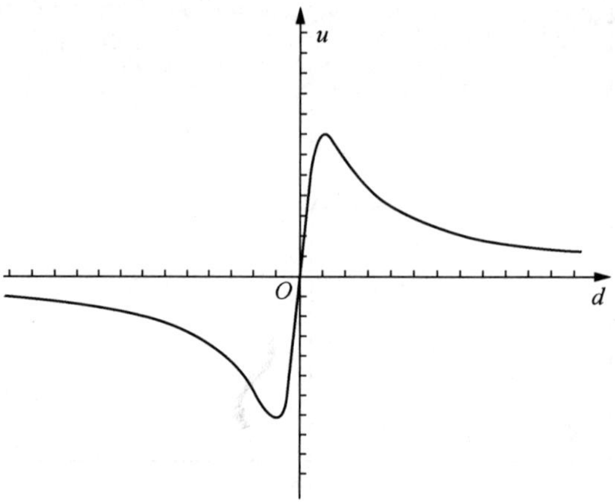

图 8-5

变大，然后再变小。其次，随着 d 的正负的变化，u 的正负也发生了变化，说明观察者观察火车两侧远处的树林时，远处树林的旋转方向是相反的。

也可以对(8-3)式进行讨论。当远处的树林离观察者很远时，即 $x \gg d$，此时(8-3)式变为

$$u=\frac{v}{x^2}d \tag{8-4}$$

当 x 和 d 不变的情况下，离铁轨越远的地方(即 d 越大)，视速度 u 越大；离铁轨越近的地方(即 d 越小)，视速度越小。因此远处的树林整体运动的视觉形象为转动。考虑到条件 $x \gg d$，故这时远处的树林转动得很慢。当 x 趋于无穷大时，$u=0$，即视运动停止。由图 8-5 可以得到相同的结论。当树林离观察者很近时，x 趋于 0 时，此时(8-3)式变为：

$$u=\frac{v}{d} \tag{8-5}$$

此时离铁轨越远的树林观察者观察到的视速度 u 越小，越近的地方视速度越大。在火车从远处驰来而又奔向远处的过程中，x 由 $+\infty$ 变成 0，再变成 $-\infty$。远处的树木相对于观察者的视运动也由静止变成缓慢的逆时针转动，再变成顺时针转动，最后再次回复静止。这就是我们在行驶中的火车上向外看，感觉到远处的树木也向前走的实质原因。

明白了上述道理，就很容易解释“月亮跟人一起走”的现象。

当人走路时，由于月亮到人的距离很远，人眼实际感觉不到月亮后退的距离。这样，在人眼看来，月亮并未后退，而是与人相对静止；路旁的树木到人的距

离很近，人眼很容易感觉到它们在后退。月亮、路旁的树木、走路的人三者具有以下的关系：月亮与走路的人相对静止，月亮与路旁的树木相对静止，路旁的树木与走路的人相对运动。当人向前走的时候，我们不妨把月亮和路旁的树木作为一个整体，月亮与路旁的树木的“连线”跟行走的人与路旁的树木的“连线”形成一个夹角，这个夹角会随着人前进而逐渐变化，也就是说，月亮、走路的人以路旁的树木为中心发生相对转动。以月亮、路旁的树木这个整体为参照物，则人在向前运动的同时，也以路旁的树木为中心，相对于月亮发生转动。反之，以人为参照物，月亮则在以路旁树木为中心向前发生转动。人不断向前走过路旁一棵棵树木，月亮则不断以路旁的一棵棵树木为中心相对于人向前转动，这就是我们感觉到“月亮跟人一起走”的真正原因。准确地说，月亮不是在跟人一起向前“走”，而是在围绕着一棵棵树木向前“转”。人走得快，月亮转得也快；人走得慢，月亮转得也慢；人停下来时，月亮也停下来。“转”在这种现象中比“走”更明显。在“月亮跟人一起走”的现象中，如果是走在一片空旷的、无树木无房屋等近处物体的原野上，我们看到的月亮相对于人是静止的，不会“跟人一起走”。

思考题

1. 什么是原始物理问题？
2. 原始物理问题的教育价值有哪些？
3. 传统习题和原始物理问题有什么不同？
4. 原始物理问题的表征理论是什么？

第九章　中学物理教学评价

物理教学评价是运用各种测量手段和统计方法，对学生学习的成就、教师完成教学目标的程度给予数量或质性的描述，并作出科学的判断。本章利用SPSS统计软件分析、评价试卷质量，从而为学生的学习结果评价提供科学依据；借助改革后的课堂观察协议(Reformed Teaching Observation Protocal，简称RTOP)测量工具对教师的课堂教学效果进行评估，使课堂效果评价更加客观化。通过建立课堂教学评价模型，从而为中学物理课堂教学评价注入新的生机。

第1节　物理测验的评价指标

测验是评价学生学习效果的有效手段，科学的评价测验质量，主要反映在四项指标上：难度、区分度、信度及效度，即分析试卷质量常用的“四度”。

一、难度

难度是指试题的难易程度，难度是由考试目标所决定的，设计和控制试题的难度是编制试卷的重要方面，也是试题质量评价的重要指标之一。对于客观性试题，一般用通过率来表示难度的大小。通过率是指被试正确回答或通过题目的人数与所有被试之比。其计算公式为：$P=\frac{R}{N}$，式中 P 为难度指标值，R 为答对某题的人数，N 为考生人数。对于主观性试题，难度的计算公式为：$P=\frac{\overline{X}}{W}$，式中$\overline{X}$为学生在该题得分的平均值，W 为该题的满分值。P 值越大，说明题目越简单；P 值越小，说明题目越难。一般来讲，对于试题的难度测量，可参照表9-1来评价。

表 9-1 试题难度的评价

题目的难度	评价的结果
$P\geqslant 0.7$	较易题
$0.4\leqslant P<0.7$	中等难度题
$P<0.4$	较难题

二、区分度

区分度是指试卷题目对学业水平不同的学生的区分程度或鉴别能力。具有良好区分度的测验,实际水平高的被试应得高分,水平低的被试应得低分。它是考试是否有效的“指示器”,被作为评价试题质量、筛选试题的主要指标与依据。试题区分度的计算方法很多,如特征曲线法、相关法、鉴别指数法等,我们也经常用两个极端组通过率的差异作为区分度的指标。

1965 年美国测验专家伊贝尔提出评价试题区分度的指标如表 9-2 所示。

表 9-2 试卷区分度的评价

区分度(D)	项目标准
0.40 以上	很好
0.30～0.39	良好,修改后更佳
0.20～0.29	尚可,但需修改
0.19 以下	差,必须淘汰

三、信度

信度是指同一个测验对同一组被试,测两次或多次得分的一致程度。一个好的测验必须是稳定可靠的,多次测试所获得的结果应前后一致。为了能够真实、准确地反映测量对象的实际水平,必须重视对试卷信度的研究,从而正确地判断测量结果的价值。信度是反映测量中随机误差大小的指标,由于造成误差的方式和来源多种多样,所以信度的估计方法也是多种多样。在试卷信度的检验中一般采用的是同质性信度。同质性信度是衡量测验内部所有题目间一致性程度的指标。

对信度的评价看信度系数值,应该在 0～1 之间,如果量表的信度系数在 0.9

以上，表示量表的信度很好；如果量表的信度系数在 0.8～0.9 之间，表示量表的信度可以接受；如果量表的信度系数在 0.7～0.8 之间，表示该量表应进行较大修订，但仍不失其价值；如果量表的信度系数在 0.7 以下，表示量表有些项目需要抛弃。

四、效度

效度是指测验能够测出它所欲测特质的程度，即试卷准确地测量了考试目的欲测内容的多少。具体地讲就是覆盖面和权重在多大程度上体现了课程标准的要求，能否有效检验考试能力水平和反映教学基本要求的完成情况。效度与信度的区别是：信度反映了考试中随机误差的大小，而效度反映了考试中系统误差的大小。常用的效度检验方法有两种。一是效标关联效度法，这种方法首先是寻求一种可靠的效标，然后求出测试结果与效标的相关系数，该相关系数则为效标关联效度；二是构想效度法，这种方法是根据研究内容形成一些理论假设，然后检验测试结果对这些假设的验证程度，验证程度越高，说明构想程度越高。

效度的取值范围在 0～1 之间。一般来说，效度系数在 0.4～0.7 之间，值越大效度越高。有的效度系数达到 0.35 就符合要求，有的要达到 0.65 才能被认为是有效的测验。

第 2 节　利用 SPSS 分析试卷的案例

借助统计学软件 SPSS，介绍对物理试卷质量定量分析的方法。包括对样本资料绘制成绩分布曲线，进行难度、区分度、信度及效度计算与分析。希望通过该部分的介绍，对有意学习试卷定量分析的广大教师提供有益的启示。

本次抽取的考卷分析样本为 894 位参加某年上海某区高考模拟考物理加试考试的学生试卷。①

一、建立分数段分布直方图(Histogram)

根据录入的数据表，运行菜单：Analyze→Descriptive Statistics→Frequen-

① 陈琪琪．基于 SPSS 的物理试卷分析与评价[J]．物理通报，2017，(12)：103—106.

cies,得到频数表,然后得到复选框,导入要建立频数分布表和直方图的项目(即总分),同时运行菜单：Analyze→Descriptive Statistics→Frequencies→Charts→Histograms→With normal curve,即可得到分数段分布直方图,如图 9-1 所示。通过学生成绩分布直方图和频数分布表可以看出,这 894 位学生的成绩接近正偏态分布,平均分为 111.56 分,标准差为 22.169 分,不及格的人数占 15.5%,100～130 分之间的人数占 52.7%,峰值出现在 130～140 分之间的人数占 16.3%。

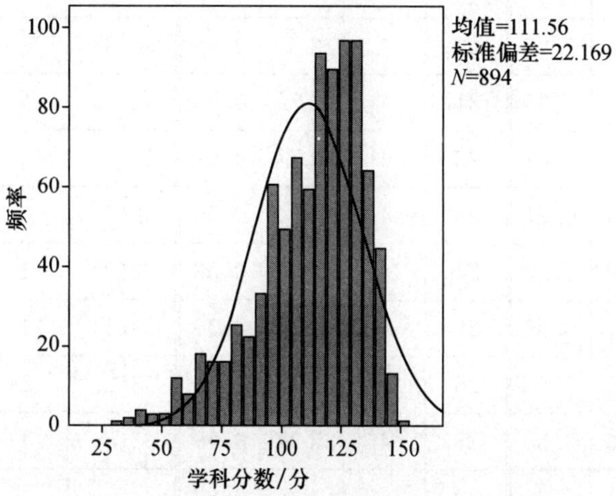

图 9-1　频率分布直方图

二、难度分析(Difficulty)

使用软件进行难度分析的具体操作方法为：运行菜单 Analyze→Descriptive Statistics→Descriptives,将全部小题得分选入 Vaviable(s)中,单击 OK 按钮,可得到各题的均值。然后再建立一个包含均值 Mean 和各题满分值的数据文件(可以直接将刚才的结果粘贴至 Excel 文档,然后用 SPSS 软件打开),单击 Transform→Compute,出现 Compute Variable 对话框,在 Target Variable 中输入要计算的难度系数 P,在 Numeric Expression 中输入公式 Mean/W,得到各题的难度系数。本次考试的难度统计结果如表 9-3 所示。通过试卷各题的难度表可以看出,全卷难度 0.74,1 卷难度 0.79,2 卷难度 0.71,难易适中。大部分题目难易程度尚可,其中第 7、9、11、14、17、18、21、29(1)、30(1)难度高得分率高,第 3、25、29、33(3)题偏难,对于选拔性考试,可以适当增加些难度。

表 9-3 试卷各题的难度

题号	满分	均值	难度	题号	满分	均值	难度	题号	满分	均值	难度
1	2	1.64	0.82	15	3	1.89	0.63	29	4	1.96	0.49
2	2	1.78	0.89	16	3	2.37	0.79	29(1)	2	1.94	0.97
3	2	0.76	0.38	17	4	3.89	0.97	29(2)	4	3.05	0.76
4	2	1.21	0.61	18	4	3.68	0.92	30(1)	4	3.93	0.98
5	2	1.51	0.76	19	4	3.12	0.78	30(2)	4	3.44	0.86
6	2	1.64	0.82	20	4	2.7	0.68	30(3)	4	3.14	0.79
7	2	1.86	0.93	21	4	3.72	0.93	31(1)	4	2.67	0.67
8	2	1.27	0.64	22	4	2.77	0.69	31(2)	8	6.25	0.78
9	3	2.73	0.91	23	4	2.64	0.66	32(1)	8	6.85	0.86
10	3	2.18	0.73	24	4	2.13	0.53	32(2)	4	3.04	0.76
11	3	2.87	0.96	25	4	2.00	0.50	33(1)	4	3.18	0.80
12	3	1.91	0.64	26	4	2.18	0.55	33(2)	6	3.64	0.61
13	3	2.56	0.85	27	4	2.37	0.59	33(3)	4	1.37	0.34
14	3	2.81	0.94	28	6	4.9	0.82				

三、区分度分析(Discrimination)

对于客观题来说，使用斯皮尔曼(Spearman)等级相关分析，即求总分与每个试题得分间的相关系数；对于主观题来说，看成是非等间距测度的连续变量，并且样本数大于30，采用皮尔逊(Pearson)相关分析来对试题进行分析，即求总分与每个试题得分间的积差相关系数作为试题的区分度。

在使用的样本中，第1～20题为客观题，第21～33题为主观题。具体的分析方法：运行菜单Analyze→Correlate→Bivariate，在弹出的Bivariate Correlations对话框中选择各个客观题字段和总分进入Variables，然后在Correlation Coefficients中单击Spearman，完成后即可得到客观题的区分度。主观题的区分度方法同上，选择主观题和总分字段进入，然后选择Pearson即可。输出结果(部分)如表9-4所示。

表 9-4　用斯皮尔曼相关系数计算区分度

题号		1	2	3	4	5
1	相关系数	1.000	0.082*	0.173**	0.131**	0.171**
	Sig.(双频)		0.014	0.000	0.000	0.000
	N	894	894	894	894	894
2	相关系数	0.082*	1.000	0.059	0.048	0.061
	Sig.(双频)	0.014		0.077	0.155	0.070
	N	894	894	894	894	894
3	相关系数	0.173*	0.059	1.000	0.138**	0.083*
	Sig.(双频)	0.000	0.077		0.000	0.013
	N	894	894	894	894	894
4	相关系数	0.131**	0.048	0.138**	1.000**	0.059
	Sig.(双频)	0.000	0.155	0.000		0.080
	N	894	894	894	894	894
5	相关系数	0.177**	0.061	0.083**	0.059	1.000
	Sig.(双频)		0.000	0.070	0.013	0.080

输出结果的最后一行或最后一列每小题与总分之间的相关系数即为区分度。输出整理结果如表 9-5 所示。通过试卷各题的区分度表可以看出，如作为选拔性考试第 2、17、30(1)题的区分度不够，需要修改。

表 9-5　试卷各题的难度

题号	区分度	题号	区分度	题号	区分度	题号	区分度
1	0.426	11	0.298	21	0.240	29(2)	0.445
2	0.182	12	0.292	22	0.472	30(1)	0.170
3	0.362	13	0.307	23	0.370	30(2)	0.576
4	0.261	14	0.351	24	0.480	30(3)	0.597
5	0.295	15	0.362	25	0.433	31(1)	0.472
6	0.342	16	0.376	26	0.530	31(2)	0.494

续表

题号	区分度	题号	区分度	题号	区分度	题号	区分度
7	0.221	17	0.148	27	0.499	32(1)	0.560
8	0.443	18	0.334	28	0.432	32(2)	0.595
9	0.272	19	0.497	29	0.485	33(1)	0.585
10	0.306	20	0.226	29(1)	0.246	33(2)	0.679
						33(3)	0.626

四、信度分析(Reliability)

在SPSS软件中一般采用Cron bach α系数，它可以计算任何测验的内部一致性系数，而不要求测验题目必须是记分型的。具体的分析方法：运行菜单Analyze→Scale→Reliability Analysis打开信度分析对话框，在弹出的对话框中将所有表示题目的字段全部选择进入Items框中，在Model栏后的下拉列表采用默认的Alpha方法(Cron bach α系数)。得到分析结果如表9-6所示。从分析结果可以看出，本次考试的信度系数为：Alpha＝0.876，信度可以接受。为了提高试卷的信度，可以从以下几个方面改进：适当增加试题的数量，保持所有试题的难度接近正态分布，努力提高试题的区分度，严格监考和按评分标准给分。

表9-6　全卷信度分析结果

Cron bach α系数	项数
0.876	41

五、效度分析(Validity)

上文提到，常用的效度检验方法是效标关联效度法和构想效度法。在此利用效标关联效度法进行分析，把学生的平时成绩作为效度分析的效标，利用积差相关法求效度(Pearson法)。使用这些学生的平时成绩为计算效度的样本。平时成绩一般由3部分构成：考勤、作业、课堂表现，总分30分。具体操作方法为先建立考试成绩与平时成绩表，其中Total为考试总分，PS为平时成绩。在SPSS中单击Analyze→Correlate→Bivariate，选择Total和PS字段进入表达式，然后在 Correlation Coefficients 中单击 Pearson。执行结果如表 9-7 所示。得出总分与平时成绩的相关系数为 0.762。说明本次考试与平时成绩相关性较好，即本次考试反映了学生的真实水平，符合效度要求。

表 9-7 效度分析结果

		总分	PS
总分	Pearson Correlation	1	0.762*
	Sig. (2-Talled)		0.000
	N	90	90
PS	Pearson Correlation	0.762*	1
	Sig. (2-Talled)	0.000	
	N	90	90

* Correlation is signiffcant at the 0.01 level.

通过 SPSS 软件对试卷考后的成绩进行分析，可得出该次高考模拟试卷与成绩的初步评价。试卷基本上覆盖了高中物理教材中的主要知识点，涉及各个章节的内容所占的分数分布合理。总体来说该套试卷的设计比较科学，能较好地检测出学生对知识掌握的程度。本次考试平均分为 111.56 分，标准差为 22.17，成绩基本符合正态分布。信度系数为 0.876，信度可以接受；个别试题区分度不高；试卷整体难度指数为 0.74，属于正常难度范围；效度系数为 0.762，考试成绩能够反映学生的真实水平。大部分学生对知识掌握较好，但学生成绩多集中在平均分上方，建议在试题的区分度上有所调整，适当加大一些试题的难度和区分度，来区分学生实际水平的差距，有利于对学生的选拔，同时可以提高考试的信度。学会 SPSS 软件的操作，可以提高广大教师分析试卷的效率，准确得到分析结果，为今后的教学和考试提供科学依据。

第 3 节 物理课堂教学的评价工具

随着网络和数字技术的发展，基于视频的教师专业发展研究焕发了新的活力，成为教师专业发展的新路径。本节通过介绍一种基于视频的课堂教学评价工具 RTOP，希望能够给物理课堂教学评价提供一个新的视角。

RTOP是由美国亚利桑那州立大学优质教育协作体(Arizona Collaborative for Excellence in the Preparation of Teachers,简称ACEPT)的评估小组(Evaluation Facilitation Group,简称EFG)在20世纪末创建的,旨在衡量"改革后"教学的观察工具。

一、RTOP的组成与测量学特点

RTOP由25个题项组成,每个题项都涉及一个可以观察的课堂行为。这些题项分为三个分量表:教学设计与实施(5个题项)、教学内容(10个题项)和课堂文化(10个题项)。其中,第二、第三个分量表分别由两个部分组成,每部分包含五个题项。如图9-2所示。

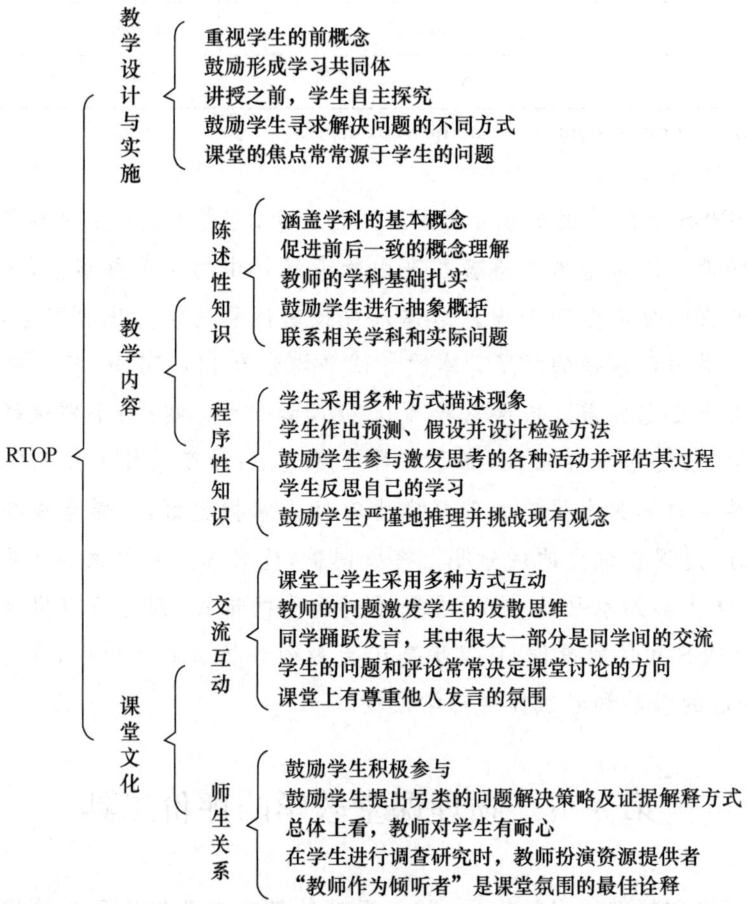

图9-2 RTOP的结构与核心内容[1]

① 吴维宁.专业化的课堂教学评价工具RTOP评介[J].教师教育研究,2011,(5):76—81.

第一个分量表，旨在为改革后的教学捕捉 ACEPT 模型。它描述了一种承认学生已有知识和前概念的课程，尝试使学生参与到学习共同体中，重视解决问题的多样化方案，并经常从学生的想法中获取方向。第二个分量表直接指向教学内容，分为两部分，第一部分评估课程内容的质量，第二部分试图捕捉探究过程中 ACEPT 的理解。第三个分量表，由 10 个题项组成，直接指向课堂环境。开发者的意图是用这 25 个项目来全面了解 ACEPT 改革后的教学。

RTOP 的 25 个题项及其说明

Ⅰ. 教学设计与实施

(1) 尊重学生的已有知识和前概念。

改革后教学的基石是考虑学生已有的知识。术语“尊重”在这个题项中很关键。它暗示着教师对待学生好奇心的态度，对待学生观点的积极恳求，以及教师的一种理解，即学生在数学或科学课堂上所带来的很多观念是由他们的日常经验根深蒂固地塑造和调节的。

(2) 设计鼓励学生参与学习共同体的课程。

许多知识是社会建构的。这种现象发生的背景被称为“学习共同体”。短语“科学共同体”(一个“自治”机构)中的“共同体”一词与本条目的用法相似。学生积极参与，他们的参与是活动的组成部分。知识是在共同体内协商的。有必要记住学习小组不一定构成“学习共同体”。

(3) 正式讲授之前，学生自主探究。

改革后的教学允许学生从更简单、更具体的经验中建立复杂的抽象知识。这表明学生应该优先进行探究，之后对内容进行正式的表征。正式的表征都应该在所有探究结束之后进行。

(4) 鼓励学生寻求科学探究和问题解决的不同方式。

发散思维是数学和科学推理的重要组成部分。符合这一标准的课堂不会只坚持一种实验方法或一种解决问题的方法。一个重视多样化思维方式的教师会尊重并积极征求各种方法，并理解一个问题的答案可能不止一个。

(5) 课堂的焦点和方向常常取决于学生的观点。

如果学生是真正的学习共同体的成员，并且重视发散思维，那么课堂教学的方向并不总是能够提前预测。因此，计划和执行课程可能包括出乎意料的意外事件。符合这一标准的课堂可能不会结束，因为它才刚刚开始。

Ⅱ. 教学内容

知识有两种形式：是什么(陈述性知识)和如何做(程序性知识)。两者都是知识内容的类型。RTOP的目的是评估数学或科学课的这两个方面。

一、陈述性知识

本节主要关注知识的意义和抽象程度,教师对内容的理解,以及与其他学科和现实生活的联系。

(6) 课程涵盖学科的基本概念。

强调“基本”概念表明,课程的核心是一些重要的科学或数学思想。例如,乘法算法的一节课可以固定在分配律上。关于能量的一节课可以集中在热和温度的区别上。

(7) 课程促进前后一致的概念理解。

“一致”这个词是用来强调数学和/或科学思维的紧密联系。概念不能靠自己的双脚站立。随着它们与其他概念的整体联系和构成,它们变得越来越有意义。

(8) 教师的学科基础扎实。

这表明,即使学生含糊不清地表达出来,教师也能感受到学生思想的潜在意义。基础扎实的教师将急切地追求学生的思想,即使当时看起来似乎无关紧要。在评估这一项目时,应考虑到课程实施的学段。

(9) 必要时鼓励抽象元素(即符号标准、理论建构)。

当关系或模式以抽象或符号化的方式表征时,就可以促进概念理解。当一片森林可以帮助学生找到自己的位置时,不走向抽象可能让学生被树木淹没。

(10) 探索并重视联系相关学科和实际问题。

将跨学科的数学和科学内容与现实世界的应用联系起来,往往会使其普遍化,使其更加连贯。关于电的物理课可以把电在生物系统中的作用联系起来,或者把它与房子的布线系统联系起来。一节关于比例的数学课可能涉及光的本质,并涉及物体的高度和阴影的长度之间的关系。

二、程序性知识

这一节主要关注学生操作信息、得出结论和评估知识主张的各种过程。它最接近于数学思维或科学推理。

(11) 学生采用多种方式(模型、图形、图表、具体物质、操作等)描述现象。

多种表征方式允许学生使用各种心理过程来表达他们的想法,分析信息和批评他们的想法。“多样性”意味着至少使用了两种不同的方法。给定的方法也会产生变化。例如,可以使用几种不同的图形,而不仅仅是一种。

(12) 学生作出预测、评估、假设并设计检验方法。

这个题项不区分预测、假设和估计。所有这三个术语都被使用,以便 RTOP 能够描述数学思维和科学推理。学生们在收集数据之前明确地陈述他们认为将要发生的事情,在这种情况下可以使用的另一个词是“推测”。

(13) 鼓励学生积极参与激发思考的各种活动并评估其过程。

这个题项意味着学生们不仅在积极地做事情,而且他们也在积极地思考他们正在做的事情,即如何能够在他们的探究中阐明接下来的步骤。

(14) 学生反思自己的学习。

主动反思是一种促进学习的元认知活动,它有时被称为“认知的认知”。教师可以通过提供时间和建议策略来帮助学生在整个课程中评估他们的想法,从而促进反思。教师进行的复习如果不能促使学生重新审视或评估他们的思维,那么它就不具有反思性。

(15) 重视学术严谨,建设性的批评和对观念的挑战。

数学和科学研究的核心是严格的辩论。在一节课上,允许学生提出各种想法来实现学习目标,但也要坚持进行挑战和谈判。如果遵循狭窄的、通常是规定的推理路径,排除其他选择,从而达到智力上的严谨性,则会导致在这一项上得分较低。在没有证据和论证的情况下接受各种建议所得分数也会较低。

Ⅲ. 课堂文化

完成这些题项应该独立于对前几节的任何判断。具体来说,课程的设计或内容的质量不应该影响本节的评分。课堂文化在 RTOP 中被概念化,包括:① 交流互动,② 师生关系。这些不是相互排斥的范畴,因为所有的交流互动都是以交流者之间某种关系为前提的。

一、交流互动

课堂上的交流互动是了解课堂文化的重要窗口。只有教师的典型讲话和学生倾听的课程是没有改革的课堂。重要的是,学生要经常倾听,他们也要和老师交流。交流的本质捕获了社区中知识构建的动态。请记住,交流和共同体有着相同的根源。

(16) 学生采用多种方式和媒体互动。

本项目的目的是反映一节课交流的丰富性,它鼓励学生在讨论中作出贡献,为此,可以多种方式(做演讲、头脑风暴、批评、听力、制作视频、小组作业等)进行。注意本项和第 11 项之间的区别。第 11 项是表征。本题项指的是主动沟通。

(17) 教师的问题激发学生的发散思维。

这一题项建议老师的问题应该有助于打开概念空间,而不是限制在预定的界限之内。最简单的形式是,教师提问可以激发学生的发散思维,通过构建可能有不止一个正确答案的问题或可能有不止一个有效解释的框架现象来构建问题。

(18) 同学踊跃发言,其中很大一部分是同学间的交流。

老师大部分时间都在讲话的课没有改革。这个题项反映了增加学生谈话量和学生之间谈话量的需要。“高比例”意味着在任何时候,学生说话的可能性和老师说话的可能性一样大。“大量”的数据表明,一节课的关键部分是通过学生之间的对话发展起来的。

(19) 学生的问题和评论常常决定课堂讨论的焦点和方向。

这一题项不仅意味着课程的流程经常受到学生的影响,而且一旦有了方向,学生在保持和增强动力方面就至关重要。

(20) 课堂上具有尊重他人发言的氛围。

尊重别人说的话并不仅仅是礼貌的倾听。尊重也表明别人所说的话是经过认真考虑的。改革后的课程将鼓励和允许共同体的每一个成员表达他们的想法和意见,而不用担心受到指责或嘲笑。

二、师生关系

(21) 鼓励并重视学生积极参与。

这意味着不仅仅是一个充满活跃学生的教室,这也意味着他们在如何发生这种活动上有发言权。仅仅以一种积极的方式遵循指示并不符合本题项的意图。积极参与意味着议程设置、关注和实践。

(22) 鼓励学生作出猜想,提出另类的问题解决策略及证据解释方式。

改革后的教学把科学思想的教学责任从教师转移到学生身上。一位经过改革的教师积极鼓励这种转变。例如,在数学课上,老师可能鼓励学生找到不止一种解决问题的方法。如果整个课程都致力于讨论和批评这些另类的问题解决策略,这种鼓励将得到高度认可。

(23) 总体上看,教师对学生有耐心。

耐心不是容忍意外或不想要的学生行为。相反,有一种预期是,当给自己一个表现自己的机会时,意想不到的行为可能带来丰富的学习机会。长时间的“等待时间”是对这一题项目给予高评价的必要条件,但不是充分条件。

(24) 教师扮演资源提供者,鼓励和支持学生进行调查研究。

一位优秀的教师不是来告诉学生做什么和怎么做的。大部分的主动性来自学生,因为学生有不同的想法,老师的支持是精心设计的,以适应学生的思维习惯。暗喻“身边的向导”与这个题项是一致的。

(25) “教师作为倾听者”的比喻是课堂的特色。

这个比喻描述了一个老师,他经常被发现帮助学生通过已有认知构建深入理解。老师可能确实说了很多,但是这样的演讲是围绕着积极倾听学生们所说的话所达成的理解而精心设计的。如果“学生作为听者”反过来产生,“教师作为听者”就会完全到位。

根据获取的大量数据,EFG 进行了一系列统计分析,得到了有关 RTOP 的多项重要的测量学指标。EFG 的统计分析主要有信度分析、效度分析和因子分析,并建立了相关常模。EFG 对于 RTOP 的信度分析主要关注整个量表的评分者信度,以及各分量表的信度估计。与同类量表相比,RTOP 整体的评分者信度非常高($R^2=0.954$),且各分量表的信度值也很高。除了第二分量表(“教学内容”分量表)之外,其他分量表的 R^2 值都超过或者接近 0.9。此外,EFG 对 RTOP 的效度分析结果表明,其表面效度、结构效度和预测效度都达到了令人满意的指标。而因子分析的结果则显示:旋转后的三个主要因子可以解释全部因子所包含信息的 71.92%。这三个因子可以解释为:探究取向、陈述性知识和师生关系。从内容结构和上述统计结果来看,RTOP 确实是一种既能够体现当代教育理念,又具有较高信度和效度的专业化的课堂教学评测工具。

对于使用 RTOP 这类工具的用户来说,用一些性能标准来评估个人或样本在他们自己的数据集中取得的分数是很重要的。除了对 RTOP 作出了系统的评测以外,EFG 通过对 141 节课的分析建立了 RTOP 在不同学段和不同学科上的常模,见表 9-8。

表 9-8　按学科和学段划分的 RTOP 得分常模

	数学			科学			整体		
	n	平均值	标准差	*n*	平均值	标准差	*n*	平均值	标准差
大学	10	69.3	22.0	40	58.25	21.3	50	59.4	21.3
学院	3	48.0	11.8	23	50.1	21.6	26	49.9	20.6
高中	12	48.8	10.8	25	41.5	20.2	37	44.1	17.8
初中	13	46.8	19.0	15	50.0	14.1	28	48.5	16.3
整体	38	52.0	18.1	103	51.0	20.9	141	51.3	20.1

这个样本的 RTOP 分值从 98 分到 18 分不等。141 节课的整体样本的平均值为 51.3。所有数学和科学课程的平均值几乎是相同的,也与样本的平均值相同。大学的分值往往比社区大学或公立学校的分值稍高些。虽然没有进行统计比较,但高中科学课程的分值似乎是所有比较组中最低的。

二、RTOP 的使用方法

依据不同的使用目的,RTOP 的使用方法略有不同。若以大规模的教育调查为目的,则一般需要经历集中培训、听课评分和统计分析三个阶段。这里的集中培训,除了需要让受训者通过培训手册了解 RTOP 的内容结构和评价要求之外,还需要通过预评价,使评分者就相关的评价标准达成一致。听课评分时,一般需要有至少两名以上的评分者,这样有利于控制评分者信度。统计分析主要计算 RTOP 的平均值和标准差,同时也需要作出必要的信度分析。若是以培训教师为目的,RTOP 的使用则一般需要经历简短培训、听课评分和课后讨论三个阶段。这里的培训只需要让受训者知道 RTOP 的具体内容和评分方法。听课评分一般也需要有至少两个以上的评分者。但这时评价者还需要做的一件事,就是对被评价者的课堂教学进行录像。课后,被评价者需要观看自己的教学录像,同时使用 RTOP 对自己的课堂教学予以评分。最后,我们要将评价者的评价结果与被评价者的自我评价结果进行对照,找出两者之间的差异并讨论分析其原因。

RTOP 的 25 个题项被分为以下 5 个部分:① 教学设计与实施,② 陈述性知识,③ 程序性知识,④ 交流互动 ,⑤ 师生关系。上述 5 个部分共包括 25 个可以观察的题项,每一个题项的分数取值采用李科特(Likert)五分量表(0、1、2、3、4)

的形式。具体的赋分规则如下所示：0 所描述的行为从未发生过；1 所描述的行为至少发生过一次；2 所描述的行为发生一次以上，题项可以部分描述教师的教学情况；3 所描述的行为频繁发生，题项可以较好地描述教师的教学情况；4 题项非常好地描述了教师的教学情况。由于 RTOP 共有 25 个题项，每个题项的最高分是 4 分，所以整个量表的满分是 100 分。这样的设计比较符合人们的使用习惯。因此，RTOP 是一种符合现代教育理念，同时又具有较强的可操作性和权威性的课堂教学评价工具。

第 4 节　利用 RTOP 评价物理教学的实例

为了使 RTOP 具有更好的操作性，开发者在其网站上展示了他们的讲课视频以及运用 RTOP 对这节课的评分过程，供使用者参考。[①]

上述视频是美国纽约州立大学布法罗学院物理系的丹·麦克萨克（Dan Maclsaac）为职前小学教师讲关于“光与色”的物理课。以下是他的同事（K. Falconer 和 R. Benford）利用 RTOP 测量工具对他本节课的评分过程及建议。

Ⅰ. 课程设计与实施

	完全不符合				完全符合
（1）教学策略和活动尊重学生的已有知识和前概念。	0	①	2	3	4

开始播放录像（13 秒），教师带领学生回顾了与折射和色彩有关的经历。

（2）设计鼓励学生参与学习共同体的课程。	⓪	1	2	3	4

本节课完全以教师为中心，没有证据表明有学生活动。

（3）正式讲授之前，学生自主探究。	⓪	1	2	3	4

学生未参与探究。

（4）鼓励学生寻求科学探究和问题解决的不同方式。	⓪	1	2	3	4

学生没有进行探究，也没有进行问题解决；他们坐在黑暗中观看。

（5）课堂的焦点和方向常常取决于学生的观点。	⓪	1	2	3	4

学生在这节课上没有提供任何收获、方向或重点。

---

① Using RTOP[EB/OL]. http://physicsed. buffalostate. edu/AZTEC/RTOP/RTOP_full/using_RTOP_2. html，访问日期：2020 年 7 月 5 日。

Ⅱ. 教学内容：陈述性知识

完全不符合　完全符合

(6) 课程涵盖学科的基本概念。 0 1 2 3 ④

这是一门为职前小学教师开设的科学课程；亚利桑那州科学标准将简单的光和颜色指定为K-8主题。非常有远见地添加了有色光和滤光片，不符合颜料混合的经验。

(7) 课程促进前后一致的概念理解。 0 ① 2 3 4

演示本身符合逻辑，从棱镜、衍射光栅开始，然后是主滤光片，最后是互补滤光片；但是，他们并没有使学生明确这个结构，因为学生没有机会自主组织这个结构。

(8) 教师的学科基础扎实。 0 1 2 3 ④

教师在讲解或回答问题时没有出现任何实际错误。

(9) 必要时鼓励抽象元素(即符号标准、理论建构)。 0 1 ② 3 4

教师指出自然界的模式是由于主要和互补的过滤器(7分32秒)；然而，这些想法并不是由学生提出的。

(10) 探索并重视联系相关学科和实际问题。 0 1 ② 3 4

教师提到了RBG合成用于电视色彩，CMY合成用于印刷。如果观察到某物，它必须至少为1级。教师还演示了一些现象，而不是单纯的讲授。本节课还可以融入更多实例。

Ⅲ. 教学内容：程序性知识

完全不符合　完全符合

(11) 学生采用多种方式(模型、图形、图表、具体物质、操作等)描述现象。 ⓪ 1 2 3 4

学生除观察这些现象外什么也没做。

(12) 学生作出预测、评估、假设并设计检验方法。 ⓪ 1 2 3 4

学生没有作出预测、评估及假设，也没有提出检验方法。

(13) 鼓励学生积极参与激发思考的各种活动并评估其过程。 ⓪ 1 2 3 4

学生们完全被动地坐在黑暗中听讲。教师没有批评，也没有鼓励学生。

(14) 学生反思自己的学习。 ⓪ 1 2 3 4

学生没有进行反思。沉默的时间不足。

(15) 重视学术严谨,建设性的批评和对观念的挑战。　⓪　1　2　3　4

学生们几乎没有什么想法,也没有任何有挑战性的想法。纠正事实错误(7 分 56 秒)并非真正的有建设性的批评或对一个想法的有意义的挑战。

Ⅳ. 课堂文化: 交流互动

完全不符合　完全符合

(16) 学生采用多种方式和媒体互动。　⓪　1　2　3　4

学生没有和其他同学分享他们的想法。交流意味着意义的协商;老师对一个问题的回答和澄清(5 分 40 秒),并不是学生交流的结果。教师没有鼓励学生通过其他方式表达想法。

(17) 教师的问题激发学生的发散思维。　0　①　2　3　4

至少有一个发散性问题,如果一种行为一节课至少发生一次,就必须至少得到 1 分。

(18) 同学踊跃发言,其中很大一部分是同学间的交流。　⓪　1　2　3　4

学生间没有交流。师生对话(回答问题)不计分。

(19) 学生的问题和评论常常决定课堂讨论的焦点和方向。　⓪　1　2　3　4

教师在没有学生参与的情况下就决定了整节课的方向。

(20) 课堂上有尊重他人发言的氛围。　0　1　②　3　4

教师确实征求了关于理论的意见,而不只是象征性的提问。他要求一名学生向全班同学复述自己的观点,并接受了对过滤器颜色的修正(7 分 56 秒)。当一名学生指出绿色过滤器让黄色光通过(6 分 50 秒)时,教师答道"是的"。

Ⅴ. 课堂文化: 师生关系

完全不符合　完全符合

(21) 鼓励并重视学生积极参与。　0　①　2　3　4

学生回答了教师的提问,但学生没有提出问题的方向。由于学生确实回答并参与了,因此必须至少记 1 分。

(22) 鼓励学生作出猜想，提出另类的问题解决策略及证据解释方式。　0　①　2　3　4

确实有一位学生提出了一种理论，即过滤器只能通过一种颜色的光，但还可以安排更多的学生作出猜想。

(23) 总体上看，教师对学生有耐心。　0　①　2　3　4

教师确实提供了候答的时间，因此至少得1分。

(24) 教师扮演资源提供者，鼓励和支持学生进行调查研究。　⓪　1　2　3　4

没有学生进行调查研究。

(25) “教师作为倾听者”的比喻是课堂的特色。　⓪　1　2　3　4

老师没有尝试检查学生的已有知识，没有将学生的想法纳入课堂，也没有评估学生对材料的理解程度。

表 9-9　本节课 RTOP 各部分分值及总分

内　容		分　值
课程设计与实施		1
教学内容	陈述性知识	13
	程序性知识	0
课堂文化	交流互动	3
	师生关系	3
总分		20

总体评价

此片段不应被视为对职前小学教师科学课程教授的准确描述，不应用任何方式评估该课程。

当学生专心解释这个主题时，通常会产生明显的混淆，因为有色光与标准颜料的添加方式完全不同(所有浅色增加白色，添加所有可用的颜料通常会产生浑浊的棕色)这些学生没有表现出任何概念上的不适。在这个片段中，表明学生没有认识到概念上的差异或正在经历不平衡或正在适应新的想法。学生们只是简单地接受新的课堂事实，而没有将事实与他们自己的真实经验进行比较。教师应该期望学生在描述有色光的混合时不时地回到他们的颜料混合经验。这节课在技术上很有吸引力，但是概念学习可能并没有发生。

尽管本节课的课堂演示非常吸引人，看起来很有教育意义，但实际上完全是以教学和教师为中心的。RTOP 视频剪辑 1 进行了大量的编辑工作，对课堂情境进行了严格的操纵，目的是为了从一个非常糟糕的学习情境中制作出一个诱人、有吸引力、令人兴奋和有趣的视频——该视频基本上相当于在黑暗中授课。有意义的生—生和师—生间的互动被删除，而这些正是"改革后教学"的核心。其目的是使观众在教学情境中反思 RTOP 蕴含的目标、意图和理念，并由此提炼观众对科学教学的批判性评价。我们比较容易接受那些在 RTOP 中得分非常低的所谓"良好的教学"的情况——而且不是所有有价值的课程都能在 RTOP 评价中取得高分。RTOP 以一种特殊的方式对科学教学进行了批判性的评价，而该视频剪辑的目的是将观众吸引到一种对话中，从而揭示了以学生为中心的课堂实践的 RTOP 理念。

值得注意的是，如果你对这个片段给出较高的分数；请在你返回并查看 RTOP 评价工具——大多数教师给分过于慷慨，必须鼓励他们变得更加挑剔。如果你在这段视频中给出的分数很低，恭喜你——你已经是科学教育情境的关键评估者了，你极有可能已经正确地理解了 RTOP 工具。如果你一开始给分很高，然后在讨论和反思结束后降低了你的分数，那么你就完全正确了。

第 5 节　课堂教学评价模型

目前，国内外课堂教学评价存在的深层次问题主要体现为评价过分依赖经验、缺乏适切的理论指引。不可否认，课堂教学的活动性决定了课堂教学评价的实践性。然而，过于强调实践经验又会导致课堂教学评价的理论缺失，并在一定程度上导致我国课堂教学评价大多依赖于实践经验的演绎与外化。因此，课堂教学评价研究的关键在于需要基于理论思维，并在理论层面加以提升。也就是说，我国课堂教学评价需要超越经验，才能形成规范的理论。

一、课堂教学评价的理论建构

教书育人是教师工作的光荣传统，也是新时代赋予教师的光荣使命。从育人这一角度来审视，教师是"塑造灵魂、塑造生命、塑造人的工作"，是品行之师。[①] 因此，在课堂教学评价时，首先就应将教书育人作为课堂教学评价的出发点和落脚点。

① 张苗苗．习近平关于教书育人的重要命题[J]．思想教育研究，2019(04)：55—58.

其次，从教书这一角度来考察，教师是“传播知识、传播思想、传播真理的工作”，是学问之师。因此，沿着教书的角度，课堂教学评价还依赖于良好的教学设计，这是教学效果得以彰显的基石与根本。教学设计起源于 1962 年格拉泽（R. Glaser）提出的教学系统，20 世纪 80 年代传入中国。教学设计是运用系统方法分析教学问题和确定教学目标，建立解决教学问题的策略方案、试行解决方案、评价试行结果和对方案进行修改的过程。一般认为教学设计包括：学习需要分析、学习内容分析、学习者分析、学习目标阐明、教学策略制定、教学媒体选择和教学设计效果评价等。基于有关教学系统设计的理论，我们在物理高端备课研究的基础上，进一步将教学设计提炼为教学目标、教学方法、教学手段、教学本质、教学逻辑、教学创新六个维度。

最后，教学设计只有借助于教学技能，才能将教学的灵魂加以展现。美国视听教育家戴尔在《视听教学法》一书中提出了“经验之塔”理论，他认为经验有的是直接方式得来的、有的是间接方式得来的，根据抽象程度可以分为三大类：抽象的经验、观察的经验和做的经验，共十个层次，如图 9-3 所示。

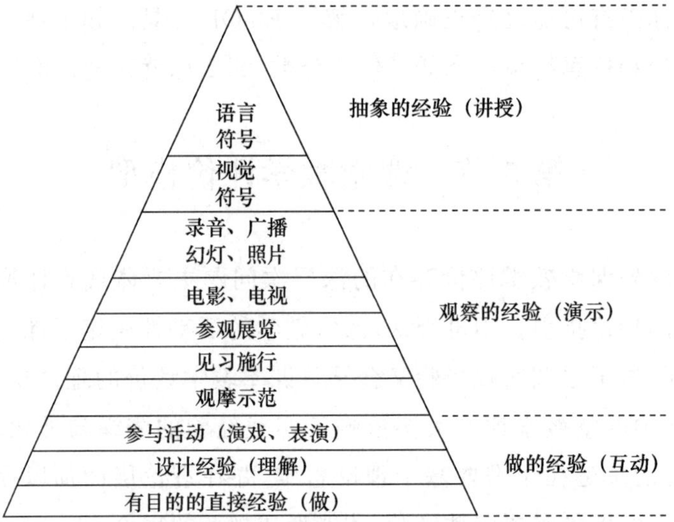

图 9-3　戴尔的“经验之塔”

根据图 9-3 绘出的“经验之塔”，最底层为做的经验，意指通过与实物媒体的实际接触，从而获得在做中学的实际经验，这在教学技能中就体现为教师与学生的互动；中间层为观察的经验，意为通过观察实物媒介，从而获得观察的经验，代表了教学技能的第二个层次演示；塔顶是抽象的经验，意指学生通过语言媒介的作用，获得相应的知识经验，这就需要教师进行必要的讲授。因此，基于戴尔的“经验之塔”理论，我们将教学技能概括为讲授、演示和互动三个维度。

基于教学系统设计理论、戴尔的“经验之塔”理论以及教书育人的教育理念，我们构建了“教学设计＋教学技能＋教书育人”的三维课堂教学评价模型，如图9-4所示。在此基础上，确定了课堂教学评价指标，如表9-10所示，以期为课堂教学评价的进一步发展提供有益的启示。

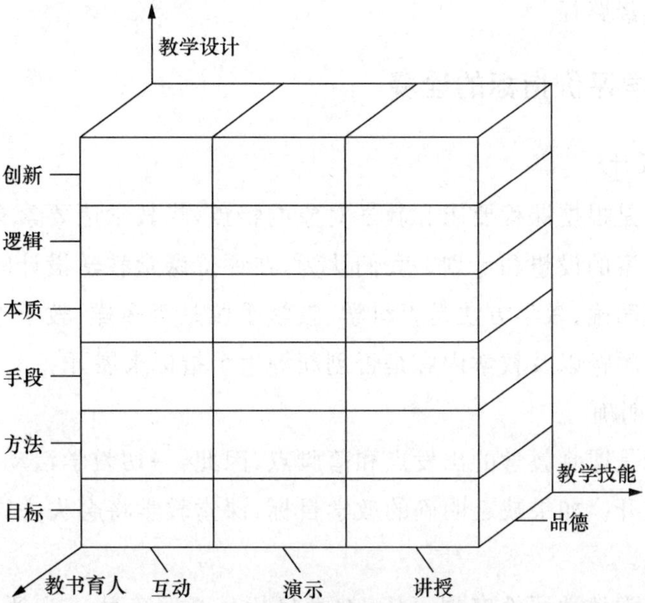

图9-4 课堂教学评价模型

表9-10 课堂教学的评价维度与标准

序号	评价维度		评价标准									
			1	2	3	4	5	6	7	8	9	10
1	教学技能	讲授清楚										
2		演示规范										
3		互动充分										
4	教学设计	目标明确										
5		方法科学										
6		手段多样										
7		本质清晰										
8		逻辑顺畅										
9		教学创新										
10	教书育人	塑造品德										

教学技能、教学设计与教书育人三者是相互关联，交融在课堂教学过程之中。其中，教书育人是课堂教学大厦建设的监理，它自始至终存在于教学设计与教学技能中的各个环节；教学设计是课堂教学大厦的蓝图，也是课堂教学质量的根本保证；教学技能则是课堂教学大厦的建筑工人，是课堂教学设计与教书育人得以落实的必经路径。

二、课堂教学评价指标的诠释

1. 教学设计

教学设计是根据课程要求和教学对象的特点，将教学诸要素有序安排，确定合适的教学方案的设想和计划。我们认为，在评价课堂教学设计时，主要应依据教学目标是否明确、教学方法是否科学、教学手段是否多样、教学本质是否清晰、教学逻辑是否顺畅以及教学内容是否创新等六个指标来展开。

（1）目标明确

教学目标是课堂教学的出发点和落脚点，因此，一切教学活动都要围绕教学目标进行和展开。如果缺乏明确的教学目标，课堂教学将会失去方向，并给教学评价带来困扰。

为了使课堂教学评价有据可依，教学目标是否明确就成为评价课堂教学评价的重要维度。为达成这一目标，教师要通过通读教材、了解课程，把握教学目标。以高中教学设计为例，2017 年教育部出台了高中物理课程标准，将物理学科核心素养的培育作为课堂教学目标，以实现立德树人教育目的为根本宗旨。因此，高中物理教师在进行课堂教学设计时，就需要把物理学科核心素养作为教学目标。

（2）方法科学

教学方法是指为了达到教学目的，完成教学任务，在一定的教学理念和教学原则指导下的教学活动形式，是教师教的方法与学生学的方法的高度融合与有机统一，是课堂教学中教师与学生相互联系的重要纽带。因此，选择科学合理的教学方法，是提高教学质量、确保教学效果的必要条件。

从根本上讲，课堂教学效果的好坏并不全取决于教学方法本身，也受运用教学方法的教师的水平高低影响。丘成桐教授在《我的数学之路》中直言不讳地评价了他的中学老师。他说："我们的数学老师十分好。他教授的内容，比课程要求来得艰深，但我觉得丝毫不费气力。其实我的同学们虽然叫苦，但是总的来说，数学都不错，这叫作取法乎其上，得乎其中。当时我们的物理老师不太行，对此不无失望。中学时养成不了物理上的基本直观，至今于心还有戚戚焉。国文老师却是无懈可击。他教导我们思想要不落俗套。说思维要自出机杼，读好书之余，烂书也无妨一读，以资比较。因此我什么书都啃。他这种观点，就是放诸我日后的科学生涯中，也有其可取之处。”[①]同样是采用传授教学方法，为什么有的老师“十分好”，有的老师“无懈可击”，有的老师却“不太行”。显而易见，教师的水平非常重要。

(3) 手段多样

教学手段是课堂教学中传递教学信息的工具、媒体或设备。随着科学技术的发展，教学手段经历了口头语言、文字和书籍、印刷教材、电子试听设备和多媒体网络技术等五个阶段。传统教学手段主要指教科书、粉笔、黑板等，现代化教学手段是指电化教学器材和教材，即把幻灯机、投影仪、录音机、录像机、电视机、计算机等运用于课堂，作为直观教学应用于教学领域。

信息传输理论的研究表明，通过各种感官获得信息的记忆效率分别为：读10%；听讲解20%；看30%；听、看结合50%；理解后的表达70%；动手做及描述90%。可以看出，视听的感官效率是较高的，视听结合、理解后的表达都表现出很高的效率。由此说明，在教学中注意演示与讲解相结合，演示与学生的理解活动相结合，能够取得较好的教学效果。[②]

在课堂教学中，由于教学内容往往是抽象的，教师如果只凭讲授，就不能达到好的教学效果。因此，运用多种的教学手段，诸如投影仪等，引导学生运用多感官学习，从而促进知识的内化。与单一的教学方式不同，多样化的教学手段能够使教师将学科特点与学生的认知规律更好地结合起来，帮助学生全方位、多角度地对问题充分感知，从而提高课堂教学的效率。

(4) 本质清晰

课堂教学的最终目的是培养学生成为全面发展的人。因此，一切教学方法和教学活动都要围绕着教学本质展开。所以，教学本质是否清晰，对于课堂教学是否达成教学目标至关重要。

迈克尔・桑德尔(M. J. Sandel)是美国哈佛大学政府系讲座教授、美国人文艺术与科学学院院士。英国《卫报》评价桑德尔教授为“世界上最受欢迎的老师

① 丘成桐，刘克峰，季理真. 数学与生活[M]. 杭州：浙江大学出版社，2007：1—13.

② 孙立仁. 中学物理微格教学教程[M]. 北京：科学出版社，1994：158.

之一”。他所开设的“公正：该如何做是好?”公开课(以下简称“公正”),被认为是哈佛历史上最受欢迎的课之一。桑德尔教授指出：“‘公正’的教学本质是唤醒学生的推理思考能力,培养学生的批判性思维,而不是仅仅局限于伟大哲学家的思想理论学习以及阅读经典名著,如同柏拉图提到的那样：‘学校教育的目标,不在于知识本体的完成,而在于把握一生追求智慧的方法。’”[①]因此不难发现,桑德尔教授在“公正”中所要阐释的教学本质就是：使人觉悟从而认知到自己作为个体的价值,使人学会提问和质疑从而逐步生成批判意识,使人学会观察和对话从而让自己和他人一起去揭示这个世界。概而言之,教育的最终目的是为了解放自己和他人,同时也是为了改造世界。

(5) 逻辑顺畅

若要追寻知识的本质,就必须要厘清教学的逻辑。先讲什么,后讲什么,都要依据一定的逻辑而展开。只有厘清课堂教学的逻辑,才能突破传统的课堂教学方式,真正以知识的呈现顺序和学生的认知顺序为依据,达成课堂教学的逻辑自洽,从而彰显课堂教学的真正价值。研究表明,彰显教学逻辑的课堂教学过程大体分为创设情境、建立概念、理解本质、运用知识四个阶段。显然,这样的课堂教学过程才能充分彰显教学的逻辑性。

教学逻辑的价值不是停留在理论层面,而是洋溢在优秀教师的教学实践中。一位北大毕业生在《仙师俞允强》的博文中谈到了对俞允强教授授课逻辑的膜拜。“他讲课的一个标准套路是：回顾当年的理论发展状况→回顾当年实验对理论的挑战→理论如何发展以解释新的实验结果→新理论的预言是什么→这些预言如何被新的实验所检验。我第一次从他的讲述中了解到,我们所学习的物理学是如何发展到今天的样子的。在这个时候,讲台上俞先生的影子模糊了,俞先生的声音也模糊了,我感到一种心与心之间的直接交流,仿佛在俞先生的带领下,回到了电动力学产生的年代,亲自参与了这门科学的发展。一堂课下来,我经常不记得俞先生的任何一句话,任何一个动作,但对这节课介绍的理论的来龙去脉却有着无比清楚的认识”。[②] 显而易见,这正是教学的逻辑力量之所在。

(6) 教学创新

教学内容是教学过程中与师生发生交互作用、服务于教学目的达成的动态生成素材及信息。教学内容创新有助于超越传统课堂教学的禁锢,迎接新时代

① 柏拉图等. 教育的艺术[M]. 曹晚红,吴大伟,编译. 汕头：汕头大学出版社,2009：2—3.

② 邢红军. 大学教学技能精进教程[M]. 北京：清华大学出版社,2017：91.

背景下教育发展，能够培养学生的创新意识、创新精神和创新能力。

教师转变观念是教学内容创新的前提和关键。建构主义认为：知识不是通过传授得到的，而是学习者在一定的情境，利用必要的学习资料，借助教师的帮助，通过意义构建而获得的。因此，教师应转变知识灌输者的观念，成为课堂教学的组织者和指导者，引导学生大胆探索、勇于创新，在课堂教学中碰撞出思维与想象的火花，将创新教育思想融入课堂教学实践。

2012 年，四川大学计算机学院的副教授魏骁勇在网络上迅速走红。他在给研究生上科学工程实践课时，为了使学生充分掌握冲量定理、杠杆原理及其在实践中的应用，亲自演示"单手劈砖"，将物理原理演示得淋漓尽致。显然，这样的教学是鲜活且充满生命力的，同时也是赋有教学智慧与教学创新性的。

2. 教学技能

教学技能是指教师运用已有的教学理论知识，通过练习而形成的稳固、复杂的教学行为系统。它既包括按照一定方式进行练习或模仿而形成的初级教学技巧，也包括因反复练习而形成的，达到自动化水平的高级教学技能。教学技能是教师必备的教育教学技巧，对于达成良好教学效果，实现教学创新具有积极的作用。

(1) 讲授清楚

讲授技能是教师使用独白语言，向学生传授知识和方法，形成思想与观念，启发思维，表达思想感情的一类教学行为。讲授技能具有语言准确、简练；逻辑严密、体现思想方法、使学生对现象充分感知并使学生的直觉概括上升为理性概括的特点。

讲授技能包括若干构成要素：讲解的结构，即教师在分析学生情况和教学内容的基础上，对讲解过程的安排；诠释定义，即对概念进行具体而科学的陈述；角色扮演，指教师在讲解案例时，模仿他人言行的做法；使用例证，即举例子，包括正面例证与反面例证等。

2005 年，上海交通大学电子信息与电子工程学院晏才宏老师因病辞世，终年 57 岁。晏才宏老师的电路课被誉为"魔电"，几乎场场爆满，座无虚席。学生在悼文中说："他的课充满了激情，从头到尾都扣人心弦，简直像一部精彩的电影。""书本上那些枯燥的字句，到他嘴里就像活了一样，那些原本晦涩难懂的公式、定理，经过他的讲解，就变得非常简单明白。""理论讲述深入浅出，分析解题信手拈来，备课讲义自成体系，真是'魔电啊魔电'。"这些感人肺腑的话语使晏老师高超的讲授技能跃然纸上，栩栩如生。

（2）演示规范

演示技能是教师在教学过程中运用实验操作、实物及模型观察、现代教学媒体等直观教学手段，充分调动学生的视觉、听觉，形成表象及联系，指导学生进行观察、思维和操作的一类教学行为。演示能够提供丰富的感性材料，为学生的实验操作提供示范，激发学生的学习兴趣，促进学生观察能力和实验能力的发展，并可以从中学习到科学的实验方法。

演示技能包括确保安全、确保成功、现象清楚、操作规范、讲解指导五个应用要点。安全是演示技能的第一要义，因此，演示操作要做到准确无误，切不可因粗枝大叶影响演示效果，甚至发生事故。确保成功要求教师不仅要有娴熟的技巧，还要注意演示的操作细节。现象清楚是指应确保全班同学都可以看清楚现象。操作规范是指教师的操作要符合实验要求。讲解指导是指教师要在演示过程中进行必要的讲解，引导学生抓住现象背后的本质。

（3）互动充分

互动技能是指教师通过情境塑造、借助表达关怀、激励学生、监控、提问、组织互动等方式，帮助学生理解所学知识的教学技能。互动技能包括互动监控、反馈点评、寻求共鸣、课堂控制四个应用要点。互动监控是指教师运用互动技能时，要随时监控课堂互动的情况，并根据情况采取相应措施。反馈点评是指当学生说出自己的观点时，教师应认真倾听并予以及时回应，鼓励学生参与到课堂互动中去。当学生的想法与教师的想法发生了相互作用并达成一致，才是互动技能最本质的诠释。因此，教师应该在课堂教学中寻求与学生达成共鸣。课堂教学要求在规定时间内完成教学任务，所以，无论是教师的讲授、演示还是互动，都应该控制在一定的时间范围内。

3. 教书育人

教师，既是学问之师，更是品行之师；既是经师，更为人师。习近平主席指出，广大教师要做学生锤炼品格的引路人，做学生学习知识的引路人，做学生创新思维的引路人，做学生奉献祖国的引路人。[①] 作为传道者，教师自己首先要明道、信道；作为引路人，教师自己首先要德行兼备。[②] 教书育人作为教师的崇高使命和首要职责，应通过传递知识、传播思想、传授真理，用自己的学术造诣开发

---

① 习近平在北京市八一学校考察时强调：全面贯彻落实党的教育方针努力把我国基础教育越办越好[N].人民日报，2016-09-10.

② 张苗苗．习近平关于教书育人的重要命题[J].思想教育研究，2019(04)：55—58.

学生的智慧；通过培育生命、造就灵魂、塑造精神，用自己的人格魅力启迪学生的心灵，更好地完成教师教书育人的神圣使命。

思考题

1. 为什么中学物理教师需要了解教学评价？
2. RTOP 评价的特点与不足是什么？
3. 三维课堂教学评价模型有什么特点？
4. 你认为教学设计评价的维度是什么？
5. 教学技能评价的三个维度是否合适？

第十章　中学物理教学研究

教学研究是用科学的方法，对教学现象进行分析、实验和整理，认识教学现象之间内在的联系与规律，寻求解决各种教学问题的途径。[①] 中学物理教学研究作为物理教学法的重要组成部分，是教师有目的、有计划地运用科学方法，主动开展的一种物理教学认识活动。因此，开展中学物理教学研究，是探索物理教学规律、指导物理教学改革的重要依据，是教师专业发展的重要途径，同时也是中学物理教学法课程的重要组成内容。然而，如何有效地开展物理教学研究，迄今为止，无论在理论层面，还是在实践层面，都还存在着诸多尚需深入探讨的问题，亟须展开进一步的深入研究。

第1节　教学研究课题的选择

一、课题的分类

有研究指出：物理教学研究的研究内容与课题包括“十个热点”，传统教育思想与现代教育思想的研究，培养能力的研究，教材改革的研究，三种方法的研究（即物理学的研究方法、物理学的学习方法以及物理学的教学方法研究），运用心理学的理论指导教学研究，如何运用系统论、信息论、控制论指导教学研究问题，物理教学研究的定量化描述问题，教育测量与教学质量的评估问题，教学目标的研究，改革教学方法的试验。[②] 尽管这“十个热点”提出的时间距今已经有20年之久，但依然可以为今后教学研究课题的选择提供有益的启示。按照一般科学研究的分类方法，结合上述十大选题内容，可以将中学物理教学研究课题分为“就事论事”型课题、“就事论理”型课题和“就理论理”型课题。

---

① 胡淑珍．教学技能[M].长沙：湖南师范大学出版社，1996：230.

② 本书编委会编．中学物理课堂教学方法实用全书[M].呼和浩特：内蒙古大学出版社，1999：18—19.

1.“就事论事”型课题

所谓“就事论事”型课题，就是指教师以物理教学过程中的方式、方法为研究对象，是建立在教学经验总结的基础上，以对“怎样教”的认知为核心。例如，改进物理实验教学的实践与探索，高考物理试卷分析及建议，对比值定义法及控制变量法的思考，物理概念教学的高端备课等等。其研究路径往往局限于从实践中来到实践中去，讲究实用性及可操作性，一般只能解决“做什么”以及“如何做”的问题，而对于“为什么这样做”以及“这样做是否有效”等问题不能从理论上加以说明和解释。一线物理教师在教学实践中往往比较热衷于这种类型的研究课题，这是因为，教师在教学过程中经常面临大量亟须解决的实际问题，这不仅需要教师具备扎实的物理基础知识，而且还需要教师对教学过程中的物理知识进行全方位和融贯性的掌握，需要教师分析物理教学疑难问题并以合理的形式呈现出来。

中学物理教学领域的“六大期刊”包括：《物理教师》《中学物理教学参考》《物理教学》《物理通报》《物理教学探讨》以及《中学物理》。这些期刊均为国内公开出版，中国知网全文收录，其中，《物理教师》还被北京大学《中文核心期刊要目总览》收录，主办方是苏州大学，为中国教育学会物理教学专业委员会会刊。这类期刊的作者主体为全国一线中学物理教师以及大学物理教育研究者，刊载的论文大多属于“就事论事”型课题，这些期刊代表了物理教学专业共同体的评判标准，长期以来都较为贴近一线教学并保持专业化的审稿标准，为一线教师的教学研究提供了公正的学术平台，可以有效促进物理教师专业发展水平的提升。

2.“就事论理”型课题

“就事论理”型课题着眼于将教育理论转化为教学方案的设计及教学方法的改进等教育实践层面的尝试。主要是将教育教学等相关领域的理论研究成果应用于物理教学实践中，以提高中学物理教学质量的一类研究课题。如中学物理教学中引入原始物理问题的研究，物理教学中科学方法的显化研究，以科学方法引领重点物理知识的教学研究，圆周运动的高端备课等等。这类研究集中反映了教师不满足于解决具体的物理教学问题，逐渐超越对物理知识的剖析，能够对物理教学问题从教育学、心理学甚至是哲学等理论角度进行分析，能够从根本上找到解决物理教学问题的正确方向和路径，集中体现教师对物理教学理论与教学实践的反思与超越，体现出物理教师的专业智慧及专业品质。

这种类型的研究论文多见于《课程·教材·教法》《教育科学研究》等更高水

平的系列期刊。这类期刊均被中文社会科学引文索引(CSSCI)来源期刊(含扩展版)数据库及北京大学《中文核心期刊要目总览》数据库收录。其中,《课程·教材·教法》主办单位是人民教育出版社以及课程教材研究所;《教育科学研究》的主办单位是北京教育科学研究院以及北京广播电视大学,都具有较高的专业审稿水准。

3. “就理论理”型课题

“就理论理”型课题不再局限于物理学科,而要求教师对整个教育工作拥有一种深刻且系统的认知,持有自己独特的观点,对教育教学理论具有透彻的认识,不仅能够活学活用各种理论,还能建构新的理论。这样的教师是真正意义上的专家型教师,有可能从普通一线教师跃升为教育家,在教学中得到美的享受与真的体验,高屋建瓴地把握教育教学规律。这类课题的选题范围比较广泛,可以从心理学、教育学、社会学、文化学、哲学等基础理论着手,立足物理学科视角,发现新的研究问题。如教育过程中的认识论问题,从本体论、认识论以及价值论等角度审视学科核心素养,教育中的学习观,教育过程中的方法论问题,教学过程的自组织转变理论研究,学生学习效能感的提升路径,学生学习困难成因调查研究,现代科学教育理念对中学教学的启示,教育研究的现象学进路等等。这类课题研究的主要任务是探索中学教学过程中各个因素相互联系及其变化的规律,为解决教学实践中存在的问题提供理论依据。这类研究课题的探索性较强,难度较大,不确定性因素较多。

“就理论理”型课题同样有高水平的期刊来刊载,如《教育研究》《教育学报》等学术期刊,这两种期刊分别由中国教育科学研究院及北京师范大学主办,这类期刊均被中文社会科学引文索引来源期刊(含扩展版)数据库及北京大学《中文核心期刊要目总览》数据库收录,可以代表教育学术研究的最高专业水准。

这三种类型研究课题的水平不一,可以反映教师专业发展水平。基于协同学理论,可以将教师专业发展表征为学科发展态、学科教学发展态和教育发展态三种状态。这三种状态分别与“就事论事”“就事论理”和“就理论理”型研究课题相对应。这三种专业发展水平虽然是相互联系、层层递进的关系,但是并没有必然的逻辑通道。因此,教师专业发展的终极状态就是实现三种状态的贯通。这三种发展态的演化发展具有确定的顺序性,试图跳跃、颠倒或者逆行,都只能导致发展的异化。但应该明确的一点是,这三种类型的课题选择,并不能严格表明研究者的水平高低,也即选择“就事论事”“就事论理”型研究课题,也可以得到水平较高的研究成果。另外，一些比较权威的国外物理教育类研究期刊也可以代表较高的研究水准，如由美国物理教师联合会(American Association of Physics Teachers)主办的《美国物理学杂志》(*Ameican Journal of Physics*)、《物理教师》(*The Physics Teacher*)，以及由英国物理学会出版社(Institute of Physics Publishing)主办的《物理教育》(*Physics Education*)等。

二、选题的原则

物理教育研究起始于选题，它规定了物理教育研究的方向和内容，因此，选题是研究的关键环节之一。选择研究课题时需要掌握以下原则。

1. 创新性原则

一项研究成果或一篇研究论文，一般来说，不可能全部都有创新，它总是以他人的研究成果为基础的。但是，作为研究成果，必须在某一领域、某一问题、某一方法或某一结论上有自己独到的见解，才能体现“研究”二字所隐含的“创新”之意。而“新”的含义，低标准是“与众不同”，高标准是“前所未有”。例如，有关费曼与朗道的文章有很多，但基本上都是从物理学或物理学史的角度来写的，鲜有从物理教育的角度去诠释费曼与朗道物理思想的选题。因此，《论费曼的物理思想》《论朗道的物理思想》两篇文章，分别从物理教育的角度研究费曼及朗道物理思想的选题，就是“与众不同”的选题；《自组织表征理论：一种物理问题解决的新理论》一文的创新即为“前所未有”的标准，该文以协同学为理论基础，采用生态心理学的研究取向，认为问题解决是一个连续与突变相结合、独立与关联相结合、控制与自发相结合、协同与竞争相结合，必然与偶然相结合的过程，是问题解决者对问题表征状态的自组织过程，这一过程具有非线性、突变性和自我组织性的特征。在此基础上，作者汲取了拉金(Larkin)等人物理问题解决的四表征理论的精华，从而提出了原始物理问题解决的自组织表征理论。

2. 价值性原则

在保证课题具有创新性的前提下，还需要考虑选题是否具有理论或者实践价值和意义。具体可以从以下几方面考虑。首先，选题是否具有认识价值。科学研究的问题应是人类已经认识到但还没有解决或有待进一步完善的问题，即研究问题本身蕴含着新现象，可能潜藏着新联系，有可能提出新原理或发现新规律。其次，选题是否具有工具价值，即选题能促进研究者的发展，或者促进研究手段的改进、研究方法的创新。再次，选题是否具有实践价值，即解决这个问题应能对物理教育的理论问题和现实问题产生一定的影响或作用,能够促进教学实践的发展,有助于提高教学质量和效益。最后,选题是否具有可推广性。选题能否在教学实践中发挥效益,还需要衡量它是否具有重复性和广泛适用性。尽管教学活动由于受各种时空关系、研究对象等的制约,不可能具备严格相同的主客观条件,但是只要在类似的条件下,该项研究成果在各种不同的教学实践中均能起到积极的促进作用,即认为该选题符合价值性原则。

3. 可行性原则

物理教育教学研究的选题应该遵循可行性原则,或称可操作性原则。也就是说,研究者在自己熟悉的范围内和现有的条件下,经过努力可以达到预期的目的。研究者必须确认研究课题是否具备可行性的前提,即是确认主客观条件是否具备。客观条件包括研究工作所需的设备、经费、时间、研究对象、研究资料等;主观条件包括可以投入研究工作的人力资源,研究者的水平及能力等。因此,在选题时,应该充分考虑研究者各方面条件是否具备,结合问题的大小及难易程度,选择自己力所能及的课题。

三、选题的来源

选择和确定研究问题是进行物理教育教学研究的关键环节,它决定着研究工作的性质和方向,对物理教育研究起着至关重要的作用。有意识地发现研究问题是物理教育研究者的重要素质。一般来说,选题来源于如下三个方面。

1. 来源于物理教学实践

物理教学研究课题的重要来源之一,就是物理教学实践中亟须解决的问题。物理教学现场是物理教育问题的发源地,大量研究问题诞生于教学实践的土壤中,教师可以从教学实践中感受教育事实,生发教育理念,提升教育智慧。但前提是需要教师具有较高的问题意识和敏感性,通过对不同的问题进行反复甄别和鉴定,确定该问题是不是"真问题",并进一步思考能否将其转化为物理教育研究课题。

2. 来源于物理理论学习

从物理教育理论体系中也可以提出研究课题。如学习论、教学论、心理学、哲学等经典理论著作中,有大量存在争议性的理论,还有一些是假说式的理论形式,未严格地经受实践的检验,其中有很多物理教学理论尚待开拓研究,这些都可以作为物理教学研究课题的重要来源。比如,物理概念与规律的教学过程,物理关键能力的构成等。从理论中发现研究课题，最终通过实践的检验，也同样能对物理教学实践起到指导作用，并可逐步建立具有中国特色的本土化物理教育理论体系。

3. 来源于前沿

物理教师需要对信息保持一定的敏感度，并逐渐形成问题意识。通过广泛阅读各类物理教育研究及教育类期刊，积极参加学术报告会及学术讨论会，关注物理教育研究领域的前沿动态，有批判性地及时捕捉当前物理教学研究的热点、难点和盲点所在。为此，一方面可以通过掌握最新的物理教育理论及政策导向，学习他人的教育研究方法，同时还可以在与他人的观点交流碰撞过程中，生发出新的观点与启示；另一方面，可以发现他人研究可能存在的不完善甚至谬误之处，从而提出新的研究课题。如自 2015 年以来，核心素养迅速成为学界热词，2017 年《普通高中物理课程标准》的颁布也引发新一轮研究热潮，物理核心素养的内涵、意义、相关课例的开发以及落实策略成为主要研究课题。面对这一浪潮，我们既需要充满对物理核心素养的关切，又需要对这一“热词”进行冷静的思考。由于思考的角度和方法各异，由此滋生的研究问题也是全方位的，需要广大物理教师躬身实践，积极探索。

第 2 节　教学研究的方法

俗话说：“工欲善其事，必先利其器”，“器”在中学物理教学研究中专指物理教学研究方法。中学物理教学研究属于教育科学研究的一部分，因而它的研究方法必须以马克思主义的认识论和教育科学研究方法为理论基础，结合物理教育的特点，在物理教育研究的实践中归纳总结出来。就目前研究现状看，常用的物理教育研究方法有文献研究法、调查研究法、实验法、个案研究法和教育叙事研究法。

一、文献研究法

按照文献记录的载体不同，可以将文献分为书籍、报刊、档案及非文字资料。其中，教育书籍包括教育专著、教科书、教育辞书、百科全书和科普书。教育报刊包括报纸（刊登教育相关的新闻和评论的定期连续出版的出版物）以及期刊。教育期刊又可以分为三类：第一类是杂志，主要刊登研究论文、研究报告、文摘、评述、动态；第二类是学报、集刊、丛刊、汇刊等；第三类是文献及复印资料，是一种资料性和索引性的刊物。教育档案包括教育年鉴、教育法令、学术会议文献、学位论文等。①

所谓文献研究法，就是指通过查阅有关文献资料，搜集与研究课题有关的文献资料，从中抽取有规律性的，对研究课题有理论上的启发和实践上的借鉴意义的资料，并在此基础上，通过进一步研究或比较分析，形成自己的思想和观点，进而展开深层次研究的一种方法。文献研究法是教育研究领域应用最为广泛的一种研究方法，也只有通过文献研究法，研究者才能了解研究问题的发展现状和研究进展，从中发现研究问题的切入点，找到合适的研究角度和研究方法。

文献研究法的应用是否合理，直接影响研究内容的价值和研究结果的可信度。如何科学、有效而又全面地查阅并利用文献，是文献研究法的关键所在。在此过程中，需要注意以下几点：

第一，文献的搜集要尽量全面，不仅涉及古今中外研究情况，还要对文献涉及的载体形式和相关主题都有全面的覆盖，只有这样，才能整体把握研究课题的研究现状。否则，研究就可能出现挂一漏万、以偏概全以及闭门造车的结果。

第二，最好搜集原始的第一手资料，即一次文献。一次文献是直接记录研究过程和研究结果的原始文献，这样才能保证文献的客观真实性，具有直接的参考价值。对于二次文献，即对原始文献加工处理而成的系统化、条理化的检索性文献以及三次文献，即在二次文献的基础上，对某一范围内的一次文献进行广泛深入的分析研究后综合浓缩的参考性文献，如专题评述、进展报告、研究综述、数据手册、百科大全等，要认真考查出处，以防曲解原始文献的内容。

第三，要明确注明文献的来源和出处，做到有据可查，这既是对原作者的尊重，也是一种科学严谨的研究态度，便于后来的研究者在已有研究的基础上开展工作，以避免不必要的重复性工作。

二、调查研究法

教育科研中的调查研究法指在教育理论和教育思想的指导下，通过观察、问卷、测验、访谈、座谈等方式，搜集研究问题的资料，从而对某一方面的教育问题作出客观的描述和分析，并提出具体的解决方案与建议的研究方法。调查研究法常常需要与实验法、观察法等配合使用。

---

① 朱铁成．物理教育研究[M].杭州：浙江大学出版社．2002：33.

物理教育调查研究根据研究目的和研究课题的不同，调查方式也会有所不同。但无论何种教育调查都是一种有目的、有计划的活动，有一定的工作程序。就调查过程的顺序而言，主要有以下几个步骤：

1. 确定调查课题，制订调查计划

首先需要根据研究问题确定研究题目，明确调查的目的；其次，需要确定调查的范围及调查对象，调查范围应尽可能全面，调查对象应尽可能具有典型性和代表性；最后，需要确定调查的手段和方法、调查的步骤和时间、组织安排、人员分工以及所需经费等，从而制订切实可行的调查计划。

2. 实际调查，收集材料

收集材料是调查的关键环节。调查者可以综合运用问卷、实地考察、开调查会以及进行测验等手段，拓展可获取材料的途径，充分获取课题所需要的材料。为了有目的、有计划、全面地搜集材料，需要提前设计好调查表格，拟定调查问题、谈话提纲以及测试题目等。

收集资料时需要注意：调查资料需要实事求是地记录下来，不能为证明自己的观点而随意取舍材料；在收集材料时，也不能把事实和自己的意见混杂在一起，因为调查者的意见主观性较强，需加以警惕。同时，对被调查者提供的材料需要进行核实，尽可能引导被调查者真实地表达自己的想法，还要尽可能采用多种手段广泛收集所需资料。

3. 整理材料，分析研究

对于通过调查而得来的原始材料需要进行科学的整理和分析。此外，还需要厘清材料之间的相互关系，使之系统化、条理化，找出其中存在的问题和矛盾，以确保材料的可靠性，为进一步深入研究奠定基础。

4. 总结、撰写调查报告

在调查研究的这一步，需要在一定的理论指导下对教育教学调查的课题进行总结，初步得出研究结论，找出教育教学的规律所在。

三、实验法

实验法就是按照特定的研究目的和理论假设，人为地主动干预，适当控制某种因素或者创设一定的条件，排除一些无关因素的干扰，突出所要研究的实验因素，有计划地逐步改变实验条件，通过观察、测量、比较等方式对某种教育教学现象进行研究，从而验证假设、探讨实验条件与现象之间因果关系的一种研究方法。实验法的核心是如何控制所要研究因素以外其他各种干扰因素或变化因素。由于调查研究法是研究者在自然条件下所开展的研究，研究者只能等待研究现象自然呈现，对其因果关系及相互关系的研究处于比较被动的地位。所以，实验法较之调查研究法，更加广泛地应用于物理教学研究中。

在开展实验法的过程中，需要根据实验目的和研究课题，确定实验变量，以及操作和调控这些实验变量，确定实验对象的多少等。按照实验控制程度，可分为前实验、准实验和真实验。中学物理教学研究中最常使用的是准实验研究，从研究设计的思想和要求来推论，可以认为准实验设计是一种降低了控制标准的类似真实验的研究方法。因此，准实验研究设计的方法在许多方面与真实验有相同之处。

教育实验通常采用三种基本组织形式：单组形式、等组形式和整组形式。单组实验是对单个实验组进行实验。例如，在某个实验组中采用某一种教学方法，在保持其他条件尽可能不变的情况下，进行前后对比实验分析；等组实验是选择两个条件相同或相似的组进行实验，其中一组施加实验因素（实验组），另一组不施加这种实验因素（对照组或控制组），通过两组间的比较，来确定实验因素的影响效果；整组实验是综合上述两种方法，随机确定 A、B 两个实验组。第一次 A 组用甲法，B 组用乙法，教学后进行效果测定。第二次 A 组用乙法，B 组用甲法，教学后进行效果测定，综合统计两次教学效果，比较甲法与乙法的差别。这种方法由于把其他差异平均分配给各实验因素，所以测验结果比较准确，但是实验步骤比较烦琐，实验周期也比较长。

四、个案研究法

个案研究法最早可追溯到 19 世纪的医学领域，即通过个别病例探询病因以及治疗的方法。[①] 随后，个案研究法被广泛应用于社会学、心理学、人类学、政治经济学、教育学等领域中。在教育教学领域中，个案研究法指以单一的个体（教师、学生、典型教育事件以及教育团体）为研究对象，在较长时间里连续进行调查，从而了解个体的各种表现及其所处的环境条件等，通过分析归纳找到能概括这个个体的特征及原因，从而进行深入具体研究的方法。因此，也有人称个案研究法为“追踪研究”。其任务是通过观察、调查等手段，收集、整理、分析资料，进而揭示研究对象形成、变化的特点和规律，寻找形成个体某种特

① 胡义秋．教育与心理研究方法[M]．湘潭：湘潭大学出版社．2015：198．

征的原因，并采取有针对性的帮助措施，促进研究对象改进和良好发展。

中学物理教学研究中个案研究法的研究对象通常是有特殊表现的学生或不能预测、难以控制的教育事件，需要教师或研究者对研究对象进行较长时间的跟踪调查，找出问题的症结所在。个案研究因为只能提供一个例证，因而其代表性和说服力会受限，但也正因为个案研究容量小的原因，教师才能更有针对性地解决自己身边的问题。为了提高个案研究法的说服力，选取个案时需要注意其是否具备以下特征：典型性，即能集中、全面反映同类事物的共同属性或事物发展的特殊个体。研究者进一步需要通过对典型个体的研究，运用归纳、推理等研究方法，解释带有普遍意义的教育规律。深入性，即能通过深入的调查和剖析，全面厘清个案的发展脉络及前因后果，从而为个体提供准确、深入的建议。研究的时间范围上具有纵贯性，可以是研究对象的过去、现在直至未来；空间范围上具有广延性，可以是从个体的智力和努力程度、兴趣、爱好、性格、学习方法、任课教师、家庭以及社区等方面进行全方位的研究。

五、教育叙事研究法

叙事因兼具反思及研究功能，而广受教师青睐，并以“教师叙述自己的故事”的简单做法，响应了“教师成为研究者”这一国际运动，成为教育研究中最受关注的研究手段之一。教育叙事是不同于宏大叙事的另一种言说方式，它更关注基于个体专业生活的具体事件及其经验的详细描述，它“为普通教师、学生以及其他读者提供一种能让他们参与进来的生活语言风格的研究文本”[①]。这样教师就可以获得发出自己声音的机会，从而摆脱那种总是需要别人替自己说话的失语状态。教育叙事研究正是“通过一个个真实的教育故事的描述，去追寻教育参与者的足迹，在倾听教育参与者内心声音的过程中，发掘教育个体或者群体行为中的隐性知识并揭示其蕴涵的价值和意义”。[②] 其真正价值在于通过教育故事的叙述促进人们对于教育及其意义的理解。

教育叙事研究是一种研究传统，其主题是生活史。“生活史是从个人怎样诠释和理解周围世界的角度来研究个人生活经历”。[③] 生活史研究的主要表现形式有：自传、教育日记、教后记、阅读笔记等。在形式上，需要做到先叙事，再解释。

① 丁钢．教育叙事：接近日常教育“真相”[N]．中国教育报，2004：2—19.

② 岳龙．教育叙事：感悟教师的真实生活[J]．青年教师，2004，3：28—29.

③ [美]梅雷迪斯·D．高尔，等．教育研究方法导论[M]．许庆豫，等，译．南京：江苏教育出版社，2002：494.

在整体上保持故事的完整性和情节性，但每个故事都有一个相应的教育主题或教育道理，而且各个教育主题和道理之间都存在某种内在的连接。在写作时，可以夹叙夹议，也可以先叙后议。教育叙事实际上是一种“经验叙述”，基于教育经验的复杂性和丰富性等特点，教育叙事可以回溯到教育现场，重现鲜活的情境，体现教育的实践性质。

从总体上来说，我国目前的教育理论处于一种“失语”状态，从方法论到分析框架，从概念、术语体系到具体的教育案例，都跌入了西方的话语体系。而教育叙事研究通过叙述教育当事人的故事，来寻找本土概念，发展本土案例，进行充满本土文化意蕴的解释，创造本土化的教育理论，可以真正挖掘我国教育所包含的丰富意义，为我国本土化教育理论的创生提供路径，从而为我国成为教育理论输出国作出贡献。

第3节　物理教学论文的撰写

语言学研究认为，写作由于文字的参与，使得语言与思维之间产生了新的关系。由于书面语比口头语言更少获得外部支持，并且与读者存在时空间隔，所以更需要严密的逻辑、完整的句法结构以及连贯和精确的表达。在客观上，书面写作也给了作者反复酝酿、思考和修改的机会，并可以使用口语难以承载的复杂句式。同时，思维只有经过书面语的训练，才能发展到高度抽象、严密连贯的状态。所以，教学论文训练可以实现思维形式与思维内容的良好统一。

学术论文的内容一般包括：论文标题、作者、摘要、关键词、正文、注释和参考文献等。

一、论文标题

从问题到选题再到标题，大致是确定论文标题的必经历程。一般情况下，论文选题决定了研究问题的大致范围、方向和研究对象等，而论文标题是在论文选题的基础上，经过不断修改而最终确定下的精准的、学术性的研究核心点。论文标题是反映论文中特定内容的恰当、简明词语的逻辑组合，必须简明扼要地表达所要论述的内容，既要易于理解，也要便于检索，包括题名和层次标题。其中，论文题名在不影响准确性的情况下，应力求短小精悍、简洁明了，一般不应多于20个字；层次标题，指文章题名以下的各级分标题，同样应简短、精确，一般不应超过15个字。同一层次的标题应尽可能对称，词（或词组）的结构、类型相同或相近，意义相关，语气一致。

案例10-1　物理概念与规律的教学要求：反思与重构[①]

一、物理概念与规律教学要求的回顾与反思

二、物理概念与规律教学要求的规范与重构

（一）物理概念与规律教学要求的理论建构

（二）物理概念与规律教学要求的重构

1. 创设物理概念与规律建立的情境

2. 运用科学方法建立物理概念与规律

3. 理解物理概念与规律的本质

4. 借助科学方法应用物理概念与规律

5. 运用物理概念与规律解释物理现象

三、研究反思与启示

（一）重视物理概念与规律教学的理论研究

（二）把握物理概念与规律教学的逻辑

（三）反思物理概念与规律教学的传统

案例10-2　物理学科核心素养：透视、商榷与重构[②]

一、物理学科核心素养的历史沿革与评介

二、物理学科核心素养的重构

（一）物理知识与物理方法：物理学科核心素养的"软件"

（二）物理思维与物理技能：物理学科核心素养的"硬件"

（三）物理思想与物理观念：物理学科核心素养的"驱动"

（四）科学精神与人文精神：物理学科核心素养的"监控"

三、启示

（一）从继承到发展：物理学科核心素养演进的必经之路

（二）从分离到融合：物理学科核心素养建构的最终归宿

---

① 邢红军，张抗抗，胡扬洋，石尧．物理概念与规律的教学要求：反思与重构[J].课程．教材．教法，2018，38(02)：91—96.

② 邢红军．物理学科核心素养：透视、商榷与重构[J].教育科学研究，2018(11)：5—14.

（三）从递进到逻辑：物理学科核心素养制定的准则

二、作者

论文作者是参加了全部或主要研究工作，并对论文的全部内容负责的人，其余的合作者可以用题注或致谢的方式标出，肯定他们所做的贡献和提供的帮助。论文作者的排序按贡献大小，依次排列署名，位于论文题名下。在作者姓名的下面一般还要注明作者所在单位及地址、邮编以及基金项目等信息，便于识别作者以及与作者取得联系，还便于编制检索工具，如作者索引、作者所在单位索引、基金项目索引等。

三、摘要

摘要以提供文献内容梗概为目的，主要包括文章的重要论点、论据以及研究方法等内容，是学术论文的重要组成部分。摘要一般不分段，不包括图、表，不引用参考文献，不使用“本文”“笔者”等作为主语，而是使用第三人称。摘要应具有清晰的逻辑，自身可成一篇完整的短文。

案例 10-3　物理学科核心素养：透视、商榷与重构①

摘要：基于物理学科核心素养的历史沿革，透视与评介了新近发布的普通高中物理课程标准推出的物理学科核心素养。通过融合一般核心素养与物理学的基本特征，建构了新的物理学科核心素养，涵盖四个维度：1. 物理知识与物理方法；2. 物理思维与物理技能；3. 物理思想与物理观念；4. 物理精神与人文精神。这不仅有助于澄清物理学科核心素养制订中存在的诸多理论问题，而且为在中学物理教学中践行物理学科核心素养提供了有益启示。

四、关键词

关键词是文献学中的一个术语，是用来表达文献主题内容的词或词组。注明关键词可以易于文献分类，便于存储和检索，也有利于读者快速掌握文章要点，从而为读者有选择性地阅读正文提供依据。一篇学术性论文的关键词个数一般以 3～7 个为宜，力求选准、选全。同义词、近义词一般无须同时列为关键词。比如《物理学科核心素养：透视、商榷与重构》一文的关键词为：物理学科核

① 邢红军．物理学科核心素养：透视、商榷与重构[J]. 教育科学研究，2018(11)：5—14.

心素养、中学物理教育、中学物理课程、中学物理教学。

五、正文

正文是论文的主体部分，占绝大部分的篇幅，需要详细介绍论文的分析与研究过程、研究方法、研究问题，提供充分翔实的论据，对论点进行分析论证，表达作者自己的观点和研究成果，是作者学术水平和创造才能的集中体现。

六、注释和参考文献

注释是对文字加以解释或对引用注名出处的部分。提供解释的目的是便于他人理解，注明出处的目的在于增加论文的可信度，便于他人查阅原文，也体现了对他人劳动成果的尊重，但其功能有别于参考文献。

参考文献是正文中引用、参考有关各类文献的指引，以一组目录的形式放在论文的末尾。引用的文献包括图书、期刊论文、学术论文、会议论文、专利文献等。参考文献的内容一般包括序号、作者、文献题名、文献类型标识、出版年份、页码等，具体格式可以参考目标投稿杂志的要求以及有关标准，如国际标准 ISO 690-DIS《期刊与连续出版物的参考文献》和中国国家标准 GB/T 7714-2015《信息与文献　参考文献著录规则》等。参考文献不仅可以反映论文具有真实的科学依据，确保学术研究的价值，而且便于他人以此为线索追踪、查阅原始文献资料；同时，还体现了对他人研究成果的认可和尊重。

第 4 节　物理教学论文写作案例

在中学物理教学研究理论知识介绍的基础上，本节介绍中学物理教学论文的写作案例，帮助读者理解如何将中学物理教学研究理论知识转化为一篇中学物理教学论文。

案例 10-4　论中学物理描述范式及其对教学的启示

摘要： 物理描述范式是从某一理论或视角出发所发展出的对一类物理现象的描述方式，它既是一种理论体系，又是一种公认的模型或模式，是物理教育研究中有待开垦的处女地。在中学物理教学中，物理描述范式主要包括运动的描述范式、场的描述范式以及电磁系统的描述范式。中学物理描述范式作为中学物理教学的重要内容，对于建构学生的物理认知结构、发展学生的物理核心素养以及中学物理教科书编写都具有重要的启示意义与研究价值。

关键词：物理描述范式；认知结构；核心素养；教科书

一、中学物理描述范式的理论定位

在物理教育研究中，人们一直孜孜追寻物理教育的结构，这种追寻通常采用从物理学科的基本结构入手，认为物理学科的基本结构就是物理学的基本概念、基本原理和基本方法以及它们之间的相互联系。并且认为，物理学的学科结构中要有实验基础、逻辑体系、数学表述、科学方法、应用价值等五种成分。物理学的学科结构要发挥教育功能，尤其要注意实验基础、物理逻辑思维、数学、方法论和实际应用五个方面的基本训练。①

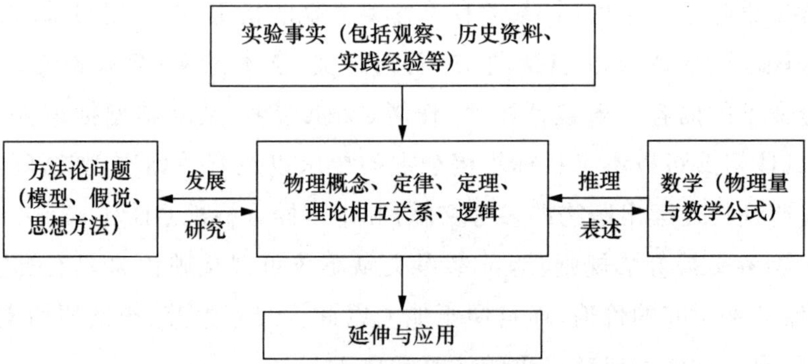

图 10-1　物理学科知能结构示意图

图 10-1 通过物理知识的上、下、左、右四个邻区反映了物理学科的能力结构。因此，这一结构图称为知识-方法-能力结构图，简称知能结构图。这样的知能结构图，比单纯的知识逻辑结构分析更能够反映物理学的特征，反映知识、方法与能力的关系。教师将这一结构图运用到课程、教材与教学时，就有可能立足于传授知识，着眼于培养方法，形成能力与品格。

伴随着物理教育的不断发展，人们进一步提出了新物理教育结构，认为完整意义上的物理教育应当包括物理知识教育、物理方法教育、物理思想教育、物理观念教育与物理精神教育。它们相辅相成，共同构筑起了物理教育的结

① 阎金铎，田世昆．中学物理教学概论[M]．北京：高等教育出版社，1991：39.

构，如图 10-2。[①]

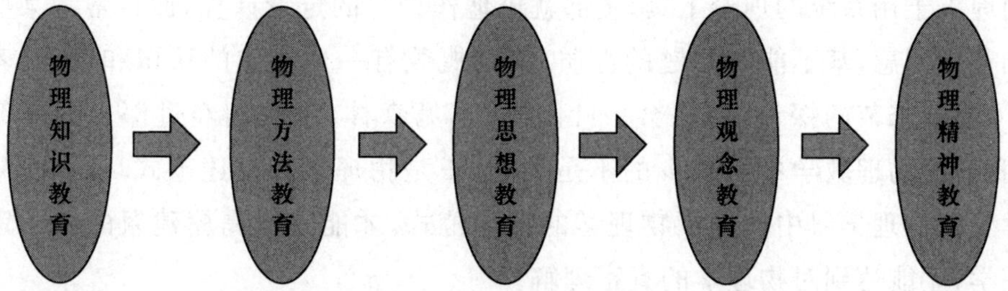

图 10-2　物理教育结构图

物理知识教育的内容主要指物理概念与规律，在中学物理教育中，根据社会要求、学生的认知水平、年龄、生理特别是心理发展，还需要对内容进行适当选择，并在教材编写时采用知识逻辑展开、物理实验探索、历史思想线索等方式进行组织。

物理方法教育是指在物理教学中进行有关科学方法的教育，应当指出的是，把获得知识作为教学目标，还是把知识作为工具和手段以掌握科学方法作为教学目标，这体现了两种完全不同的物理教育思想。按照现代教育观，作为人类认识结果的知识固然重要，但探求结果的科学方法更加重要。因此，物理教育更关心怎样使传授知识的过程成为掌握科学方法、开发学生智慧的过程。

物理思想是在物理学发展过程中由物理学共同体对物理知识、物理方法进一步概括形成的关于物理学本质的深层认识，其形成是一个从物理学家"个人的物理科学"到物理学共同体"公开的物理科学"历程，包括：① 对称思想，② 守恒思想，③ 可逆思想，④ 等效思想，⑤ 假说思想，⑥ 比较思想，⑦ 转换思想，⑧ 相干思想，⑨ 量子化思想，⑩ 相对性思想。

物理观念是从物理学视角形成的关于物质、运动、能量和相互作用等的基本认识，主要包括物质观、时空观、能量观、相互作用观等。

物理精神教育作为物理教育的重要方面，涵盖了物理教育的行为规范和价值标准，是在理解物理学本质的基础上形成的，包括合理质疑和独立思考，遵守科学伦理和道德规范，严谨的科学态度和崇高的科学理想。

尽管人们一直在不断探求对物理教育的结构，然而，我们在教学中总还是会隐隐约约地感觉到，我国的物理教育结构似乎还缺少点什么，从而影响着学生对

① 邢红军，张抗抗．论物理思想的教育价值及其启示[J]．教育科学研究，2016(08)：61—68.

物理学的把握。这表现为，我们的学生在物理学习中每当遇到问题时，总是一开始便埋头于用系统的理论工具，按部就班地作详尽的定量计算，而且常为某些计算细节所困惑，却不能对问题的性质、解的概貌有一个总体的认识和理解，容易"陷入细枝末节的探讨，往往会一叶障目，不见森林。"[①]我们经过深入的研究发现，我们的物理教学中所缺少的不是别的，正是物理学的描述范式。因此，只有当学生在物理学习中掌握了物理学的描述范式，才能够以高屋建瓴的视角审视物理学，才能达到对物理学的真正理解。

范式(paradigm)概念和理论是美国著名科学哲学家托马斯·库恩(Thomas Kuhn)提出并在《科学革命的结构》(*The Structure of Scientific Revolutions*)一书中系统阐述的。它指的是一个共同体成员所共享的信仰、价值、技术等的集合。指常规科学所赖以运作的理论基础和实践规范，是从事某一科学的研究者群体所共同遵从的世界观和行为方式。开展科学研究、建立科学体系、运用科学思想的坐标、参照系与基本方式，科学体系的基本模式、基本结构与基本功能。[②]

范式概念是库恩范式理论的核心，而范式从本质上讲是一种理论体系。库恩指出："按照其已确定的用法，一个范式就是一种公认的模型或模式(pattern)。"[③]"我选择这个术语，意欲提示出某些实际科学实践的公认范例——它们包括定律、理论、应用和仪器设备在一起——为特定的连贯的科学研究的传统提供模型。"[④]在库恩看来，范式是一种对本体论、认识论和方法论的基本承诺，是科学家共同体所接受的一组假说、理论、准则和方法的总和，这些东西在心理上形成科学家的共同信念。

物理描述范式的建立借用了库恩的范式概念。所谓物理描述范式，是指从某一理论或视角出发，所发展出对一类物理现象的描述方式。这种描述范式，既不是物理知识，也不是物理方法，亦不是物理思想与观念。它高于具体的物理理论，通过设定系列化的物理符号，从而达成对物理学本质的描述，同时建立起不同描述范式的联系。在这个意义上，物理描述范式就是一组相互一致的最基本的命题或假设，相当于数学中的公理。因此，正是在这样的视角下，物理描述范式就成为通过协调物理共同体的世界观和行为方式，从而发展出由物理研究者和学习者达成共识并致力完善的一种理论体系，一种公认的模型或模式。

① 赵凯华，罗蔚茵．新概念物理教程：力学[M].北京：高等教育出版社，2004：序言．
② 托马斯·库恩．科学革命的结构[M].金吾伦，胡新和，译．北京：北京大学出版社，2012：8—18.
③ 同上。
④ 同上。

由于物理描述范式不仅对学生学好物理学具有重要的作用，而且对于完善学生的物理认知结构同样具有重要的价值。因此，不同的描述范式相互配合与补充，就构成了人们对物理学的整体认识。有鉴于此，我们尝试对中学物理的描述范式进行研究，希望能够对中学物理教学提供有益的启示。

二、中学物理描述范式

中学物理的描述范式主要包括运动的两类描述、场的两类描述以及电磁系统的两类描述。对这些描述范式的内涵与应用展开研究，就在一定程度上为我们深刻地认识中学物理的体系，打开了一扇尘封已久的大门。

1. 中学物理描述范式之"运动"描述

在中学物理范畴内，运动的描述有两种范式，即线量描述和角量描述。线量描述是一维的，较易理解。学生在初中物理的学习中就开始学习用线量来描述运动，这些物理量包括路程、时间以及速度(准确地说是速率)；高中教材又借助位移、速度以及加速度等线量进一步描述物体的运动状态。当研究对象做平抛、斜抛等曲线运动时，人们仍然可以采用"化曲为直"的方法用线量进行描述。由于线量描述的适用范围广、操作简单，就使其成为人们描述运动的首选方式。相比之下，角量描述是二维的，更为抽象。所以直至进入高中，学生在圆周运动的学习中才开始接触角位移、角速度等角量。角量描述的出现既是运动描述的深化，也是学生物理描述方式的一个重大转变。角量与线量描述运动的关系如表10-1所示。

表 10-1　运动的两种描述范式

线量描述	角量描述	两者的关系
位移 Δx	角位移 $\Delta\theta$	$\Delta x=r\cdot\Delta\theta$
速度 v	角速度 ω	$v=\omega\cdot r$
加速度 a	角加速度 β	$a=\beta\cdot r$

虽然角量描述较晚进入学生的视野，但在运动的描述中，角量描述与线量描述却具有同等重要的地位，它们都属于中学物理描述范式的范畴。以"圆周运动"教学为例，高中教材先介绍圆周运动的线速度，再介绍角速度，最后分析二者之间的关系。诚然，圆周运动需要角量和线量共同描述，但教材的呈现顺序和方式却不利于学生把握本节课的教学重难点，因为教材的编写没有突出角量作为运动描述方式的重要地位，使其处于附属线量描述的地位，这是对运动描述范式认识不清的典型表现。

有鉴于此,我们基于运动的描述范式对“圆周运动”教学进行了重新设计。线速度属于线量范畴,这是学生所熟知的,所以学生接受线速度的概念并不存在困难。因此,教学伊始就需要告诉学生描述运动有两类物理量,即角量和线量,本节课最重要的内容就是要学会用“角量”描述圆周运动,并且学会理解两种运动描述范式的联系,这是运动描述认知方式的“分水岭”。

接下来,教学设计第一步应为:类比直线运动中用“线量”定义的方法来定义圆周运动的物理量。具体而言,即类比直线运动中描述运动的“线位移”Δx,可知圆周运动中描述运动的“角位移”即为 $\Delta\theta$;类比直线运动中描述运动快慢的“速度”$v=\frac{\Delta x}{\Delta t}$,可知圆周运动中描述运动快慢的“角速度”$\omega=\frac{\Delta\theta}{\Delta t}$;类比直线运动中描述速度变化快慢的“加速度”$a=\frac{\Delta v}{\Delta t}$,可知圆周运动中描述角速度变化快慢的“角加速度”$\beta=\frac{\Delta\omega}{\Delta t}$。

第二步,寻找圆周运动“线速度”与“角速度”的关系。回顾平面几何知识“弧长等于半径乘以圆心角”,即 $\Delta l=r\cdot\Delta\theta$,这就是角量与线量的联系。等式两边同除以时间 Δt,得到$\frac{\Delta l}{\Delta t}=r\cdot\frac{\Delta\theta}{\Delta t}=r\cdot\omega$,其中$\frac{\Delta l}{\Delta t}=v$,即圆周运动的线速度,所以 $v=r\cdot\omega$,此即为圆周运动线速度与角速度的关系。

第三步,解释圆周运动的“线速度”,强调新旧知识的一致性。对比直线运动的速度 $v=\frac{\Delta x}{\Delta t}$与圆周运动的线速度 $v=\frac{\Delta l}{\Delta t}$,不难发现,在直线运动中物体的位移为一条直线段 Δx,而在圆周运动中物体匀速走过的是一段圆弧 Δl,当时间足够短即 $\Delta t\rightarrow 0$,可将圆弧看成一条直线,即物体运动的位移为 Δl,因此,圆周运动的“线速度”与直线运动的“线速度”相比,只是形式上发生了改变,但在本质上是相同的,它们都是在“线量”范式下的描述。① 显然,这样基于物理描述范式的教学设计,不仅揭示了圆周运动教学的本质、突破了“线量”描述的思维定势,而且彰显物理教学的逻辑。

2. 中学物理描述范式之“场”描述

在中学物理教学中,对于场的描述也有两种范式,即“力”的范式和“能量”的范式。

① 张婷玉,陈清梅,邢红军.圆周运动的高端备课[J].首都师范大学学报(自然科学版),2015,36(03):22—24.

从力的角度出发，最直观的感受是，场与场之间存在相互作用。比如，在电场中放入一点电荷，该电荷会受到一个力的作用，这个力就是电场对其施加的“电场力”。又如，苹果之所以会下落是因为它受到了重力场对其施加的“重力场力”(简称“重力”)。电场力、重力等统称为“场力”。进一步研究发现，试探物所受的场力与试探物的电量或质量之比为定值，与试探物无关，仅与场的位置有关，这个比值就是“场强”，它反映了场自身的特性。

从能量的角度出发描述场，物质系统因各物体之间存在相互作用而具有能量。该能量是由于处于“场”中的物体因位置变化而具有的，我们称之为“势能”，又叫位能。如电势能、重力势能等。与从力的角度描述场相似，在能量的视角下势能与试探物的电量或质量之比也为定值，与试探物无关，仅与场的位置有关，这个比值就是“势”，它同样反映了场自身的特性。另外，两个视角描述场通过“势差”建立联系，从而使场的描述趋于完备，如图 10-3 所示。

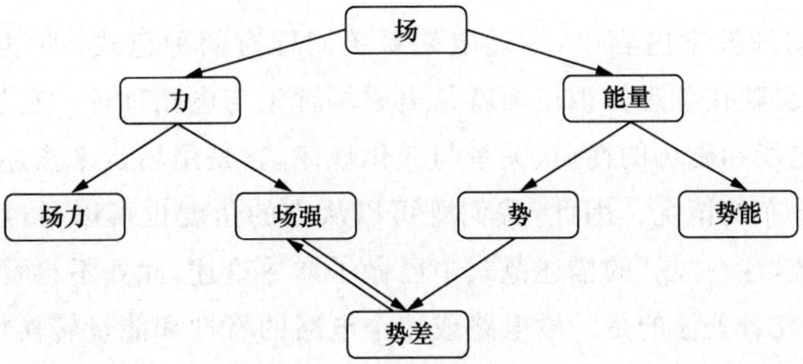

图 10-3　场的描述范式

通过力和能量两个角度共同搭建了场描述的完整框架，这对于完善学生场的认知结构具有重要作用。通过梳理高中物理教材中重力场和静电场的描述(见表 10-2)，可知教材从力和能量两个角度对静电场进行了全面的描述。重力场的描述则存在以下问题：第一，从力的角度描述缺少重力场强的引入；第二，从能量的角度描述缺失重力势；第三，由于重力场强与重力势的缺失，就不可能建立起两种描述范式的联系。[①] 因此，我们认为，高中物理教材关于重力场的描述是不完备的，这就会反过来影响学生对于静电场的完整理解。这一问题的本质在于，高中物理教材的编写没有从中学物理描述范式的角度处理重力场与静电场的关系，从而导致长期以来静电场教学成为教学难点。

① 赵晓蕊，邢红军．高中物理教学中两类场描述的方式对比研究[J]．湖南中学物理，2018，33(09)：77—78.

表 10-2 重力场与静电场描述范式对比

场的描述	重力场		静电场	
力的范式	重力	$G=mg$	电场力	$F=K\frac{q_1q_2}{r^2}$
	重力场强度	$\left(g=\frac{G}{m}\right)$缺失	电场强度	$E=\frac{F}{q}$
能量的范式	重力势	$\left(\varphi=\frac{E_p}{m}=gh\right)$缺失	电势	$\varphi=\frac{E_p}{q}=Ed$
	重力势能	$E_p=mgh$	电势能	$E_p=qEd$
关系	重力势与重力场强的关系	$(\varphi_{AB}=\varphi_A-\varphi_B=g\Delta h)$缺失	电势与电场强度的关系	$\varphi_{AB}=\varphi_A-\varphi_B=E\Delta d$

3. 中学物理描述范式之"电磁系统"描述

在中学物理教学内容中，描述电磁系统同样有两种范式，即"场"的范式和"路"的范式，反映在物理知识层面就是电磁场理论与电路理论。在场的范式下，主要是研究电场和磁场的性质、关系与变化规律，它是用场量来描述场中各点的特性和能量分布的情况。因此，我们既可以从力的角度也可以通过能量的角度描述电磁系统，这在"场"的描述范式中已做了详尽论述，此处不再赘述。而在路的范式下，研究者关注的是一段电路或整个电路的特性和能量转换情况。所以，人们往往只是关心与能量输送有直接关系的物理量，而不必具体研究横截面上不同点的物理情况。① 对比这两种描述范式，它们之间的关系如表 10-3 所示。②

表 10-3 电磁系统的两种描述范式

电路物理量	电磁场物理量	两者的关系
电压 U	电场强度 $\vec{E}$	$u=\int_l \vec{E}\cdot \mathrm{d}\vec{l}$
电流强度 I	电流密度 $\vec{j}$	$i=\int_A \vec{j}\cdot \mathrm{d}\vec{A}$（$A$ 为面积）
	磁场强度 $\vec{H}$	$i=\oint_l \vec{H}\cdot \mathrm{d}\vec{l}$

① 黄永修．基础物理专题分析[M]．郑州：河南科学技术出版社，1993：330—331.

② 段杉杉．谈电磁学中的"场"和"路"[J]．物理通报，2017(05)：46—49.

续表

电路物理量	电磁场物理量	两者的关系
电阻 R	电阻率 ρ	$R=\int_l \frac{\rho \mathrm{d}l}{A}$
电荷量 Q	电荷体密度 ρ	$Q=\int_V \rho \mathrm{d}V$
	电位移 $\vec{D}$	$Q=\oint_A \vec{D}\cdot \mathrm{d}\vec{A}$
电动势 ε	非静电场强 $\vec{E}_{非}$	$\varepsilon=\int_l \vec{E}_{非}\cdot \mathrm{d}\vec{l}$
功率 P	能流密度 $\vec{S}$	$P=\int_A \vec{S}\cdot \mathrm{d}\vec{A}$
磁通 φ	磁感应强度 $\vec{B}$	$\varphi=\int_A \vec{B}\cdot \mathrm{d}\vec{A}$
磁压降 U_m	磁场强度 $\vec{H}$	$U_m=\int_l \vec{H}\cdot \mathrm{d}\vec{l}$

从二者的关系可以看出，每一个路量都能通过场量的积分得到，但是它们之间并非包含关系。路的范式和场的范式是研究电磁学问题中两种不同的分析范式，很多问题的解决往往需要两种范式的相互配合。

例如，高中焦耳定律的推导就涉及了两种不同的描述范式，但许多人却浑然不觉，其原因就在于不清楚中学物理的描述范式。人教版教材“焦耳定律”开篇指出，“所谓电流做功，实质上是导体中的恒定电场对自由电荷的静电力在做功。自由电荷在静电力作用下沿静电力的方向做定向移动，结果电荷的电势能减小，其他形式的能增加。”[①]，这其中就包含了路量和场量。接着，教材给出了静电力做功的表达式 $W=qU$，把 $q=It$ 代入，得到 $W=IUt$。最后，根据欧姆定律 $U=IR$，得到焦耳定律 $Q=W=I^2Rt$，其中 Q 为电流通过导体产生的热量。教材利用公式代换就“轻巧”得出了焦耳定律的表达式，但是以上推导方式存在的几个问题却值得深思。第一，为什么从静电力做功的表达式 $W=qU$ 入手，即从场的描述范式出发？第二，公式推导过程仅仅是数学表达式的代换吗？背后的物理本质是什么？这些问题的模糊化往往会导致教师的教学和学生的学习均处于“知其然，而不知其所以然”的状态。

① 人民教育出版社课程教材研究所，物理课程教材研究开发中心．物理（选修 3-1）[M]．北京：人民教育出版社，2010：53—54.

基于此，我们认为，教学伊始教师应带领学生复习静电力做功与电势差的关系，即 $W=qU$。这样安排能够很好地起到承上启下的作用，使整个教学逻辑井然有序。通过场描述范式下相关内容的回顾，就自然选择从场的视角出发。因此，静电力做的功与电势差的关系就可以写成(10-1)式：

$$W(\text{场})=qU(\text{场}) \tag{10-1}$$

式中的 W(场)为静电力在电场中所做的功，U(场)为电场中的电势差；然后，借助电荷量与电流的关系式(10-2)：

$$q=I(\text{路})t \tag{10-2}$$

代入(10-1)式得到电流在电路中做功的表达式(10-3)：

$$W(\text{路})=I(\text{路})U(\text{路})t \tag{10-3}$$

式中 W(路)为电流在一段电路中所做的功，U(路)为电路两端的电压；最后，利用欧姆定律(10-4)：

$$U(\text{路})=I(\text{路})R(\text{路}) \tag{10-4}$$

代入(10-3)式得出焦耳定律的表达式(10-5)：

$$Q(\text{路})=W(\text{路})=I^2(\text{路})R(\text{路})t \tag{10-5}$$

式中 Q(路)为电流通过导体产生的热量。

综上所述，焦耳定律是在经历"场"→"路"→"路"转变之后才得出的。需要说明的是，虽然 $W=qU$ 与 $W=IUt$ 中都含有物理量 W 和 U，但在不同表达式中，相同的物理量却具有截然不同的物理意义，因为它们分属不同的物理描述范式。显而易见，唯有显化这样的推导过程，才能凸显物理教学过程中内在的思维变换，才能咀嚼出物理教学的"味道"。

三、研究启示

1. 中学物理描述范式的教育价值

在当前发展学生核心素养的背景下，《普通高中物理课程标准》提出物理学科核心素养包括物理观念、科学思维、实验探究、科学态度与责任四个维度，其中"科学思维"主要包括模型建构、科学推理、科学论证、质疑创新等要素。课程标准要求通过高中阶段的学习，学生应具有建构理想模型的意识和能力；能正确运用科学思维方法，从定性和定量两个方面进行科学推理、找出规律、形成结论，并能解释自然现象和解决实际问题；具有使用科学证据的意识和评估科学证据的能力，能运用证据对研究的问题进行描述、解释和预测；具有批判性思维的意识，能基于证据大胆质疑，从不同角度思考问题，追求科技创新。

在物理教学中发展学生的科学思维，还可以做更深入的思考，应当在模型建构、科学推理、科学论证、质疑创新的基础上进行深化。对于物理学的研究，杨振宁先生曾经说道："研究物理学好像看一幅很大的画，看这一幅画可以有几种看法。一是必须在近距离仔细研究，因为这幅画画得很仔细，每一部分都不一样，因此必须用放大镜仔细研究它的细部。二是应当在远距离去看它，可以看到近距离看不到的一种大范围的规律。还有中距离的看法，物理学需要近、中、远三种看法。当然，如果能一下子就看出远距离所能看到的规律，这当然是大贡献，但是这种可能性很小，甚至不可能，所以必须从近距离开始。总之，知识的流向是由近到中、再到远的，而不是反过来。"[①]受杨振宁先生这个观点的启发，我们认为，在中学生学习物理的过程中，对物理知识的学习是从近距离看物理，对物理方法的掌握是从中距离看物理，而对物理描述范式的把握就属于从远距离看物理。显然，物理教学需要教会学生从近、中、远三个不同距离看物理。而只有学会从远距离看物理，才有可能在未来作出大的贡献。比如，1954 年杨振宁与米尔斯(Mills)合作发表的规范场理论，就是从远距离看物理的一个划时代的杰作，它不但成为今日物理理论的基石，并且在相对论及纯数学方面也有重大意义。因此，中学物理描述范式的教育价值就在于，它能够教会学生从远距离看物理，这就使我们对物理教育的认识产生了一个飞跃。

2. 中学物理描述范式的教学功能

我们目前的物理教学，教学内容往往是按照教材呈现知识点的先后顺序进行的。因此，教师往往采用传授知识的方法帮助学生形成物理知识结构。然而，这种教学方法仅仅是在搭建知识结构，与运用物理描述范式搭建的物理认知结构相去甚远。为了避免将物理描述范式误解为是对物理知识的总结，就需要对物理描述范式的意义有深刻理解。

虽然物理描述范式是以物理知识为依托的，但它并不囿于知识的呈现顺序，也不受单元、章节的限制。以电磁系统的描述范式为例，电路、磁场是初中物理的知识，其中既有路的视角也有场的视角；进入高中后，电势差、磁感应强度等知识的学习又进一步丰富了学生既有的路和场的视角。由此可见，物理描述范式的教学是不受时间限制且不断进阶的。在教学内容上，除了上述"运动"的描述

① 杨振宁．杨振宁演讲集[M]．天津：南开大学出版社，1989：151.

范式、“场”的描述范式、“电磁系统”的描述范式以外，中学物理教学中还存在一些物理描述范式，需要教师在教学中不断反思与总结。例如，对于光子，就既存在“粒子”的描述，又存在“波”的描述。因此，教师就可以在此基础上，进一步引导学生提炼描述范式，使学生形成“物质观”，这是对电子、质子、机械波等物理知识理解的升华。不仅如此，物理描述范式还是普适的，它不仅存在于中学物理中，大学物理更是它大展身手的天地。比如量子力学，从它被发现的那一刻起就存在两种不同的描述。一种是薛定谔的描述，基于波；另一种是海森伯的描述，基于粒子。这两种描述范式已被证明彼此是完全等价的。后来，费曼又发展出量子力学的第三种描述方式，基于作用量。这种描述能够得出其他两种描述所导出的结果，甚至还能够用来处理上述两种描述所不能解决的问题，这充分体现出了物理描述范式的功能

3. 中学物理描述范式对教科书编写的启示

现行物理教科书的编写依据主要源于社会结构、学生心理结构和学科结构三者的结合，最终以单元“知识块”的形式呈现，但单元与单元之间的内在联系欠佳，不利于学生认知结构的形成。而物理描述范式是对知识、技能、方法等之外更加上位的教学内容的呈现规则，是物理认知结构的顶层部分。运用物理描述范式，能够将物理教材的不同单元乃至不同章节糅合在一起。如前所述，场的描述包括“力”的描述范式和“能量”的描述范式，这两种描述范式既可以描述重力场，又可以描述静电场，这就把不同章节、不同知识联系在了一起，并且能够从一个全新的角度来诠释不同物理知识形成的来龙去脉，揭示物理知识的本质，使学生对物理学的认识发生深刻的变革，这就为物理教科书的编写提供了有益的启示。

在明确了物理描述范式的意义后，教师的教学就可以不再拘泥于教材的编排方式，而是应该站在物理描述范式的高度，去灵活地使用教材、拓展教材，搭建一个学生认知水平能够达到的物理认知结构，这正是发展学生物理核心素养的要求。当然，物理描述范式作为物理教育研究中一块有待开垦的处女地，进入物理教材可能还需假以时日。由于物理描述范式所具有的教育功能与教育价值，因此，在物理教科书中呈现物理描述范式，就为师生理解物理知识提供一个脚手架，这对发展学生的物理核心素养具有举足轻重的意义。

思考题

1. 为什么中学物理教师需要做教学研究?
2. 什么叫就事论事的研究?
3. 什么叫就事论理的研究?
4. 什么叫就理论理的研究?
5. 物理教学教育论文摘要的撰写有什么要求?
6. 中学物理描述范式有什么研究价值?

学前教育理论与实践教程

王 维 王维娅 孙 岩

学前儿童数学教育 赵振国

大学之道丛书精装版

美国高等教育通史 [美]亚瑟·科恩

知识社会中的大学 [英]杰勒德·德兰迪

大学之用（第五版） [美]克拉克·克尔

营利性大学的崛起 [美]理查德·鲁克

学术部落与学术领地：知识探索与学科文化

[英]托尼·比彻，保罗·特罗勒尔

美国现代大学的崛起 [美]劳伦斯·维赛

教育的终结——大学何以放弃了对人生意义的追求

[美]安东尼·T. 克龙曼

世界一流大学的管理之道——大学管理研究导论

程 星

后现代大学来临？

[英]安东尼·史密斯 弗兰克·韦伯斯特

大学之道丛书

市场化的底限 [美] 大卫·科伯

大学的理念 [英] 亨利·纽曼

哈佛：谁说了算 [美] 理查德·布瑞德利

麻省理工学院如何追求卓越 [美] 查尔斯·维斯特

大学与市场的悖论 [美] 罗杰·盖格

高等教育公司：营利性大学的崛起

[美] 理查德·鲁克

公司文化中的大学：大学如何应对市场化压力

[美] 埃里克·古尔德 40元

美国高等教育质量认证与评估

[美] 美国中部州高等教育委员会

现代大学及其图新 [美] 谢尔顿·罗斯布莱特

美国文理学院的兴衰——凯尼恩学院纪实

[美]P. F.克鲁格

教育的终结：大学何以放弃了对人生意义的追求

[美] 安东尼·T.克龙曼

大学的逻辑（第三版） 张维迎

我的科大十年（续集） 孔宪铎

高等教育理念 [英]罗纳德·巴尼特

美国现代大学的崛起 [美] 劳伦斯·维赛

美国大学时代的学术自由 [美] 沃特·梅兹格

美国高等教育通史 [美] 亚瑟·科恩

美国高等教育史 [美] 约翰·塞林

哈佛通识教育红皮书 哈佛委员会

高等教育何以为“高”——牛津导师制教学反思

[英] 大卫·帕尔菲曼

印度理工学院的精英们 [印度] 桑迪潘·德布

知识社会中的大学 [英] 杰勒德·德兰迪

高等教育的未来：浮言、现实与市场风险

[美] 弗兰克·纽曼等

后现代大学来临？ [英] 安东尼·史密斯等

美国大学之魂 [美] 乔治·M.马斯登

大学理念重审：与纽曼对话

[美] 雅罗斯拉夫·帕利坎

学术部落及其领地——当代学术界生态揭秘（第二版） [英] 托尼·比彻 保罗·特罗勒尔

德国古典大学观及其对中国大学的影响（第二版）

陈洪捷

转变中的大学：传统、议题与前景 郭为藩

学术资本主义：政治、政策和创业型大学

[美] 希拉·斯劳特 拉里·莱斯利

21世纪的大学 [美] 詹姆斯·杜德斯达

美国公立大学的未来

[美] 詹姆斯·杜德斯达 弗瑞斯·沃马克

东西象牙塔 孔宪铎

理性捍卫大学 眭依凡

学术规范与研究方法系列

社会科学研究方法100问 [美] 萨尔金德

如何利用互联网做研究 [爱尔兰] 杜恰泰

如何撰写与发表社会科学论文：国际刊物指南

蔡今忠

如何查找文献（第二版） [英] 萨莉·拉姆齐

给研究生的学术建议 [英] 戈登·鲁格 等

社会科学研究的基本规则（第四版）

[英] 朱迪斯·贝尔

做好社会研究的10个关键

[英] 马丁·丹斯考姆

如何写好科研项目申请书

[美] 安德鲁·弗里德兰德 等

教育研究方法（第六版）

[美] 梅瑞迪斯·高尔 等

高等教育研究：进展与方法

[英] 马尔科姆·泰特

如何成为学术论文写作高手 [美] 华乐丝

参加国际学术会议必须要做的那些事

[美] 华乐丝

如何成为优秀的研究生 [美] 布卢姆

结构方程模型及其应用　易丹辉　李静萍

21世纪高校职业发展读本

如何成为卓越的大学教师　[美] 肯·贝恩
给大学新教员的建议　[美] 罗伯特·博伊斯
如何提高学生学习质量　[英] 迈克尔·普洛瑟 等
学术界的生存智慧　[美] 约翰·达利 等
给研究生导师的建议（第2版）　[英] 萨拉·德拉蒙特 等

21世纪教师教育系列教材·物理教育系列

中学物理微格教学教程（第二版）　张军朋　詹伟琴　王　恬
中学物理科学探究学习评价与案例　张军朋　许桂清
物理教学论　邢红军
中学物理教学法　邢红军
中学物理教学评价与案例分析　王建中　孟红娟

21世纪教育科学系列教材·学科学习心理学系列

数学学习心理学（第二版）　孔凡哲
语文学习心理学　董蓓菲

21世纪教师教育系列教材

教育心理学（第二版）　李晓东
教育学基础　庞守兴
教育学　余文森　王　晞
教育研究方法　刘淑杰
教育心理学　王晓明
心理学导论　杨凤云
教育心理学概论　连　榕　罗丽芳
课程与教学论　李　允
教师专业发展导论　于胜刚
学校教育概论　李清雁
现代教育评价教程（第二版）　吴　钢
教师礼仪实务　刘　霄
家庭教育新论　闫旭蕾　杨　萍
中学班级管理　张宝书
教育职业道德　刘亭亭
教师心理健康　张怀春
现代教育技术　冯玲玉
青少年发展与教育心理学　张　清
课程与教学论　李　允
课堂与教学艺术（第二版）　孙菊如　陈春荣

21世纪教师教育系列教材·初等教育系列

小学教育学　田友谊
小学教育学基础　张永明　曾　碧
小学班级管理　张永明　宋彩琴
初等教育课程与教学论　罗祖兵
小学教育研究方法　王红艳
新理念小学数学教学论　刘京莉
新理念小学音乐教学论（第二版）　吴跃跃

教师资格认定及师范类毕业生上岗考试辅导教材

教育学　余文森　王　晞
教育心理学概论　连　榕　罗丽芳

21世纪教师教育系列教材·学科教育心理学系列

语文教育心理学　董蓓菲
生物教育心理学　胡继飞

21世纪教师教育系列教材·学科教学论系列

新理念化学教学论（第二版）　王后雄
新理念科学教学论（第二版）　崔　鸿　张海珠
新理念生物教学论（第二版）　崔　鸿　郑晓慧
新理念地理教学论（第二版）　李家清
新理念历史教学论（第二版）　杜　芳
新理念思想政治（品德）教学论（第二版）　胡田庚
新理念信息技术教学论（第二版）　吴军其
新理念数学教学论　冯　虹

21世纪教师教育系列教材·语文课程与教学论系列

语文文本解读实用教程　荣维东
语文课程教师专业技能训练　张学凯　刘丽丽
语文课程与教学发展简史　武玉鹏　王从华　黄修志
语文课程学与教的心理学基础　韩雪屏　王朝霞
语文课程名师名课案例分析　武玉鹏　郭治锋
语用性质的语文课程与教学论　王元华

21世纪教师教育系列教材·学科教学技能训练系列

新理念生物教学技能训练（第二版）　崔　鸿
新理念思想政治（品德）教学技能训练（第二版）　胡田庚　赵海山
新理念地理教学技能训练　李家清
新理念化学教学技能训练（第二版）　王后雄
新理念数学教学技能训练　王光明

新理念小学音乐教学法　吴跃跃

王后雄教师教育系列教材

教育考试的理论与方法　王后雄
化学教育测量与评价　王后雄
中学化学实验教学研究　王后雄
新理念化学教学诊断学　王后雄

西方心理学名著译丛

儿童的人格形成及其培养　[奥地利] 阿德勒
活出生命的意义　[奥地利]阿德勒
生活的科学　[奥地利]阿德勒
理解人生　[奥地利]阿德勒
荣格心理学七讲　[美] 卡尔文·霍尔
系统心理学：绪论　[美] 爱德华·铁钦纳
社会心理学导论　[美] 威廉·麦独孤
思维与语言　[俄] 列夫·维果茨基
人类的学习　[美] 爱德华·桑代克
基础与应用心理学　[德] 雨果·闵斯特伯格
记忆　[德] 赫尔曼·艾宾浩斯
实验心理学（上下册）　[美] 伍德沃斯 施洛斯贝格
格式塔心理学原理　[美] 库尔特·考夫卡

21世纪教学活动设计案例精选丛书（禹明 主编）

初中语文教学活动设计案例精选
初中数学教学活动设计案例精选
初中科学教学活动设计案例精选
初中历史与社会教学活动设计案例精选
初中英语教学活动设计案例精选
初中思想品德教学活动设计案例精选
中小学音乐教学活动设计案例精选
中小学体育（体育与健康）教学活动设计案例精选
中小学美术教学活动设计案例精选
中小学综合实践活动教学活动设计案例精选
小学语文教学活动设计案例精选
小学数学教学活动设计案例精选
小学科学教学活动设计案例精选
小学英语教学活动设计案例精选
小学品德与生活（社会）教学活动设计案例精选
幼儿教育教学活动设计案例精选

全国高校网络与新媒体专业规划教材

文化产业概论　尹章池
网络文化教程　李文明
网络与新媒体评论　杨 娟
新媒体概论　尹章池
新媒体视听节目制作（第二版）　周建青
融合新闻学导论　石长顺
新媒体网页设计与制作　惠悲荷
网络新媒体实务　张合斌
突发新闻教程　李 军
视听新媒体节目制作　邓秀军
视听评论　何志武
出镜记者案例分析　刘 静 邓秀军
视听新媒体导论　郭小平
网络与新媒体广告　尚恒志 张合斌
网络与新媒体文学　唐东堰 雷 奕

全国高校广播电视专业规划教材

电视节目策划教程　项仲平
电视导播教程　程 晋
电视文艺创作教程　王建辉
广播剧创作教程　王国臣

21世纪教育技术学精品教材（张景中 主编）

教育技术学导论（第二版）　李 芒 金 林
远程教育原理与技术　王继新 张 屹
教学系统设计理论与实践　杨九民 梁林梅
信息技术教学论　雷体南 叶良明
网络教育资源设计与开发　刘清堂
学与教的理论与方式　刘雍潜
信息技术与课程整合（第二版）
赵呈领 杨 琳 刘清堂
教育技术研究方法　张 屹 黄 磊
教育技术项目实践　潘克明

21世纪信息传播实验系列教材（徐福荫 黄慕雄 主编）

多媒体软件设计与开发
电视照明·电视音乐音响
播音与主持艺术（第二版）
广告策划与创意
摄影基础（第二版）

21世纪教师教育系列教材·专业养成系列（赵国栋 主编）

微课与慕课设计初级教程
微课与慕课设计高级教程
微课、翻转课堂和慕课设计实操教程
网络调查研究方法概论（第二版）
PPT云课堂教学法